粮食经济与文化

王风玲　于邢香◎主编

中国书籍出版社
China Book Press

图书在版编目（CIP）数据

粮食经济与文化 / 王风玲, 于邢香主编. —北京:
中国书籍出版社, 2019.9

ISBN 978-7-5068-7437-3

Ⅰ. ①粮… Ⅱ. ①王… ②于… Ⅲ. ①粮食问题—研究—中国 Ⅳ. ①F326.11

中国版本图书馆CIP数据核字（2019）第192134号

粮食经济与文化

王风玲　于邢香　主编

责任编辑	丁　丽
责任印制	孙马飞　马　芝
封面设计	范　荣
出版发行	中国书籍出版社
地　　址	北京市丰台区三路居路 97 号（邮编：100073）
电　　话	（010）52257143（总编室）　（010）52257140（发行部）
电子邮箱	eo@chinabp. com.cn
经　　销	全国新华书店
印　　刷	青岛新华印刷有限公司
开　　本	787 mm × 1092 mm　1 / 16
字　　数	318 千字
印　　张	16.25
版　　次	2019 年 9 月第 1 版　2019 年 9 月第 1 次印刷
书　　号	ISBN 978-7-5068-7437-3
定　　价	48.00元

本书编委会

主　编　王风玲　于邢香

副主编　杨苗苗　张国庆　胡树凯　王德学

前言

对于我国这样一个人口众多的大国来说，粮食的重要性再怎么强调也不过分。自2004年以来，每年的“中央一号文件”均以“三农”（农业、农村、农民）为主题，充分体现了中央对包括粮食在内的“三农”问题的重视。中央对粮食问题的高度重视，不仅基于我国人口众多、耕地相对不足这一客观现实，还由于当前世界上确实还存在一些可能影响粮食安全的不稳定因素，诸如人类活动不当而导致的气候变迁、肥料和农药的不当使用导致的水土资源破坏、贸易战导致的国际粮食贸易形势恶化，等等。

过去的十几年，由于中央的高度重视以及措施得力，我国粮食价格得以保持了基本平稳，进而为我国社会经济的快速平稳发展提供了重要保障，但粮食价格的长期稳定客观上导致了普通人对粮食问题的忽视；同时，随着城镇化进程的推进，粮食种植人数逐年减少，粮食种植收入占农民收入的比重逐年下降，包括农民在内的普通人对粮食生产和经营的重视程度也随之降低；特别是对于新时代的大学生群体来说，他们从小经历的是一个相对富足的年代，很少有农业生产的体验，对未来的向往也基本是大城市的现代工作生活场景，对农业、对粮食缺乏关注和认识。因此，有必要对大学生群体进行一些基本的、通识性的粮食教育，将“识粮”“重粮”“爱粮”“节粮”的知识和理念传递给他们，使之成为其日常的自觉意识。

2017年，习近平总书记在党的十九大报告中提出了意义重大的乡村振兴战略。根据国家乡村振兴战略规划，生态宜居是未来乡村建设的重要目标之一，人们的生活生产方式也需随之转变，其中也包括粮食的生产经营方式。生态环境友好的绿色生产方式将得到推广，网络、生物、人工智能等领域的新技术在粮食生产和经营中的应用也将越来越多，农业将逐步蜕变为技术密集与资本密集的现代化产业。现代化农业需要的是具有生态环保理念、现代农业知识与技能的新式职业农民，但当前我国农民的理念、意识、知识与技能水平还远远不能满足现代农业对人才的要求。大学生群体的素质可能最适合现代农业的要求，但除了需要以较高的薪酬以及美丽乡村与现代都市相结合的工作生活方式相吸引之外，还需要在兴趣、志愿等方面对大学生群体加以引导。

基于上述原因，依托山东商务职业学院食品工程系、粮食经济研究所、高职教育研究所相关师资力量和研究人员，联合山东中裕食品有限公司、鲁粮集团等现代学徒制试点项目企业导师，以提升大学生对粮食问题的兴趣、加深大学生对粮食领域的了解为指导，共同编撰本书。

全书包含了6篇17章，涵盖了粮食的概念与起源、粮食用途、营养与膳食平衡、粮食种植与生产、粮食市场流通体系、粮食物流与粮食加工、国际粮食市场、粮食文化等主题。本书遵循职业院校人才培养规律和学生成长成才规律，集科普性、易读性、趣味性、收益性为一体，以科普性为出发点，以易读性为衡量点，以趣味性为聚焦点，以受益性为落脚点，全书图文并茂、内容丰富。

本书由王凤玲、于邢香同志主编，杨苗苗、张国庆、胡树凯、王德学同志担任副主编。

本书在编写过程中，参阅了国内外大量粮食领域的专著、论文等文献资料，吸收了一些同行的成果，在此深表感谢！由于编者水平有限，不妥之处在所难免，希望广大专家、同行和读者批评指正，以便进一步修改完善。

编　者

2019年7月

目录

第一篇　粮食是人类生存的基本需要

第1章　粮食概念

第2章　粮食的起源与发展

第3章 粮食的用途

第4章 粮食的营养与膳食平衡

第二篇 粮食种植与生产

第5章 中国主要粮食作物种植与分布

第六篇 粮食文化

第一篇

粮食是人类生存的基本需要

观刈麦

白居易（唐）

田家少闲月，五月人倍忙。
夜来南风起，小麦覆陇黄。
妇姑荷箪食，童稚携壶浆。
相随饷田去，丁壮在南冈。
足蒸暑土气，背灼炎天光。
力尽不知热，但惜夏日长。
复有贫妇人，抱子在其旁。
右手秉遗穗，左臂悬敝筐。
听其相顾言，闻者为悲伤。
家田输税尽，拾此充饥肠。
今我何功德，曾不事农桑。
吏禄三百石，岁晏有余粮。
念此私自愧，尽日不能忘。

第 1 章　粮食概念

粮食是人类生存与发展的必需品，是维持人民生命、社会稳定、国家安全的特殊商品和重要战略物资。

古往今来，粮食是一个国家的战略物资，粮食安全是治国安邦的首要之务。没有粮食，就谈不上国家的稳定。人民基本温饱得不到解决，其他的发展就只是空想。我国是人口大国，充足的粮食供应，对于国民经济的长期稳定发展意义重大。

手中有粮，心中不慌。党的十八大以来，党中央始终把粮食安全作为治国理政的头等大事，习近平总书记多次强调，中国人的饭碗任何时候都要牢牢端在自己手上。我们的饭碗应该主要装中国粮食。一个国家只有立足粮食基本自给，才能掌握粮食安全的主动权，进而才能掌控经济社会发展大局。

第 1 节　中国传统粮食概念

粮、食在中国古代字义是有区别的两个字。东汉・许慎著的《说文解字》中提到“行道曰粮”“止居曰食”，意思是人们带在旅途中食用的称为粮，而到达居住地后食用的称为食。如《周礼・地官・廪人》中“凡邦有会同师役之事，则治其粮与其食”。后来两字逐渐复合成“粮食”。

传统粮食的概念有狭义和广义之分。狭义上的粮食属于禾本科植物，亦称谷、五谷等，通常称为禾谷类粮食。我国传统分类法将狭义粮食分为麦类、稻谷类和粗粮类三大类。麦类一般指小麦、大麦、青稞（元麦）、黑麦、燕麦等；稻谷类一般指粳稻、籼稻、糯稻；粗粮类一般指玉米、高粱、荞麦、粟（谷子、小米）、黍（糜子）等。这三类作物合在一起统称为“谷物”。

广义上的粮食还包括豆科植物的种子豆类和薯类等植物块根或块茎，以及油料作物如花生、芝麻、亚麻、葵花籽、油茶籽、油菜籽等。本书所指的粮食是指广义上的粮食。

联合国粮食及农业组织规定的粮食概念就是指谷物，包括供人类食用的麦类、豆类、粗粮类和稻谷类等，油料单列。

《现代汉语词典》对粮食的解释是供食用的谷物、豆类和薯类的统称。

第2节　粮食部门的粮食概念

粮食部门的粮食概念，是指经营管理的谷物、豆类、薯类商品品种，一般按贸易粮食口径统计。为了能在不同地区之间进行比较，粮食部门对粮食商品品种统一进行分类，规定排列顺序。1950年，粮食包括七大品种：小麦、大米、大豆、小米、玉米、高粱、杂粮。1952年，粮食减为四大品种：小麦、大米、大豆、杂粮。新中国成立初期，我国人均谷物产量很低，为确保人人有饭吃的低标准的粮食安全，把有助于实现温饱水平的豆类、薯类也纳入谷物产量之中。因此，从1953年起，国家修改农业统计口径，每年公布的粮食产量均采用广义的粮食概念。1953年，粮食增为五大品种：小麦、大米、大豆、杂粮和薯类。1994年，粮食的五大品种又改为：小麦、大米、玉米、大豆、其他。此后，一直沿用至今。

在粮食部门，根据其商品领域和作用对象的不同，分为原粮、成品粮、混合粮和贸易粮四类。

一、原粮

原粮又称“自然粮”，是指收割、打场和脱粒后，未经碾磨加工和不需要加工就能食用的粮食。如小麦、稻谷、大豆、高粱、玉米、绿豆、大麦、蚕豆、薯干等。在计算原粮总数时，对已加工为成品粮的粮食，要按规定的折合率折算为原粮。在统计全社会粮食生产时，采用原粮。

二、成品粮

成品粮是指原粮经过加工后的成品，如面粉、大米、小米、玉米面等。但是，有些原粮不经过加工也可直接制作食物，既算原粮，也算成品粮，如薯干等。在统计成品粮时，对不是成品粮的品种，要按规定折合率折算为成品粮品种。中国供应给城镇居民的口粮以及供应给饮食、食品业的粮食，都是按成品粮统计。

三、混合粮

混合粮又称“实际粮”，是指原粮和成品粮的统称，即按照经营活动发生的实际粮食品种进行排列的方法，如小麦、面粉、稻谷、大米、大豆、高粱、玉米面等。基层粮食部门为了便于直接观察业务活动的实际情况，通常使用混合粮，例如年粮食经营量。

四、贸易粮

贸易粮是指粮食部门在计算粮食收购、销售、调拨、库存数量时，统一规定使用的粮食品种的统称。在计算时，要将原粮（如稻谷）或成品粮按规定的折合率，折合成对应粮食品种的贸易粮（如大米）。有一些粮食品种既是原粮，又是贸易粮，如小麦等。

第 3 节　统计部门的粮食概念

统计部门的粮食概念，除包括稻谷、小麦、玉米、高粱、谷子和其他杂粮外，还包括薯类和大豆。其产量计算方法是：豆类按去荚后的干豆计算，薯类（包括甘薯和马铃薯，不包括芋头和木薯）1963 年以前按每 4 kg 鲜薯折 1 kg 粮食计算，从 1994 年以后按 5 kg 鲜薯折 1 kg 粮食计算。其他粮食一律按脱粒后的原粮计算。

粮食，比国际上通行的谷物口径大，相当于谷物、薯类、大豆三者之和。

谷物，包括稻谷、小麦、玉米、谷子、高粱和其他谷物，不包括豆类和薯类。谷物作物一律按脱粒后的原粮计算。

豆类作物，是以食用种子或其制成品的豆科植物，包括大豆和杂豆。大豆包括黄豆、黑豆、青豆三类。产量按去荚后的干豆计算。

薯类作物，包括甘薯和马铃薯，不包括芋头、木薯等。芋头一般应作为“蔬菜”计算，木薯作为其他作物计算。城市郊区以蔬菜种植为主，把马铃薯产量统计在蔬菜内。

第 4 节　大粮食概念

大粮食概念是指从人体的需要出发，把能为人体提供营养物质的食物都归类为粮食，亦称广义粮食。这一观点是我国植物生态学家侯学煜于 1981 年 2 月在写给中央的一份建议书中提出的。这一观点认为：凡是能吃的，都应该看作是粮食。除了水稻、玉米、小麦、高粱等禾本科作物是粮食外，花生、水果、蔬菜、茶油、板栗、核桃、油料、肉、蛋、奶、鱼、虾等都应当看作是粮食的主要组成部分。

大粮食概念与国际上通用的食物（Food）概念基本一致。本书把粮食作物和油料作物以及肉、蛋、奶、鱼、水果、蔬菜归为大粮食范畴。

第 5 节　世界粮食概念

世界粮食，通常是指英文单词 Food（食物），是指可吃的干物质。它和供饮用的含营养成分的液体“饮料”是一个相对的名词。《简明牛津字典》对 Food 的解释是：维持肌体生长、代谢和生命过程以及供给能量所必需的物质，它基本上是由蛋白质、碳水化合物和脂肪构成。此外，还含有一些肌体所必不可少的矿物质、维生素和辅助物质，它是固体形态的营养物质。

Grain 译为中文是谷物，在韦伯斯特《Webster's New Twentieth Century Dictionary》一书中的解释是指植物生产的谷物，如小麦、稻谷、玉米、黑麦。国外通用的食物、谷物概念与中国粮食概念不一样，我国通常把 Food、Grain 都译成粮食。

这里需要澄清一个非常重要的概念。Food and Agriculture Organization of the United Nations 译成中文应为联合国食物及农业组织，但是，我国习惯译成联合国粮食及农业组织（以下简称联合国粮农组织）。联合国粮农组织每年公布世界谷物总产量时，由于中国翻译上的习惯，常译成“世界粮食总产量”。其实，这个“世界粮食总产量”只是谷物，不包括豆类和薯类。显然，这和中国粮食产量统计方法有很大差别。中国在统计粮食产量时，除谷物外，还包括豆类和薯类。如果将中国粮食总产量与世界粮食总产量进行对比，一定要将豆类和薯类的产量从中国粮食总产量中剔除出去，这样统计口径一致，才有可比性。

联合国粮农组织所列粮食产品目录有 8 大类 106 种。这 8 大类主要为：谷物类；块根和块茎作物类；豆类；油料、油果和油仁作物类；蔬菜和瓜类；糖料作物类；水果和浆果类；家畜、家禽和畜产品类。

粮食概念是一个理论基础问题。由于中国粮食概念与世界通行的粮食（谷物）概念不一致，使得联合国粮农组织对中国谷物库存量的估算偏高，在统计粮食产量时要注意区别。

思考与实践

世界粮食日

世界粮食日 World Food Day（缩写为 WFD），是世界各国政府每年在 10 月 16 日围绕发展粮食和农业生产举行纪念活动的日子。

1972 年，由于连续两年气候异常造成的世界性粮食歉收，加上前苏联大量抢购谷物，出现了世界性粮食危机。联合国粮农组织于 1973 年和 1974 年相继召开了第一次和第二次粮食会议，以唤起世界特别是第三世界注意粮食及农业生产问题。敦促各国政府和人民采取行动，增加粮食生产，更合理地进行粮食分配，与饥饿和营养不良作斗争。 但是，问题并没有得到解决，世界粮食形势更趋严重。关于“世界粮食日”的决议正是在这种背景下做出的。

在 1979 年 11 月举行的第 20 届联合国粮农组织大会上，会议决定：1981 年 10 月 16 日为第一个世界粮食日纪念日。此后每年的这一天都作为“世界粮食日”，都要开展各种纪念活动。其宗旨在于唤起全世界对发展粮食和农业生产的高度重视，提醒人们关注第三世界国家长期存在的粮食短缺问题，敦促各国政府和人民采取行动，增加粮食生产，更合理地进行粮食分配，与饥饿和营养不良作斗争。

图 1–1　世界粮食日

拓展阅读

联合国粮农组织

联合国粮农组织（Food and Agriculture Organization of the United Nations）是联合国系统内最早的常设专门机构，是各成员国间讨论粮食和农业问题的国际组织。其宗旨是提高人民的营养水平和生活标准，改进农产品的生产和分配，改善农村和农民的经济状况，促进世界经济的发展并保证人类免于饥饿。

1943 年 5 月，根据美国总统 F.D. 罗斯福的倡议，在美国召开有 44 个国家参加的粮农会议，决定成立粮农组织筹委会，拟订粮农组织章程。1945 年 10 月 16 日粮农组织在加拿大魁北克正式成立，1946 年 12 月 14 日成为联合国专门机构，总部设在意大利罗马。粮农组织现有 191 个成员国和 1 个成员组织（欧盟）。各成员国政府通过大会、理事会行使其权力。两年一度的大会是成员国行使决策权的最高权力机构。大会的主要职责是选举总干事、接纳新成员、批准工作计划和预算、选举理事国、修改章程和规则，并就其他重大问题做出决定，交由秘书处贯彻执行。

图 1-2 联合国粮农组织

联合国粮农组织的主要职能：

（1）搜集、整理、分析和传播世界粮农生产和贸易信息；

（2）向成员国提供技术援助，动员国际社会进行投资，并执行国际开发和金融机构的农业发展项目；

（3）向成员国提供粮农政策和计划的咨询服务；

（4）讨论国际粮农领域的重大问题，制定有关国际行为准则和法规，谈判制定粮农领域的国际标准和协议，加强成员国之间的磋商和合作。

可以说，粮农组织是世界粮食信息中心、开发机构、咨询机构、国际讲坛，也是制定粮农国际标准的中心。

中国是该组织的创始成员国之一。1973 年，中华人民共和国在该组织的合法席位得到恢复，并自同年召开的第 17 届大会起一直为理事国。1983 年 1 月，联合国粮农组织在北京设立驻华代表处。

第 2 章　粮食的起源与发展

人类最早从事生产活动的目的就是为了谋取食物。古籍中有许多美丽动听的传说故事，经常要归功于伟大的神农、后稷和黄帝等。在连绵不息的历史长河中，炎黄子孙植五谷、饲六畜，农桑并举，耕织结合，形成了土地上精耕细作、生产上勤俭节约、经济上富国足民、文化上天地人和的优良传统，创造了灿烂辉煌的农耕文明，为中华民族繁衍生息、发展壮大奠定了坚实的基础。

第 1 节　中国原始农业的萌芽

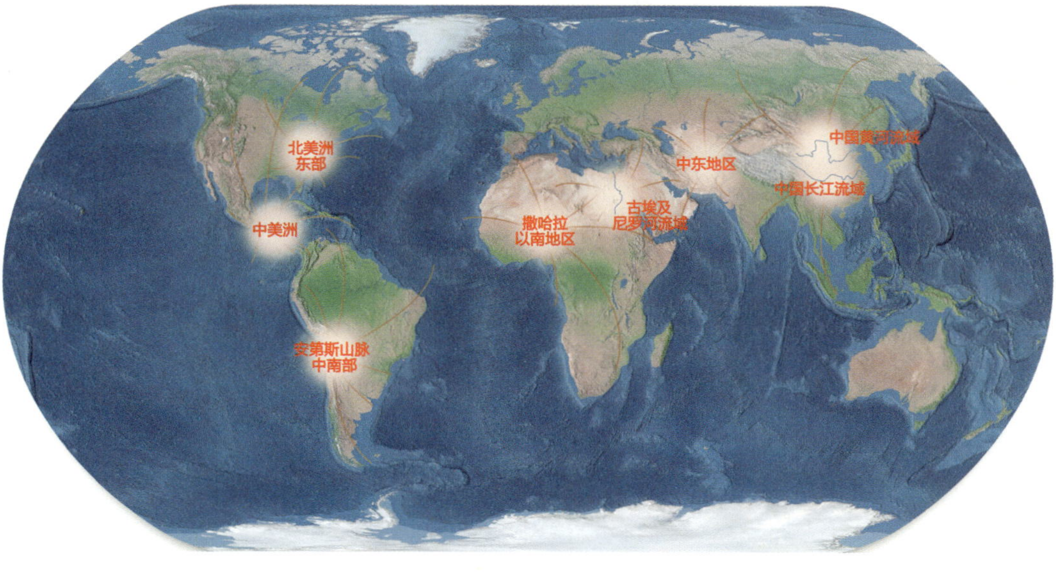

图 2-1　世界粮食的发源地及传播（《中国粮食史图说》）

一、石器时代

考古资料显示，我国农业产生于旧石器时代晚期与新石器时代早期的交替阶段，距今有 1 万多年到 5000 多年的历史。古人是在狩猎和采集活动中逐渐学会种植作物和驯养动物的。

随着气候变暖，大片草地变成了森林。原始人习惯捕杀且赖以为生的许多大中型食草动物突然减少了，迫使他们转向平原谋生。在漫长的采集实践中，他们逐渐认识和熟悉了可食用植物的种类及其生长习性，于是便开始尝试种植。这就是原始农业的萌芽。

原始农业的萌芽，是远古文明的一次巨大飞跃。不过，那时的农业还只是一种附属性生产活动，人们的生活资料很大程度上还依靠原始采集狩猎来获得。由石头、骨头、木头等材质做成的农具，是这一时期生产力的标志。

在原始农业阶段，最早被驯化的作物有“五谷”，稻、黍、粟、菽、麦及果菜类作物，饲养的“六畜”有猪、鸡、马、牛、羊、犬等，还发明了养蚕缫丝技术。人类发明了自己种植作物和饲养动物的生存方式，就是我们今天称为“农业”的生产方式应运而生。这一阶段原始农业的耕作方式，也称为“刀耕火种”时期。

图 2-2　原始人狩猎采摘　中国粮食博物馆（筹）

二、传统农业的形成

据考古发现，在中原地区，青铜农具在距今 3500 年前就出现了，相当于夏商周时期（公元前 21 世纪 ~ 前 8 世纪）。主要标志是从石器时代过渡到金属时代，发明了冶炼青铜技术，出现了青铜农具，原始的刀耕火种向比较成熟的饲养和种植技术转变。

夏代大禹治水的传说，反映了人类利用和改造自然的能力有了很大提高。这一时期的农业技术有划时代的进步。垄作、中耕、治虫、选种等技术相继发明。

商代出现了最早的文字——“甲骨文”，标志着新的文明时代的到来。这一时期，农业已发展成为主要产业，原始的采集狩猎经济退出了历史舞台。这是我国古代农业发展的第一个高潮。

三、传统农业的兴盛

春秋战国时期至秦汉时期（公元前7世纪～公元3世纪），是我国社会生产力大发展、社会制度大变革的时期，农业进入了一个新的发展阶段。这一时期农业发展的主要标志是铁制农具的出现和牛、马等畜力的使用。可以认定，我国传统农业中使用的各种农具，多数也在这一时期发明并应用于生产。

秦汉时期，中央集权、统一的封建国家的建立，兴起了大规模水利建设的高潮，农业生产率有了显著提高。

四、旱作农业体系的发展

公元2世纪末，黄巾起义使东汉政权濒于瓦解，各地军阀混乱不已，逐渐形成了曹魏、孙吴、蜀汉三国鼎立的局面。220年，曹丕代汉称帝，开始了魏晋南北朝时期。随后很长一段时期，北方农业得到了长足发展。

黄河流域形成了以防旱保墒为中心、以“耕—耙—耱”为技术保障的旱地耕作体系。同时，还创造实施了轮作倒茬、种植绿肥、选育良种等多项技术措施，农业生产各部门都有新的进步。公元6世纪出现了《齐民要术》这样的综合性农书，传统农学登上了历史

图2–3　捕鱼（《中国粮食史图说》）

舞台，成为总结生产经验、传播农业文明的一种新形式。

《齐民要术》系统地总结了秦汉以来我国黄河流域的农业科学技术知识，为后世的农学著作提供了可以遵循的依据。该书不仅是我国现存最早和最完善的农学名著，也是世界农学史上最早的名著之一，对后世的农业生产有着深远的影响。该著作由耕田、谷物、蔬菜、果树、树木、畜产、酿造、调味、调理、外国物产等各章构成，是中国现存最早的、最完整的大型农业百科全书。

五、稻作农业体系的发展

隋唐时代，我国有一段较长时间的统一和繁荣，农业生产进入了一个新的大发展时期。初唐时期，统治者采取了比较开明的政策，如实行均田制、兴办水利、奖励垦荒，农业和整个社会经济得以很快恢复和发展，是我国封建社会空前繁荣的时期，经济重心向南方转移。

唐代中期的"安史之乱"（公元 755 年）后，唐王朝进入了衰落期，北方地区动荡多事，经济衰退。此间，全国农业和整个经济重心开始转移到社会相对稳定的南方地区。南方地区的水田耕作技术趋于成熟，全国农作物的构成发生了改变。

水稻跃居粮食作物首位，小麦超过粟而位居第二，茶、甘蔗等经济作物也有了新的发展。水利建设的重点也从北方转向了南方，尤其是从晚唐时期至五代，太湖流域发展成为全国著名的"粮仓"。

第 2 节　华夏人民与稻、粟、黍、菽的先期之缘

今天，我们过上了小康生活，温饱问题得到解决，也许已不在意一日三餐中的米面食品当初来自何处。在遥远的蛮荒时代，最早的一粒粮食种子是如何被人们发现的？又是怎样的灵感启示我们的祖先把种子种在土壤里？

一、水稻

水稻是最古老的粮食作物之一，是五谷之首。中国是世界上水稻产量最多的国家，也是世界栽培水稻的起源中心。

世界上究竟是谁发明了水稻种植？这个问题在学术界争论了 100 多年。1973 年，浙江余姚河姆渡原始遗址的发现，使中外学者不得不重新下结论：最早的种稻人就是长江下游的中国先民。

图 2-4　水稻

距今 7000 年前的河姆渡遗址的出土物中，总量有 120 吨以上的稻谷堆积层，是稻谷、米粒、稻根、稻秆堆积物。这些丰富遗存，证明了早在 7000 年前，我国长江下游的原始居民已经完全掌握了水稻的种植技术，并把稻米作为主要粮食。最早的水稻种植仅限于杭州湾和长江三角洲近海一侧，然后像波浪一样，逐级地扩充到长江中游、江淮平原、长江上游和黄河中下游，最后形成了今天水稻分布的格局。简而言之，长江下游及其附近地区是我国也是世界栽培水稻的起源中心。

水稻在我国推广种植后，很快传到了东亚近邻国家。大约在 3000 多年前的殷周之交，我国水稻北传朝鲜、日本，南传越南。汉代，中国粳稻传到菲律宾。公元 5 世纪，水稻经伊朗传到西亚，然后经非洲传到欧洲。新大陆被发现后，再由非洲传到美洲以致全世界。

我国东北早前以小米、高粱、玉米为主要粮食。东北水稻起源于清顺治（1643~1661 年）年间，而黑龙江五常早在乾隆二十四年（1759 年）就被指定为皇家贡米产地，朝廷派驻 3 万旗人在这里种植水稻直供北京。当时五常是不准许汉人和朝鲜人入内耕种。我国东北的朝鲜族是从朝鲜半岛迁入中国东北三省的朝鲜人。其中一部分早在明末清初就已定居东北境内，1869 年朝鲜北部遭受大灾荒后，大批朝鲜人迁至延边等地，朝鲜族擅长在寒冷地区种水稻，克服了图们江、鸭绿江流域山多、荒原多、沼泽多和寒冷、无霜期短等困难，使水稻在我国东北得以生长。延边已成为东北地区著名“水稻之乡”，所产大米色白如雪，油性大，与京津的“小站稻”齐名于世。

清末，大批河南人、山东人为生活所迫迁到关外（东北）垦荒，向朝鲜同胞学习水稻种植，种植技术传到辽宁，生产的大米当时叫“渤海米”。日俄战争以后，清朝对东北的控制名存实亡，大批朝鲜人和汉人进入五常一带开垦种植水稻。“九一八事变”以后日本控制了东北全境，禁止中国人吃大米，大米全部被日本征收，供给日本军队和皇室，东北人民开始了漫长的抗日历程直至日本帝国主义被赶出中国。

二、粟

粟又称稷，俗称谷子，脱壳去皮后称为小米。它最初是由野生的狗尾草“驯化”而成为粮食作物。这“驯化”之功，首推中国人。粟的种植为中国人首创。据最新的考古资料，

图 2–5　谷子

世界上发现的最早的人工栽培粟，出土在我国河北武安磁山文化遗址，距今 7300 年左右。磁山遗址是 1976~1978 年发掘的，那里储存粮食的窖穴有 88 个，所藏全部为粟。这是我国粟出土年代最早的实物，也是世界上最古老的粟。西安半坡文化遗址储藏粮食的器物和窖穴中，也出土了许多炭化的粟粒，在河南裴李岗文化遗址、甘肃马家窑文化遗址、山东大汶口文化遗址中均有粟出土。这证明，7000 多年前，粟已成为我国北方人民的主要食粮。

粟的坚实外壳具有很强的防潮防蛀性，因而易于贮藏。元代《王祯农书》记载："五谷之中，惟粟耐陈，可历远年。"

大约在新石器时代，粟由东向西传播，经阿拉伯、小亚细亚、俄国、奥地利传遍整个欧洲。同时又向东部传到朝鲜、日本等地。日本在引入稻作之前，粟曾是国民的主要食粮。粟是中国人民早期对世界文明做出的又一重大贡献。

粟米，即小米，因其粒小而得名。粟米入脾、胃、肾经，具有健脾和胃的作用，特别适合脾胃虚弱的人食用。煮粟米粥时，待到粥熟后稍稍冷却沉淀，会看到粥的最上层浮有一层细腻的米脂，称为"米油"，具有保护胃黏膜、补益脾胃的功效，所以粟米最适合慢性胃炎、胃溃疡患者食用。

伟大的中国共产党带领人民军队，用小米加步枪，打败了日本侵略者，建立了中华人民共和国。

三、黍

黍起源于中国，俗称糜子。脱壳以后一般指大黄米，煮熟后有黏性，可以包粽子、酿酒、做黏糕等。

黍与粟的生长习性相似，自生能力极强，都是耐贫瘠作物，适应北方干旱少雨的生态环境，是北方地区千百年来重要的粮食作物之一。

黍的遗存除分布于华北、西北新石器时代遗址外，在东北黑龙江、辽宁等地也有出土。山西万荣荆村遗址、甘肃秦安大地湾遗址出土的碳化黍穗、黍壳和黍粒，距今 7000

年左右。在山东长岛北庄遗址发现了距今 5000 年左右黍的遗存。

中华文化源远流长，在我国历史发展中通常用“社稷”代表国家，“社”指土地之神，“稷”指五谷之神，土神和谷神是以农为本的中华民族最重要的原始崇拜物。祭祀社稷是中国自史前时代便开始的文化传统，“农业立国”思想起源于黄河流域的粟黍文化。中国是世界上唯一的从粟黍发展起来的农业国家，也是粟黍支撑了黄河文明。

图 2–6　黍穗

四、菽

菽即大豆，起源于我国东北地区。早在新石器时代我国就已经栽培菽，是五谷之一。《史记 · 周本纪》说，后稷小时候“好种麻菽，麻菽美”。甲骨卜辞中有“受菽年”字样，说明在商代已有大豆栽培。秦汉以后，“大豆”一词代替了菽并广泛应用。“大豆”一词最先见于《神农书》的《八谷生长篇》载：“大豆生于槐。出于沮石云峪中，九十日华，六十日熟，凡一百五十日成”。自汉代以后，我国大豆的种植面积不断扩大，产量也不断增加。

从考古发掘看，吉林省永吉县乌拉街遗址出土的碳化大豆，经鉴定距今有 2600 年左右，为东周时的实物，是出土最早的大豆。1959 年山西侯马市的“牛村古城”出土的战国时期的大豆，种粒呈淡黄色，百粒重 10~20 克，同现在栽培的大豆很相近，现存放在北京自然博物馆。此外，在河南洛阳烧沟、湖南长沙马王堆和广西贵县罗泊湾的西汉墓中，也都出土过大豆，湖北江陵西汉墓还出土过黑豆。在已考古发掘出土的大豆中，以东北的大豆为最早，大约在西周至春秋时期；华北地区出土的大豆大约在战国时期；湖北、湖南出土的大豆大约在汉代。据此可以推断，我国栽培大豆最早起源于北方，然后传播到整个黄河流域，再传播到长江流域。

图 2–7　大豆

历史上，有曹植七步成诗的故事：“煮豆燃豆萁，豆在釜中泣。本是同根生，相煎何太急？”这说明三国时期我国北方烧豆秸、煮豆饭已是百姓中的寻常之事。我国是世界公认的大豆原产地，各国栽培的大豆都是由中国传播出去的。大约在秦汉时期自华北传到朝鲜，而后又自朝鲜引向日本。公元 712 年，大豆在日本《古事记》中始见记载。大约 300 年前，我国大豆传往印度尼西亚。到了 18 世纪，我国大豆又开始传往欧洲。1765 年东印度公司的海员鲍文将大豆带入美国，1790 年英国皇家植物园首次试种大豆，1779 年传入法国，1786 年引入德国。俄国直至 1901 年才在北方种植大豆。现代拉丁文、英文、德文、法文、俄文等大豆一词的发音，几乎都是"菽"的音转，表明我国是大豆的故乡。1873 年，在奥地利首都维也纳举办的万国博览会上第一次展出我国大豆，引起了世界的广泛关注，大豆从此被世人誉为"东方一宝"和"中国珍珠"。中国大豆开始名扬天下，成为一种世界性的重要粮食作物。

第 3 节　异域高粱、小麦、玉米、甘薯、马铃薯传入中国

一、高粱

高粱起源于非洲，后传入印度，经印度传入中国。根据埃塞俄比亚存在的野生高粱、高粱栽培类型及生态型推断，埃塞俄比亚是高粱首要的起源中心，也是高粱多样性中心。非洲是高粱变种最多的地区。斯诺顿（1935 年）收集到的 17 种野生种高粱中，有 16 种来自非洲。他所确定的 31 个栽培品种里，非洲占 28 个品种；158 个变种里，只有 4 个品种在非洲以外的地方。

在中国，高粱又名蜀黍、蜀秫、秫秫、荻粱、稻黍、芦粟、茭子等，是我国较早栽培的禾谷类作物之一。从高粱原名"蜀黍"来看，传入中国后最早在云南、四川一代种植。西晋张华的《博物志》曰："地三年种蜀黍，其后七年多蛇"。唐代始有高粱的名称，唐陆德明《尔雅释文》载："按蜀黍，一名高粱，一名蜀秫。以种来自蜀，形类黍，故有诸名。"明李时珍《本草纲目》载："蜀黍北地种之，以备粮缺，余及牛马，盖栽培已有四千九百年。"古代把高粱作为一种救荒作物而广泛种植。

图 2-8　高粱

20 世纪 50 年代以后，我国陆续出土了西周和汉代的一些重要高粱文物，说明高粱在我国种植至少有 5000 年历史了。许多学者结合考古发掘材料和

甲骨文、金文等资料，认为我国有可能是高粱的原产地之一，论定我国最早的高粱栽培可上溯至新石器时代，商周时期继续栽培，两汉时期由中原传入东北，成为我国北方的重要粮食作物。

高粱在中国经过长期的栽培驯化，渐渐形成独特的中国高粱种群，许多植物学形态与农艺性状均明显不同于非洲起源的各种高粱。中国高粱叶脉白色，颖壳包被小，易脱粒，米质好，分蘖少，气生根发达，茎秆成熟后髓部干涸，糖分少或不含糖分等。另外，中国高粱与非洲高粱杂交，容易产生较强的杂种优势，说明两种高粱遗传差异较大。

二、小麦

小麦是世界上最早的栽培植物之一，在我国已有 4000 多年的栽培历史。

据考证，早在一万多年前的新石器时代，人类就已经开始种植栽培一粒小麦并以其作为粮食。小麦在人类文明和文化发展上起着决定性作用，迄今仍是世界上大多数国家的基本粮食作物，是保证全球粮食安全的基础。它在地球上分布很广，遍及世界各大洲，几乎自北极圈到非洲和美洲的南端都有栽种，栽种总面积约 2 亿公顷。

图 2-9　成熟小麦

据目前的考古发现，小麦起源于亚洲西部外高加索地区，包括叙利亚、伊拉克、约旦、土耳其、伊朗、阿富汗等国家。最早可能栽培于西南亚的“新月形沃地”，此地被认为是小麦的多样性中心。小麦在原始人类文化遗物中年代最早的发现是在叙利亚和伊拉克一带，继而在埃及，以后才出现在欧洲。已知最早碳化的小麦籽粒，是在叙利亚北部史前人类居住地发现的，鉴定为公元前 8000 年的遗存。

图 2-10　麦粒

小麦自古以来是人类最重要的谷物之一，产量位列前茅，重要性不言而喻。有资料提到，在公元前 5000~ 前 4000 年前的埃及壁画中，就有制作小麦粉的场景。至公元前2000年，人类已经广泛磨制小麦粉，最初的动力为人、畜力。小麦与其他谷物（如大麦、燕麦、黑麦）相比，有产量高、口感好的特点，因此被迅速推广。

我国种植小麦的历史虽然比较久远，但对比其他种植农作物显然比较晚。小麦是在何时、从何处、通过什么途径引入中国的，目前并没有明确的结论。考古发掘表明，我国最早的麦作遗存都发现在西北地区。在新疆孔雀河古墓沟新石器时代出土的碳化小麦，距今有4000年以上。安徽亳县钓鱼台的西周遗址中发现了906克小麦碳化的籽粒，距今有2900多年。甘肃敦煌马圈湾汉代烽燧遗址出土了大麦、小麦和青稞。在新疆吐鲁番阿斯塔那古墓发现的唐代麦粒和若羌米兰遗址发现的唐代麦穗，其外形依然如故，清晰可辨。楼兰古城遗址诵经堂的内墙抹泥上还保存着很完整的普通小麦的小花，安徽亳县钓鱼台遗址新石器时代的龙山文化遗物中（公元前2000多年），已有碳化的圆锥小麦。这说明在公元前2700年左右，黄河流域已广泛栽培小麦。

从文献记载看，“麦”古代称“来”，商代甲骨文中的“来”字是对小麦植株最直观的描述。在《诗经》中“来”和“麦”并用，还有“来”（小麦）和“牟”（大麦）之分，这说明商周时期小麦种植已进入黄河中下游地区。春秋战国时期，铁器牛耕的广泛使用与推广，促使小麦的种植发展较快。《战国策·东周策》载：“今其民皆种麦，无他种。”可见，在这个时期，麦田种植面积已相当可观。

在汉代，由于面食的发明，麦作发展最为迅速。汉武帝时期，董仲舒建议在关中地区种植冬小麦。后经两位农学家赵过和汜胜之的研究耕作，小麦种植技术得到推广。到晋代，促使小麦的种植引入南方。唐代以后，小麦的种植区域继续扩大，许多州郡都有种植小麦的记载，如在云南还出现了稻麦两熟的最早记载。南宋时期，北方人口的大量南迁，把食麦的饮食习惯和面食的制作方法也带到了南方，使小麦在南方的种植达到了高潮。从宋朝至今，小麦成为我国大江南北主要种植的粮食作物之一。

三、玉米

根据考证，玉米原产于拉丁美洲的墨西哥和秘鲁沿安第斯山麓一带，是印第安人培育的主要粮食作物。原本体型很小的野玉米，喜高温，经历多代反复培育后才出现较大型的玉米，后来传播到整个南北美洲。1492年，哥伦布探访新大陆时在古巴发现玉米，到1494年把玉米带回西班牙后，逐渐传至欧洲各地，再进一步从欧洲传播到其他大陆，成为全世界最重要的粮食作物之一。

根据我国文献记载，玉米最早传到我国的时间是1531年，地点是广西，距离哥伦布

图 2-11　玉米穗

发现美洲大陆不到四十年。明朝嘉靖三十四年（1555 年）成书的《巩县志》，称其为“玉麦”，其后嘉靖三十九年（1560 年）《平凉府志》称作“番麦”和“西天麦”。到明代末年（1643 年），它已经传播到河北、山东、河南、陕西、甘肃、江苏、安徽、广东、广西、云南、浙江、福建等省。

“玉米”之名最早见于徐光启的《农政全书》。在原产地拉丁美洲以外，中国是玉米种植最为普及的地区之一。玉米也是全世界总产量最高的粮食作物。

玉米传入中国的途径大致有三条：一是西北路径，经中亚细亚的丝绸之路传入中国西北地区；二是西南路径，由欧洲传入印度、缅甸，再传入我国西南地区；三是东南沿海路径，由海路传入我国东南沿海地区。玉米进入中国，每传入一地便有一名，因而有玉蜀黍、番麦、西天麦、玉麦、玉黍、包谷、棒子等俗名。

成书于 1476 年的《滇南本草》记载，“玉麦须”作为一味中药材可入药，这是对玉麦最早的记载。玉米是一种生长迅速又高产的粮食作物，到清朝中期，玉米已传播到我国大多数省份，玉米的种植面积已占耕地面积的 6% 左右。清·严如熤《三省边防备览》载，

图 2-12　玉米地

陕西南部山区推广了玉米种植,"种一收千,其利甚大"。大约到19世纪以后,随着人口的增加,玉米广种于山地、丘陵地带,种植面积不断扩大,在部分山区逐渐成为主粮。清嘉庆《汉中府志》载:"数十年前,山内秋收以粟谷为大宗。粟利不及包谷,今日遍山漫谷皆包谷矣。"《植物名实图考》亦说:"山农之粮,视其丰歉;酿酒磨粉,用均米麦;瓤煮以饲豕,秆干以供炊,无弃物。"20世纪30年代,玉米在全国农作物中的产量仅次于水稻、小麦、粟,位居第四位,50年代以后,玉米种植超过粟,成为我国三大主要的粮食作物之一。

四、甘薯

甘薯又名红薯、番薯、山芋、红苕、地瓜等,起源于墨西哥以及从哥伦比亚、厄瓜多尔到秘鲁一带的热带美洲,是古印第安人发现并培育的。据记载,哥伦布初谒西班牙女王时,曾将由新大陆带回的甘薯献给女王。

自明朝万历年间,甘薯从东南亚的越南、菲律宾引入广东、福建沿海一带,距今有400多年的历史。据广东东莞《陈氏族谱》记载,陈益于明万历十年(1582年)从越南带薯种回东莞,甘薯在"瘠土砂砾之地,皆可以种"。又据陈世元《金薯传习录》记载,明万历初年,福建长乐县人陈振龙到菲律宾经商,于1593年从菲律宾带薯蔓回国,先在其家乡试种,次年由福建巡抚金学曾加以推广。1608年,徐光启把甘薯从福建引种到上海,在其著作

图2-14 甘薯地

《农政全书》中有“甘薯十三胜”之说，甘薯“闽广人赖以救饥，其利甚大”等，并详细介绍了甘薯的栽培、窖藏、保存种薯的方法，以及甘薯防灾救饥、高产益人的优点，还作《甘薯赋》进行赞美。

图 2-13　甘薯

甘薯是一种高产作物，传入甘薯的良种——番薯，大量种植后，身价举世瞩目。明清时期尤其是清初以后人口剧增，“广济民食”的社会需要促使外来的甘薯迅速传播种植。今日甘薯已成为我国仅次于稻米、小麦、玉米而位居第四位的粮食作物。甘薯在我国粮食作物史上曾经寂寂无闻，而在近代史上却煊赫一时，有它深刻的历史原因和地理原因。明清时代人口的大量发展是甘薯普及、传播的社会条件，并推动完成甘薯广布的技术准备。据清·陆耀《甘薯录》说：“亩可得数千斤，胜种五谷几倍”。无论在南方还是北方，甘薯成为穷人的主食，形成了“甘薯半年粮”的粮食格局。

五、马铃薯

马铃薯，俗称洋芋、土豆、洋山芋、山药蛋、荷兰薯等，起源于南美洲的秘鲁和玻利维亚等地。在原产地南美洲，马铃薯被当地印第安人称其为“巴巴司”。据各种资料记载，新大陆未被发现前，即公元 1492 年前，北美洲和中美洲还没有栽培马铃薯，直到被发现，马铃薯才从南美洲逐渐被引了出来。

图 2-15　马铃薯

图 2-16　马铃薯成长期

公元1570年，马铃薯随西班牙人到了西班牙和葡萄牙，后来又辗转进入意大利和欧洲各地。根据有关资料推测，大约在明末清初，马铃薯跟随欧美传教士带入山西、陕西种植，后逐步引种到华北和东北地区。华南地区则是由荷兰商人从南洋传入，故有荷兰薯和爪哇薯之称，起初也是在福建一带种植。到了18世纪，马铃薯才由福建慢慢传到长江流域。

马铃薯对环境的适应性很强，产量高，营养丰富。清《致富纪实》称马铃薯“最宜高寒、亦能耐旱”，是理想的抗灾备荒作物。19世纪初期，在一些高山地区，特别是四川盆地和汉水流域，马铃薯已成为重要作物。到19世纪晚期，马铃薯在甘肃、内蒙古和东北地区普遍种植。

第4节　中国粮食作物品种的演变与发展

本书的粮食作物主要指禾谷类粮食，包括小麦、稻谷、玉米、高粱、大麦、小米、燕麦、荞麦等。荞麦不属于禾本科植物而属于廖科，通常习惯上也归于禾谷类粮食。

原始社会时期：粮食品种主要有粟、黍、稻、菽、大麦等。北方以粟、黍粮食品种为主，南方以水稻为主。

夏商周时期：黍、稷、稻、大麦、小麦、菽、麻等七种，主要粮食是黍、稷、稻。人们崇信自然。

春秋战国时期：随着铁制农具的出现和水利灌溉的发展，人们有条件种植对水土要求较高的菽和粟，菽的地位上升。开始出现五谷概念，表明当时粮食作物的品种初步有了定型，粟、黍、稷、稻、麦、菽、麻等。

秦汉时期：粮食结构有所变化，粟、稻、麦、粱、大豆等。汉代董仲舒曾建议在汉中一代推广小麦，由于石磨的推广，麦子磨成面粉，食物制作方法的进步，促进了小麦的生产。

魏晋南北朝时期：粮食品种顺序是谷(稷、粟)黍、粱、大豆、小豆、大麦、小麦、水稻、旱稻。

隋唐五代时期：粮食品种顺序是稻、粟、麦。

宋元明清时期：稻麦两熟制逐步形成，双季稻得到推广。明代后，水稻种植迅速发展，有“湖广熟，天下足”的说法。同时，从国外引进的玉米、甘薯、马铃薯很快发展成为主食，粮食主要品种有水稻、小麦、谷子、玉米、豆类。

新中国成立后，1950年我国粮食品种主要有小麦、大米、大豆、小米、玉米、高粱和杂粮七大品类。

1957 年，粮食主要有五大品种：小麦、大米、大豆、杂粮和薯类。

1971 年，把杂粮改为玉米等。粮食的新五大品类：小麦、大米、大豆、玉米、薯类。

1990 年，国家粮食订购的品类主要是小麦、稻谷、玉米、大豆。

2000 年，根据种植面积和产量排列为：稻谷、小麦、玉米、薯类、大豆、谷子、高粱、其他杂粮。

近年来，我国主要粮食作物有四个品类。产量居于首位的是玉米，占粮食总产量的 37% 左右；其次是稻谷，占粮食总产量的 35%；小麦产量位居第三位，约占总产量的 21%；马铃薯位居第四位，约占 7%。另外，我国每年杂粮种植面积大约 1000 万公顷左右，是世界头号杂粮生产国。杂粮主要有：甘薯、高粱、黄豆、绿豆、红小豆、蚕豆等。

思考与实践

马铃薯主粮化的战略意义

2015 年，国家开始实施马铃薯主粮化战略，预计到 2020 年，30% 以上的马铃薯将作为主粮消费。

马铃薯主粮化，就是用马铃薯加工成适合中国人消费习惯的馒头、面条、米粉等主食产品，实现马铃薯由副食消费向主食消费转变、由原料产品向产业化系列制成品转变、由温饱消费向营养健康消费转变，作为我国三大主粮的补充，逐渐成为第四大主粮作物。

相比水稻和小麦，马铃薯种植需要的水量比较少，对土地质量要求不高，生长周期短，并且土豆的生长特点适合我国面临的水资源短缺和耕地面积减少的情况，在南方种植稻谷地区，可以在两个稻谷播种季节套种一茬生长快速的土豆，北方干旱地区也适合土豆的生长。比起传统主粮作物，土豆的增产空间非常大。

马铃薯主粮化开发，是深入贯彻中央关于促进农业调结构、转方式、可持续发展的重要举措，是新形势下保障国家粮食安全、促进农民持续增收的积极探索。推进马铃薯主粮化，利于改善居民膳食结构，满足人民增强体质健康的愿望；利于挖掘生产潜力，开辟保障国家粮食安全的新途径；利于缓解资源环境压力，实现农业可持续发展。

拓展阅读

了解历史文献有关“五谷”的记载

在春秋战国时期，诸子百家提倡信仰“阴阳五行”哲理，例如五金、五土、五味、五官、五藏等，所以粮食作物一般称为“五谷”。

“五谷”的称呼始见于《周礼》《论语》等著作，迄今约有3000年历史。有关记载如下：

《周礼·天官》记载：“疾医：以五味五谷五药养其病”。汉郑玄注：“五谷：黍稷菽麦稻；又麻黍稷麦豆”。

《孟子·滕文公》记载：“树艺五谷”。汉赵岐注：“五谷：稻黍稷麦菽”。

屈原《楚辞·大招》记载：“五谷六仞，设菰粱只”。汉刘向编集·王逸章句：“五谷：稻稷麦豆麻”。

《黄帝内经素问·藏气法时论》记载：“五谷为养”。唐王冰注：“五谷：粳米小豆小麦大豆黄黍”。

根据上述文献记载，历代“五谷”所表述的都是粮食作物，但是排列顺序不同，种类也不相同，由此表明，“五谷”是统称，泛指粮食作物或各种粮食，不是特定的五种作物。

第 3 章　粮食的用途

古人常讲“洪范八政，食为政首”“手中有粮，心中不慌”。从古至今，粮食始终是维系人类生存、经济发展和社会稳定的首要条件。党的十八大以来，习近平总书记多次强调，中国人的饭碗任何时候都要牢牢地端在自己的手上。美国前国务卿亨利 · 基辛格在《国家安全研究备忘录》中讲到：“如果你控制了石油，你就控制了所有国家；如果你控制了粮食，你就控制了所有的人；如果你控制了货币，你就控制了全世界。”中国的发展历史也反复证明：粮食问题不仅是经济问题，也是社会问题，更是关系国家安危的政治问题。

当人们收入水平较低时，食物在生活支出消费中占有很高比例，随着收入增加，在食物需求满足的情况下，消费的重心开始向穿、住、行等其他方面转移。恩格尔系数是国际上通用的衡量一个国家、地区或家庭居民生活水平高低的一项重要指标，是食品支出总额占个人消费支出总额的比重，一般随居民家庭收入和生活水平的提高而下降。改革开放以来，我国居民的恩格尔系数逐年下降，到 2017 年降到了 29.2%，首次低于 30%，这说明我国的居民消费达到了联合国提倡的富裕国家的行列。

随着人们生活水平的提高，饮食结构也发生了变化。食用的粮食在膳食中的比重越来越少，取而代之的是肉、蛋、奶的需求量上升，粮食的用途越来越广泛。

第 1 节　粮食的“食用”

众所周知，国以民为本，民以食为天，食以安为先。“食”是人类生存的第一需求。对于普通百姓来说，粮食是安身立命的根本。

战国时期，石转磨的发明，先人们将小麦磨碎制成面粉，“饼”食出现，传承至今的“馒头”“面条”成为中华民族的主食之一。汉代以后，粮食品种不断丰富，荞麦、高粱在人们

的食用中逐渐增多。南朝梁萧子显在《南齐书》中记载,朝廷规定太庙祭祀时用“饼”。相传三国时,蜀汉丞相“诸葛亮南征将渡泸水,土俗人首祭神。亮令杂用牛、羊、豕肉包之,以面像人头代之,……馒头名始此。”

粮油食品是粮食消费的一个重要方面,粮油食品在中华饮食文化史上具有重要的意义。《楚辞·招魂》中有“粔籹蜜饵”句子,王逸注曰:“言以蜜和米面,熬煎作粔籹”,用蜂蜜和米、面制作甜饼和蜜糕,这是战国时的粮食制品。汉代的食品十分丰富,有米粉饼食品、麦粉食、黄粢食、白粢食、粔籹等。风靡世界的豆腐,相传是西汉时淮南王刘安发明的。豆腐在宋代已成为普遍食用的食品了。成书于北宋的《本草衍义》中专门记载了豆腐的制作方法,“生大豆……又可硙为腐,食之”。明代李时珍《本草纲目》卷二十五有“豆腐之法……凡黑豆、黄豆及白豆、泥豆、豌豆、绿豆之类皆可为之。造法:水浸,硙碎,滤去滓,煎成。盐卤汁或山矾叶或酸浆、醋淀,就釜收之。又有入缸内。以石膏末收者,大抵以咸、苦、酸、辛之物,皆可收敛尔。其上面凝结者,揭取晾干,名曰豆腐皮,人馔甚佳也。”隋唐时期的面食点心质量高、品种多。段成式《酉阳杂俎》载有阿韩特饼、凡当饼、疏饼、五色饼等。宋代月饼、油条已成为普遍食用的食品。苏轼“小饼如嚼月,中有酥与饴”。清光绪三十二年(1906年),我国第一家生产罐头、糖果、饼干等综合性食品的公司——上海泰丰罐头食品公司在上海创立。

现代粮油食品种类丰富,花样繁多,有饼干、面包、点心以及方便食品、冷冻食品等。另外根据人们口味和不同消费需求,研究生产出各种不同配方的营养保健食品。

第2节　粮食的“饲用”

在我国,农牧业一直是紧密结合在一起的。养殖役畜是为了农业耕种的需要,养殖肉畜、家禽则是出于人们肉食的需要。粮食作为饲料用于喂养牲畜古已有之。

在石器时代，原始农业、畜牧业和手工业开始出现，人们除种植谷物外，还饲养家畜。粮食除满足自身口粮外，剩余的粮食用于养殖。在已发掘的人类文化遗址中出土了大量的牲畜骨骼。在河南安阳殷墟出土的甲骨卜辞中，有刍、牧、牢、厩、家、庠、圂等反映畜禽养殖的文字，并有“卜贞从牧、六月”“辛酉又其豢”等有关畜牧养殖业活动的记载。在殷墟发掘出土的动物骨骼有6000多件，说明商代家畜饲养的发达。周代有“考牧”制度，可见畜牧养殖业成为重要的经济活动。《孟子·尽心上》云：“五母鸡，二母彘，无失其时，老者足以无失肉矣。”春秋时期已普遍养鸡、养猪。

到了封建社会，随着生产力的发展，人们驯养畜力作为征战和交通运输的工具，所谓“兵马未动，粮草先行”，并且随着人口的增多，对肉食的消费量增加，畜牧业成为一个产业部门，出现了规模养殖，对饲料的需求更大。据《桂林记》记载，唐代饲养家禽已有相当规模，“蓄鸭万只，每饲以米五石，遗毛覆渚”。

新中国成立后，随着我国居民食物消费结构的变化和对畜产品需求的提高，我国畜牧养殖业发展较快，饲料工业也相应得到较快发展，饲料用粮逐渐加大。传统的饲料是大麦、燕麦、玉米、糠麸、豆饼（粕）等。

改革开放以后，我国的养殖业有了很大发展，科学养殖受到越来越多从业者的重视。随着饲料加工业的不断发展和畜禽饲养水平的提高，粮食转化为饲料的用量越来越多。配合饲料逐渐取代传统的混合饲料，它是以饲料粮为基本原料，配置不同营养成分的添加剂，通过粉碎、配料、混合、制粒、压片等工序，加工生产成适合喂养各种畜禽的饲料。20世纪80年代初，我国养殖业饲料用粮约占全国粮食总产量的20%，到2018年饲料用粮达到粮食总产量的40%左右。

第3节 粮食的“饮用”

粮食作为我国传统的酿酒原料由来已久，粮食酿成酒后大部分供给人们饮用。酒的酿造，在人类粮食消费史上具有重大意义。

关于酒的起源，我国历史上有“杜康造酒”之说。传说在黄帝时期，有一个名叫杜康的人专门负责管理粮食。当时，随着农耕的发展，粮食每年都获得大丰收。可是，粮食多了吃不完，只能储藏在山洞里，山洞阴暗潮湿，时间一久，粮食全部腐烂了。杜康见状，开始苦思冥想储粮的方法。这一天，杜康来到树林里散步，发现了几棵枯死的大树，只剩下粗大空荡的树干。杜康灵机一动，把粮食全部倒进了干燥的树干里。过了一段时间，杜康来到树林里查看粮食，他惊奇地发现：储粮的枯树前，横七竖八地躺着一些野猪、山羊和兔子，一动不动，好像死了一样。他连忙走近看个究竟：原来盛粮的树干裂开了几条缝，由里向外不断渗水。看来，这些动物是舔吃了这些水才躺倒的。可这究竟是什么水呢？杜康凑过去一闻，只觉一股清香扑面而来，他不禁尝了几口这浓香水，顿觉神清气爽。后来，杜康把浓香水带回家，请大家品尝，大家你一口、我一口，都说好味道。就这样，酒在民间逐渐普及开来，杜康也被人们尊称为“酒神”。

《战国策·魏策》中有“昔者，帝女令仪狄作酒而美，进之禹，禹饮而甘之”的记载。晋朝江统撰《酒诰》是历史上最早的禁酒令，其中有“酒之所兴，肇自上皇。或云仪狄，一曰杜康。有饭不尽，委之空桑，积郁成味，久蓄气芳，本出于此，不由奇方”。这是说酒最初是剩饭放在温暖潮湿的桑树林中，因受空气中菌类的作用发酵而成。这说明酒是在人类有了大量的粮食剩余之后才被酿造的，酒的酿造使粮食消费不断增加。

考古发现，在新石器时代晚期的河南孟津小潘沟和洛南矬李夏文化遗址中，出土了鬶、爵、杯等酒器，说明夏代酿酒饮酒已相当普遍。相传夏代最后一个国君桀，因酒而终至国亡。商代嗜酒成风，考古资料表明，商代前期出土一座酿酒作坊，坊内出土大量盛器、炊器、陶漏斗和酿酒酵母等。周代吸取殷商教训，初期曾一度竭力禁酒，但是随着周代粮食生产水平的提高，酒的消费量也是有增无减。《诗经·小雅·伐木》记载：“有酒湑我，无酒酤我”，意思是酒不够时到市场上酤买。

秦汉时期，随着社会生产力的发展和人们生活水平的提高，酒业生产的规模扩大，酿酒的粮食消费量大增。酒肆作坊遍布都市乡镇，出现了“通邑大都，酤一岁千酿”的大作坊。西汉末年，以谷物冠名的酒，有“稻酒”“黍酒”“秫酒”“米酒”等。

唐代粮食生产的发展，加之唐朝前期近200年间不收酒税，酒的生产量大增，社会上饮酒成风。唐诗中多有与酒有关的内容，杜甫有“闻道云安曲米春，才倾一盏即醺人”之句，李白“自称臣是酒中仙”，唐诗中还有“兰陵美酒郁金香，玉碗盛来琥珀光。但使主人能醉客，不知何处是他乡”等优美篇章。

宋代酿酒技术达到了一个新的阶段：北京的香桂、法酒；南京的桂香、北库；西京的玉液、香四辅等闻名遐迩。南宋高宗时期，东南及四川酒课岁入一千四百万贯，可见用于酿酒的粮食消费是十分可观的。在元代，蒸馏烧酒制法传入中国。“烧酒原名阿剌奇，元时西征欧洲，归途经阿拉伯，将酒法传入中国”。

明代浙江绍兴酿酒业十分兴盛，酿酒已影响到口粮的正常消费。清代，在顺治、康熙年间，四川泸州大曲、贵州茅台酒坊得以创立；光绪年间，张裕葡萄酒开始生产。1915年北京双合盛啤酒厂创办，成为中国民族资本创办的第一家啤酒厂。到了现代，我国的酿酒业更是得到了空前发展，酒厂规模不断扩大，酿造技术更加先进，酒的种类繁多，有白酒、黄酒、红酒、啤酒等。我国有了为酿酒专门种植的粮食作物，如啤酒大麦等。

第4节　粮食的“种用”

粮食的种植是从选育种子开始的。种子是粮食再生产的前提，是粮食消费的一个主要方面。最初粮食种植的是人们采集、收藏的野生植物的种子。在原始农业后期，人们发现优质种子的作用，在上年收获的粮食中，把颗粒饱满的粮食选作种子。粮食的种子用途及育种技术历来深受重视。

战国时期的白圭说“长斗石，取上种”，他告诉来买粮食的人说，如果是作种子用，想来年丰收，那就买上等的粮食吧。秦代的《仓律》中规定了灾荒时由官府发给种子的范围和标准。“稻、麻，亩用二斗大半斗；禾、麦，一斗；黍、荅（小豆），亩大半斗；菽，亩半斗”。在发放种子时，如果农田土质好，不需要规定数量的，可以少要；如果发放的种子品种同原来种植的品种不同，可调换为原来的种植品种。

西汉农学家氾胜之所著《氾胜之书》记载了穗选法，“取麦种，候熟可获，择穗大强者，斩束立场中之高燥处，曝使极燥。无令有白鱼，有辄扬治之。”要求在田间选择籽粒又多又饱满的禾穗留作种子。入仓种子要干燥、饱满、无杂质。“种，伤湿郁热则生虫也”。可见，在汉代十分重视粮食种子选育、储存。

魏晋南北朝时期，我国在种子选育上，已形成了防杂保纯和建立种子田的技术。北魏贾思勰在《齐民要术》中收录了许多作物品种，仅粟的品种就列举了86种之多，总结出了一套完整的单收、单打、单藏、单种的良种繁育制度，具体记述了水选、拌种、晒种等种子处理方法，并最早记录了我国水稻的催芽技术。宋代，越南的“占城稻”传入中国。粮食品种的交流和优良品种的推广对我国粮食生产有着极为重大的历史意义。

明代，出现了在粒选基础上再进行系统选育的技术，“颗颗粒粒皆要仔细精选肥实光润者，方堪作种用”。清代，在混合穗选的基础上，又发展到了单株穗选。这是一种通过选择变异单株、培育新品种的选种方法。

到 1906 年，清政府在北京设立中央农事试验场，各省农事试验场逐渐增多，进行粮食作物良种的培育和推广。

20 世纪 50 年代开始，选择优良种子的办法有引种、兑换、提纯和定点繁育。60 年代后，我国育种科研不断取得重大成果，袁隆平致力于杂交水稻研究，成功培育了“南优二号”和“超级稻”。李振声从事小麦与偃麦草远缘杂交及小麦染色体工程研究，培育成功了高产抗病小麦——小偃四、五、六号。李登海潜心玉米育种和高产栽培研究，培育成功了玉米“掖单 2 号”、“掖单 3 号”等品种。

进入 21 世纪，以分子育种、转基因育种技术为核心的生物育种产业开始崛起，未来农业的竞争已经变成了种业的竞争，育种技术已成为衡量一个国家农业科技水平的标志。

第 5 节　粮食的“燃料用”

粮食除了食用、饲用、饮用、种用等用途外，还能作为燃料使用。随着技术的进步，现在已将粮食作为工业原料，生产生物柴油、燃料乙醇等，开辟了粮食用途的新领域。1981 年，我国开始用菜籽油、棉籽油等植物油生产生物柴油的试验。2000 年，我国启动陈化粮玉米转化燃料乙醇项目，生产生物柴油、燃料乙醇和与普通汽油、柴油性能相近的液体燃料。

生物柴油是以油脂为原料生产，燃料乙醇则是以玉米、高粱为原料生产。把这种酒精添加到汽油中，成为车用燃料，使汽车“喝酒上路”。2002 年 6 月，在郑州、洛阳、南阳、哈尔滨、肇东等 5 个城市试用汽油乙醇获得成功。

生物燃料技术是国际上一项新的能源技术，使人们从日益枯竭的化石燃料的危机中看到了新能源的希望。从目前的技术看，转化为生物燃料成本较高。在粮食生产技术还不能大幅度提高粮食产量的情况下，粮食的“燃料”用途将会打破世界粮食的供需平衡，对世界粮食安全构成威胁。近年来，我国政府对生物柴油的发展高度重视，利用地沟油等废弃物生产生物柴油的研究已成为我国新能源研究的热点和前沿。

总之,粮食除了上述介绍的用途以外,粮食还可以在“医药”和“包装”方面使用。如玉米作为轻工业的原料,用于提炼葡萄糖等医药用品。美国一零售公司曾用玉米生产聚乳酸 PLA 以制作新鲜食品的包装容器,用 PLA 做的容器像玻璃一般清澈透明,已引起包装行业的兴趣。PLA 是一种新型的生物降解材料,使用可再生的植物资源玉米、木薯等提出的淀粉原料制成,具有良好的生物可降解性,使用后能被自然界中微生物在特定条件下完全降解,对保护环境非常有利,是公认的环保材料。

思考与实践

绿色食品和无公害食品的区别

绿色食品是指遵循可持续发展原则,按照特定生产方式,经专门机构认定,许可使用绿色食品标志的无污染的安全、优质、营养类食品。绿色食品标准分为两个技术等级,即A级绿色食品和AA级绿色食品。因此,绿色食品并非指“绿颜色”的食品,而是对“无污染”食品的一种形象的表述。

无公害农产品是指产自良好生态环境,按照无公害农产品生产标准和操作规范生产或加工,农药、重金属、硝酸盐及激素等有毒有害物质残留量控制在安全允许的范围内,符合国家、行业和地方有关强制性标准,经认证合格后获得认证证书并允许使用无公害农产品标志的未经加工或者初加工的食用农产品。

绿色食品和无公害食品都属于安全食品的范畴,它们的区别是:

(1)执行标准不同。无公害食品标准比绿色食品标准稍低一些,无公害食品的标准是农药残留、重金属、细菌等有毒有害物质控制在允许量范围之内,各项指标均符合国家规定标准;绿色食品对有毒有害的残留限量标准要求较严,特别是AA级绿色食品基本是纯天然的食品。

(2)内在品质和消费对象不同。无公害食品主要强调的是安全性,是最基本的市场准入标准;绿色食品在强调安全的同时,还强调优质和营养。无公害食品是大众化消费,而绿色食品消费对象往往有特定的消费群体。

(3)运作方式不同。无公害食品的生产经营活动主要依靠各级政府推动,是一种强制性行为,因为其中的一些标准指标是强制性标准;绿色食品是推荐性标准,政府引导,市场运作。无公害农产品是一种质量标识,绿色食品是产品商标,有专用的知识产权。在实际生产中，发展绿色食品与发展无公害食品是密切联系的，绿色食品是无公害食品发展的较高级形式，无公害食品是绿色食品发展的基础。在大力发展无公害食品的同时，可以为绿色食品的发展提供更多、更好的技术支撑和市场空间。

拓展阅读

我国八大菜系之鲁菜

中国是一个餐饮文化大国，长期以来在某一地区由于地理环境、气候物产、文化传统以及民族习俗等因素的影响，形成了有一定亲缘承袭关系、菜点风味相近，知名度较高，并被各地所承认的地方菜肴。通常把鲁菜、川菜、粤菜、闽菜、苏菜、浙菜、湘菜、徽菜称为“八大菜系”。

鲁菜即山东菜，一般分为济南风味菜、胶东风味菜、孔府菜和其他地区风味菜，并以济南菜为典型，煎炒烹炸、烧烩蒸扒、煮氽熏拌、溜炝酱腌等多种烹饪方法。鲁菜历史源远流长，底蕴深厚。

济南菜以清香、脆嫩、味厚而纯正著称，特别精于制汤，清浊分明，用高汤调制是济南菜的一大特色。

胶东风味亦称福山风味，包括烟台、青岛等胶东沿海地方风味菜。该菜以烹制各种海产品见长，口味以鲜嫩为主，偏重清淡，讲究花色。菜品口感酥烂鲜香，肥而不腻。

孔府菜做工精细，烹调技法全面，素有“食不厌精、脍不厌细”的特色。尤以烧、炒、煨、炸、扒见长，而且制作过程复杂。以煨、炒、扒等技法烹制的菜肴，往往要经过三四道程序方能完成。

第 4 章　粮食的营养与膳食平衡

在人类社会的发展过程中，人们对粮食营养健康作用的认识经历了一个漫长的过程。随着经济社会的发展和人们生活水平的提高，如何搭配食物、均衡营养越来越受到重视。营养学家认为，最好的饮食其实是平衡膳食。

第 1 节　粮食的营养素

营养是人体通过摄取食物以满足机体生理需要的生物学过程。营养素是指食物中所含的维持生命所必需的营养成分，是保证人体健康的物质基础。研究表明，人体所需的营养素有很多，其中一些营养素可由人体自身合成，而另外一些营养素则无法合成，必须从食物中摄取，以满足机体生长发育、新陈代谢等需要。

通常从食物中摄取的营养素有 40 多种，可概括为六大类，即蛋白质、脂类、碳水化合物（糖类）、矿物质、维生素和水。

一、三大生热营养素

通常把蛋白质、脂类、碳水化合物三大营养成分称为生热营养素。生热营养素是指维持人体生命、提供热量的营养素。

（一）蛋白质

蛋白质是高分子化合物，由许多氨基酸以肽键连接在一起，由于氨基酸的种类、数量、排列次序和空间结构的千差万别，构成了无数种功能各异的蛋白质。氨基酸是构成蛋白质的基本单位。

1. 蛋白质的分类

按化学结构分类，分为单纯蛋白质和结合蛋白质。前者如清蛋白、球蛋白、谷蛋白等，其水解后的最终产物只有氨基酸；后者如核蛋白、糖蛋白、脂蛋白等，水解产物除氨基酸外，还有非蛋白质分子。

按蛋白质形状分类，分为纤维状蛋白质和球状蛋白质。前者多为结构蛋白，是形成机体组织的物质基础，如胶原蛋白等；后者多用以合成生物活性因子，如酶、激素、免疫因子、补体等。

按营养价值分类，可将蛋白质分为完全蛋白质、半完全蛋白质和不完全蛋白质。完全蛋白质的特点是所含必需氨基酸的种类齐全，数量充足，比例合适，如乳类、蛋类等；半完全蛋白质的特点是所含的必需氨基酸种类不够齐全，数量多少不均，比例不太合适，如米、面粉、马铃薯、干果中的蛋白质等；不完全蛋白质的特点是缺少若干种必需氨基酸，如玉米、豌豆、肉皮等。

2. 蛋白质的主要功能

构成人体的组织和器官，维持人体组织的生长、更新和修补；构成细胞以及人体内的重要活性物质，如酶、激素、抗体等；供给热量。

蛋白质广泛存在于动植物性食物之中。动物性蛋白质质量较好，植物性蛋白质则利用率较低。

（二）脂类

脂类包括脂肪和类脂。天然食物中的脂类大约 95% 是脂肪，5% 是类脂。

1. 脂肪

植物性油脂：多含有不饱和脂肪酸成分，在室温下多呈液态，常称为油。

动物性油脂：以饱和脂肪酸含量为主，在室温下多呈固态，常称为脂。

2. 类脂

主要有磷脂、糖脂、固醇类、萜类、蜡、脂蛋白类等物质。

3. 脂类的主要功能

合成人体重要物质，为人体供给和储存能量，提供人体必需脂肪酸，维持人体体温和保护内脏器官，促进脂溶性维生素的吸收和利用等。

（三）碳水化合物

1. 碳水化合物的组成

碳水化合物又称为糖类，是由 C、H、O 三种元素组成的一大类化合物，由于最早发现的糖类物质所含的氢氧比例为 2 : 1，和水一样，故称为碳水化合物。碳水化合物由若干个单糖分子缩合而成，种类很多，包括单糖、双糖、糖原、淀粉、纤维素等，广泛存在于粮食作物中。

2. 碳水化合物的功能

提供和贮存能量，构成机体组织和神经系统的重要成分，具有保肝解毒、节约蛋白质、提供膳食纤维等作用。

不同种类的碳水化合物来源不同，乳糖来自于奶及奶制品，淀粉来自于薯类、豆类、谷类，纤维素包含在所有植物中。

二、其他营养素

（一）矿物质

在组成人体的所有元素中，除了 C、H、O、N 四种元素以外，其他元素统称为矿物质，俗称无机盐，矿物质约占人体体重的 4% 左右。

1. 矿物质的分类

常量元素：又称宏量元素，是指占人体体重超过 0.01% 的元素，每人每日需要量在 100mg 以上。常量元素主要包括钙（Ca）、磷（P）、钾（K）、钠（Na）、镁（Mg）、硫（S）、氯（Cl）。

微量元素：又称痕量元素，是指占人体体重低于 0.01% 的元素，每人每日需要量在 100mg 以下。包括铁（Fe）、锌（Zn）、碘（I）、硒（Se）、铜（Cu）、钼（Mo）、铬（Cr）、钴（Co）等。

2. 矿物质的特点

矿物质与其他营养素不同，不能在体内生成，除非被排出体外，否则不可能在体内消失，必须从食物和饮水中摄取；在人体内分布不均匀，同一元素在机体的不同组织和器官中含量差异较大；矿物质相互之间存在协同或拮抗作用；微量元素在体内需要量很少，摄入过多易产生毒性作用。

3. 矿物质的功能

矿物质是构成机体组织的重要材料，如钙、磷、镁是构成骨骼、牙齿的主要材料；是维持机体酸碱平衡和正常渗透压的必要物质；合成人体特殊生理物质，如血液中的血红蛋白、甲状腺素等需要铁、碘的参与才能合成。

（二）维生素

维生素早前称维他命，顾名思义是维持生命的物质，存在于天然食物中。维生素在体内不能合成或合成量很少，是必须由食物供给的一类有机物质。人体需要量甚微，不能大量贮存，不构成组织，也不提供能量。

1. 维生素的分类

维生素根据溶解性可分为水溶性维生素和脂溶性维生素两大类。

水溶性维生素：主要包括B族维生素和维生素C。B族维生素又包括B_1（硫胺素）、B_2（核黄素）、B_3（烟酸或尼克酸）、B_5（泛酸或遍多酸）、B_6（吡哆酸）、B_{12}（钴胺素）、叶酸、胆碱、生物素等。溶于水，排泄率高，一般不在体内蓄积，摄入过量一般不会引起中毒。相反，体内容易缺乏水溶性维生素。

脂溶性维生素：包括维生素A、D、E、K，能溶于脂肪，排泄率不高，在食物中常与脂类物质共存。摄取多时可在体内蓄积，摄取过多可引起中毒。

当某种维生素长期摄入过低时会发生维生素缺乏症。维生素缺乏是一个渐进的过程，缺乏原因包括维生素摄入不足、维生素吸收利用障碍、维生素需要量相对增加等。

2. 部分维生素的功能

维生素B_1又称硫胺素，是人类发现最早的维生素。谷物是我国居民中膳食维生素B_1的主要来源，具有维持神经系统的正常活动、维持碳水化合物的正常代谢、促进肠胃蠕动和增进食欲的功能。

叶酸又称叶精、抗贫血因子、维生素M等。具有影响细胞分裂和组织生长、参与红细胞生成等作用，对胎儿神经管形成有重要作用。

维生素C又名抗坏血酸，很容易分解。能促进胶原蛋白合成，防止动脉粥样硬化，延缓衰老，有助于预防贫血等功能。

维生素A又称视黄醇，主要存在于动物性食物中。某些植物含有类胡萝卜素，类胡萝卜素又称为维生素A原。能维持人体正常视觉功能，促进细胞内感光物质视紫质的合成与再生；保持上皮组织的完整和健康，维持细胞的正常生长；促进生长发育。

维生素D溶于脂肪溶剂，对热、碱较稳定。能促进对钙、磷的吸收，维持血液中钙、磷浓度的稳定，促进骨骼牙齿的钙化。

维生素E又称生育酚，不溶于水，溶于脂肪。具有抗氧化作用，在体内保护细胞免受自由基损害，延缓衰老；保持红细胞的完整性、抗动脉粥样硬化、改善免疫功能；促进蛋白质的更新合成；与动物的生殖功能有关。

（三）水分

水是人体的重要组成成分。人体所有细胞和组织中都含有水分，如血液的含水量高达90%，肌肉含水70%，坚硬的骨骼中也含水22%。人体内水的总量可因年龄、性别、体型胖瘦而存在明显个体差异。

水的生理功能主要有：一是参与人体新陈代谢。食物中的水溶性营养素只有溶解在水中才能被人体消化吸收和利用，即便是不溶于水的蛋白质和脂肪分子也可悬浮于水中形成胶体或乳浊液，便于机体消化、吸收和利用；二是调节体温。在高温下或体内产热过多时，人体通过蒸发或出汗使体温保持恒定，环境温度降低时，则人体可通过减少蒸发而保持人体温度；三是具有润滑作用。对器官、关节、肌肉组织起到缓冲、润滑和保护作用。

第2节　粮食的膳食平衡

尽管人类食物多种多样，但是除了人乳之外，任何一种食物都不能提供人体所需的全部营养。因此，平衡膳食必须由多种食物搭配组成。

虽然人类生存所需的碳水化合物、蛋白质、脂肪、维生素和矿物质主要由粮食提供，但是人类对食物的需求是不断发展变化的，既有数量的增长，也有质量、膳食结构等方面的要求。《黄帝内经·素问》中提到“五谷为养，五果为助，五畜为益，五菜为充”。这是最早阐述以粮食为主，辅之以肉类、水果、蔬菜的中华膳食理论。

一、膳食结构与食物消费模式

膳食结构是指膳食中各类食物的组成数量及其在膳食中所占的比重。由于影响膳食结构的因素是逐渐变化的，所以膳食结构不是一成不变的，通过适当的干预可以促使其向更有利于健康的方向发展。当今世界大致有四种膳食结构模式：

1. 发达国家模式

发达国家模式，也称富裕型模式，主要以动物性食物为主，通常年人均消耗肉类100kg左右，奶类100~150kg，而粮食消耗大约50~70kg，还消耗大量的禽蛋、水果、蔬菜等。这种消费特点是营养素三高一低，即高能量、高蛋白、高脂肪、低纤维。

2. 发展中国家模式

发展中国家模式，也称温饱模式，主要以植物性食物为主、动物性食物为辅，一些经济不发达国家年人均消费谷类与薯类达140~200kg，肉、蛋、奶及鱼虾约20~30kg。这种消费特点是能量基本满足，蛋白质和脂肪较少，某些维生素摄入量不足。

3. 日本模式

日本模式，也称动植物平衡型营养模式，其膳食构成是植物和动物性食品并重，既有以粮食为主的东方膳食传统特点，也吸取了欧美国家膳食长处，加之经济发达，人均年摄取粮食140kg，动物性食品肉、蛋、奶及鱼虾135kg左右。其特点是能量、蛋白质、脂肪的摄入量基本符合营养要求，膳食结构基本合理。

4. 地中海模式

地中海模式，为居住在地中海地区的居民所特有，食用橄榄油，饮葡萄酒，动物性食物以鱼为主。突出特点是饱和脂肪摄入量低,不饱和脂肪摄入量高。膳食含大量碳水化合物,蔬菜水果摄入量较高。肿瘤和心脑血管疾病死亡率低,糖尿病、胆石症患病率少,寿命长。

我国居民的膳食结构基本属于发展中国家模式,随着人们生活水平的提高,膳食结构日趋合理。谷类食物是我国传统膳食的主体,也是我国居民膳食结构的特色和优点所在。其特点主要有:谷类食品中碳水化合物含量高,蔬菜丰富以及粗粮的摄入使得人们摄入了大量的膳食纤维,因此,消化系统疾病及肠癌的发病率较低;豆类及豆制品的摄入,补充了一部分优质蛋白和钙;饮茶、吃水果、甜食少,减少了糖的过多摄入;丰富的调料,如葱、姜、蒜、辣椒、醋、花椒、大料等,具有杀菌、降脂、增加食欲、帮助消化等诸多功能。

二、健康膳食方式

食物消费的目的在于增强和保持人体健康。从科学的视角分析,上述几种食物消费模式各有优劣,科学的膳食结构是能提供人体均衡的营养。为此,基于人的体力、智力发展和利于人们延年益寿,且有利于节约资源的原则考虑,应把上述几种食物消费模式结合起来,取长补短,即以谷物为基础,合理提高动物蛋白的消费量,并配以适量的植物油、水果、蔬菜等。这种消费模式的特点是以植物性食物为主,膳食结构多样化,并控制食用油和食盐的摄入量,平衡膳食,消除营养不良,避免人体肥胖和心脑血管等病症。

图 4–1　平衡膳食宝塔

我国经济快速发展，居民的膳食结构与生活方式发生了重要变化，但同时也随之出现了诸如肥胖症、高血压、血脂异常、糖尿病等慢性疾病，并已成为威胁国民健康的突出问题。为了提升居民的健康水平，向居民提供最基本、科学的健康膳食信息，倡导合理膳食的生活方式，卫生部于1989年首次发布了《中国居民膳食指南》，提出了“合理营养，平衡膳食”的消费理念，引导民众合理消费粮食，改善食物营养结构。

近年来，合理膳食的概念在不断演进中，经过多次修正完善，2016年5月13日由国家卫生计生委发布了《中国居民膳食指南（2016）》。新指南是结合中华民族饮食习惯以及不同地区的食物特性等多方面因素，参考其他国家膳食指南制定的科学依据和研究成果，提出了符合我国居民营养健康状况和基本需求的膳食指导建议。《中国居民膳食指南（2016）》针对2岁以上的所有健康人群提出6条核心内容，分别为：食物多样，谷类为主；吃动平衡，健康体重；多吃蔬果、奶类、大豆；适量吃鱼、禽、蛋、瘦肉；少盐少油，控糖限酒；杜绝浪费，兴新食尚。

平衡膳食宝塔，是中国营养学会根据《中国居民膳食指南（2016）》，结合中国居民的膳食结构特点设计的，它把平衡膳食的原则转化为各类食物的重量，并以直观的宝塔形式表现出来，便于在日常生活中应用。平衡膳食宝塔共分五层，包含我们每天应吃的主要食物种类。宝塔各层位置和面积不同，反映出各类食物在膳食中的地位和应占的比重。谷类、薯类及杂豆食物位居底层；蔬菜和水果占据第二层；鱼、禽、肉、蛋等动物性食物位于第三层；奶类、大豆类及坚果食物合占第四层；第五层塔尖是油脂和盐。

图4-2　各种营养素的作用

世界卫生组织（WHO）推荐的适宜膳食能量构成为：碳水化合物55%~65%，脂肪20%~30%，蛋白质11%~15%。谷类食物中的能量有80%~90%来自碳水化合物，只有膳食中谷类食物提供能量达到总能量的50%~60%，再加上其他食物中的碳水化合物，才能达到世界卫生组织（WHO）推荐的适宜比例。以谷类为主食的膳食模式既可提供充足的能量，又可避免摄入过多的脂肪及含脂肪较高的动物性食物，有利于预防相关慢性病的发生。

思考与实践

大学生膳食指南

一、食物搭配多样化

在饮食中尽可能选择多样化的菜肴和主食，以确保各种营养的充分供给。众所周知的六大营养素：蛋白质、脂肪、碳水化合物、无机盐、维生素、水。每种食物所含营养素的种类和数量不同，偏食的话则会造成营养缺乏。目前大学餐厅的菜肴中营养素比较全面，都已包含在不同的菜肴中，但是大学生的消费水平有限，不可能在一餐中饮食全面，因此，学生就餐时，每天用餐要经常变换品种，保证饮食多样化。

二、摄入热量均衡化

适当安排好三餐热量摄入的比例。目前大学生的热量供应基本达标，但三餐之间热量的分配并不均衡，早餐要吃得好，也要吃得饱，现在不少学生早餐吃得少，且质量差，很难坚持到中午用餐时间，同时也影响上课效果。晚餐也要吃饱吃好，否则也会影响到晚自习。三餐热量的摄入以早餐 30%，中、晚餐各占 35% 的比例为好。

大学生每天的运动量大，精力充沛，代谢旺盛，人体必需的“微量元素”需求量多。为了增强体质，善于从“盘中餐”获得理想的营养素。

一是常吃“粗食”。谷物的许多营养元素集中在谷皮里。如出粉率 72% 的精制白面，仅能保留原小麦五分之一的“镁”和七分之一的“铬”。铬是人体必需的微量元素之一，缺铬会引起糖尿病、动脉粥状硬化等病症。

二是不“偏食”。品种多样、合理搭配的饮食，是摄取多种营养的保证。“偏食”的人，把三餐美味中的一部分营养素都拒之体外，时间久了，会引起营养缺乏症。

三是“吃菜喝菜汤”。做菜、吃馅常“挤”掉菜汤。岂不知，菜汤里富含宝贵的金属“钾”。缺“钾”会对心脏、血压不利。所以，“原汤化原食”，既吃菜又喝汤，是科学合理的膳食。

四是避免“以药代食”。过量地摄入某种微量元素会引起“毒性”。例如大量服用铜剂，能引起铜代谢障碍疾病——威尔逊症，应从“盘中餐”中摄取营养，不可滥用营养药物。

五是不吃“污秽饮食”。一般重金属污染比农药污染还要严重。因为重金属元素无法分解，进入人体后会引起不良后果。因此，保证饮食卫生，避免摄入有毒元素污染过的食物。

三、蛋白质供给经常化

蛋白质是生命活动的基础，在体内不能储存，因而必须保证蛋白质的供给。从调查结果看，大学生的蛋白质供应量普遍不足，并且以植物性蛋白质居多，动物性蛋白质比例很少。在膳食中应增加瘦猪肉、鸡鸭肉、蛋类、奶类以及豆制品摄取量，早餐可喝些豆浆、牛奶等；三餐可多吃些豆制品，增加蛋白质的摄入量。

四、脂肪摄入标准化

脂肪是人体重要的热能营养素，在日常饮食中应适当增加脂肪的摄入量。脂肪中含有的磷脂固醇对增进大脑神经的功能有一定的促进作用；脂肪类食物保证了脂溶性维生素A、D、E、K的供给。因此，摄入的脂肪量应满足机体的需要。目前，大学校园“节食风”盛行，部分学生过分节制脂肪的摄入，实际上很多大学生脂肪的摄入量很少达到每天50克的标准，所以在膳食中要通过多吃动物型菜肴来增加脂肪的摄入量，这对健康是有益的。

五、维生素吸收丰富化

维生素是调节人体生理功能必不可少的物质，应在饮食中多吃一些富含维生素的食物。如动物的肝脏、海产品、植物油等是脂溶性维生素的主要来源，而蔬菜、水果则是水溶性维生素的主要来源。

六、饮食安排合理化

食物有寒、热、温、凉、平五性，大学生应根据季节变化合理安排饮食：冬季宜吃温热性食物，适当增加以烧、炖、焖方法烹制的羊肉、牛肉、猪肉等；夏季宜吃寒凉性食物，以凉拌、清炒等方法烹制的清淡食物；春秋两季也应区别对待。除长期的饮食习惯外，辛辣酸性食物不宜过食，否则会引起亢奋，易使神经系统失去平衡，从而导致精神及情绪波动，特别要禁止吸烟和喝酒，对浓茶和咖啡也以少食为宜。

虽然吃是人类生存的第一需求，但不宜成为生活的唯一追求。尽管有一些人固执地信奉“吃到嘴里才是自己的”生活理念，其实，吃也是有讲究的，有科学的，我们应保持健康平衡的膳食结构，养成健康的生活方式。例如每天暴饮暴食，食品摄入量过高而又不注重身体锻炼，必然带来身体肥胖；或者过度控制饮食，如节食减肥，都可能会带来疾病隐患。在此，特别建议广大学生在重视饮食正常需要的情况下，养成良好的饮食习惯，利于身心健康。

拓展阅读

转基因食品

所谓转基因食品，就是利用生物技术，将某些生物的基因转移到其他物种中，改造生物的遗传物质，使其在性状、营养品质、消费品质等方面向人类所需要的目标转变，以转基因生物为直接食品或为原料加工生产的食品就是转基因食品。

美国是转基因食品最多的国家，60%以上的加工食品含有转基因成分。20世纪80年代初，美国最早对转基因生物进行研究，首例转基因食物是西红柿。

转基因食品带来的安全性问题一直是人们所关心的问题，目前以欧洲为主的许多发达国家正在对这个问题进行激烈的辩论。这场争论在中国消费者中也造成了一定影响，而且随着技术的发展以及产品投放市场，人们将会更加关注。

对于转基因食品的安全性，目前国际上没有统一说法，争论的重点在转基因食物是否会产生毒素、是否可通过DNA蛋白质过敏反应、是否影响抗生素耐性等方面。当越来越多的转基因食品呈现在我们面前时，首当其冲的问题就是转基因食品敢吃吗？食用转基因食品后有副作用吗？持怀疑态度的理由是：害虫都不敢轻易下口的转基因作物，一旦变成粮食和农副产品，让我们一日三餐皆不离，是不是连同那些抗虫基因也消化了呢？愈来愈耐贮藏的西红柿会引起人体的变异吗？由此，在英国曾发生由抗虫土豆引起的环保组织狂摔超市中的转基因食品、各种媒体纷纷声讨转基因食品的事件。而美国、加拿大两国的消费者虽然大多数已接受了转基因食品，但仍有部分消费者认为食用转基因食品可能会对健康造成危害。

目前国际上对于转基因标识的管理主要分为四类：一是自愿标识；二是定量全面强制标识，即对所有产品只要其转基因成分含量超过阈值就必须标识；三是定量部分强制性标识，即对特定类别产品只要其转基因成分含量超过阈值就必须标识；四是定性按目录强制标识，即凡是列入目录的产品，只要含有转基因成分或者是由转基因作物加工而成的，必须标识。

我国对转基因产品实行按目录定性强制标识制度。2002年，农业部发布了《农业转基因生物标识管理办法》，制定了首批标识目录，对在中华人民共和国境内销售的大豆、油菜、玉米、棉花、番茄5类17种转基因产品进行强制定性标识，其他转基因农产品可自愿标识。自首批标识目录发布至今，我国批准种植的转基因作物仅有棉花和番木瓜，批准进口用作加工原料的有大豆、玉米、棉花、油菜和甜菜5种作物。

目前，我国是唯一采用定性按目录强制标识方法的国家，也是对转基因产品标识最多的国家。凡是列入农业部《农业转基因生物标识管理办法》中标识目录的转基因生物及其直接加工品，都必须按规定进行标识，以充分保障公众的知情权和选择权。

第二篇

粮食种植与生产

宿五松山下荀媪家

李白（唐）

我宿五松下，寂寥无所欢。
田家秋作苦，邻女夜舂寒。
跪进雕胡饭，月光明素盘。
令人惭漂母，三谢不能餐。

第5章　中国主要粮食作物种植与分布

水稻、小麦、玉米是中国具有举足轻重的三大主要粮食作物，其常年播种面积、总产量分别占全国粮食作物的78%和89%左右，占谷物播种面积和总产量的96%和98%。这三种粮食作物在中国分布很广。

第1节　稻谷种植与分布

中国是世界上水稻栽培历史最悠久的国家之一，历史上很早就已成为世界上水稻播种面积最大、稻谷产量最多的国家。中国稻谷常年产量一般占世界稻谷总产量的30%左右，居世界首位。现在水稻的播种面积和产量分别占全国粮食作物的27%和37%，居各种粮食作物的首位，提供的商品粮占全国商品粮的一半，全国人口有60%以大米为主食。因此，水稻是中国最重要的粮食作物，稻谷生产在中国粮食供求和国民经济中有着极其重要的地位。

稻谷属禾本科稻属。关于稻谷的起源地，世界上比较一致的看法是中国的云南和印度的阿萨姆地带，中国栽培水稻的历史可以追溯到6000多年前。中国主要是种植水稻，旱稻种植很少。水稻按其栽培制度的不同可分为单季稻和双季稻，以及间作稻等。

水稻的适应性强，是喜温喜湿的作物，在生长期内，必须有适当的热量和充足的水分，总需水量为旱粮的2~4倍；对土壤要求不严，多种土壤包括酸性红壤、盐碱土和沼泽地均可种植。而且，中国广大农民和科技人员经过长期的实践与探索培育了能够适应各种自然条件的稻谷品种，因此，中国水稻分布十分广泛，从南部热带北纬18.5°的海南省三亚，到北部温带北纬53°的黑龙江省漠河，从东部的台湾到西部的新疆，从海拔最低的东南沿海到海拔最高的青藏高原，均有水稻或旱稻的栽培，但主要还是分布在雨水较多的南方和北方灌溉条件较好的地区，并且由于水热条件的综合影响，使中国的水稻分布具有南方多而集中、北方少而分散的特点。因此，中国稻谷生产可分为南方稻谷集中产区和北方稻谷分散产区。

一、南方稻谷集中产区

南方稻谷集中产区是指秦岭、淮河以南，青藏高原以东的长江流域、华南和西南各省区，常年稻作面积和产量约占全国的 90% 以上。本区的成都平原、长江中下游平原、珠江流域的河谷平原和三角洲地带，都是中国水稻主要产区。此外，云贵高原的坝子和山间盆地，浙江、福建沿海的淮海平原，台湾省西部平原，以及南方丘陵低山地带，也是稻谷集中产区。

二、北方稻谷分散产区

北方稻谷分散产区指秦淮以北的广大华北、东北和西北地区，是中国一季粳稻分布区。本区常年稻谷播种面积和产量均占全国的 10%，2/3 以上的县市有稻谷生产。水稻分布具有大分散、小集中的特点，其中东北较多，华北次之，西北较少。

水稻生产分布既适应自然规律，又顺应经济规律。由于市场经济的发展和需求的刺激，中国水稻生产呈现南方（早稻、籼稻）不断减少、北方（粳稻）逐步增加，劣质水稻减少、优质水稻增加之势。就品种品质分布而言，籼稻比较适宜于高温、强光和多温的热带及亚热带地区，在中国主要分布在华南热带和淮南的亚热带地区；而粳稻比较适宜于气候温和的温带和热带高地，在中国主要分布在华北、西北、东北等温度较低的地区及南部热带、亚热带及亚热带高地。

第 2 节　小麦种植与分布

小麦是在中国种植仅次于水稻的主要粮食作物。中国小麦生产发展很快，播种面积、总产量和单产均有很大增长，常年播种面积和产量分别占全国粮食的 1/4 和 1/5 以上。中国小麦产量占世界小麦产量的 19% 左右，居世界首位。

小麦属禾本科小麦属。中国是栽培小麦最古老的国家之一，也是小麦的起源中心之一，在四五千年前的远古时代，黄河、淮河流域就已有小麦栽培。

小麦比较耐寒、耐盐碱，而且还能耐一定程度的干旱，是旱地的主要栽培作物之一。它适应性较强，因而分布广泛，几乎遍布全国各地。小麦是喜温作物，比较适宜种植在气候凉爽、日照充足、生长期内降水 350~450 毫米左右的地区。但在湿润而潮湿的地区，与其他粮食作物在耕作制度上有一定的矛盾，因此主要分布在长江与青藏高原以北，其播种面积和产量约占全国的90%以上。

小麦品种繁多，按播种季节不同可分为冬小麦和春小麦两种。冬小麦有低温春化阶段，在发芽期必须经过一定时期（30~50天）的低温（0~5℃），才能形成结实器官，其秋播夏收，生长期180~280天；春小麦的春化阶段需要较高的温度（多在5℃~20℃），时间约5~15天，其春播夏收，生长期90~170天。

冬小麦能耐零下22℃的低温，这个温度指标也是确定中国冬、春小麦分布的界限温度。由东北的大兴安岭起，经通辽、张北、榆林、兰州，过玉树，到拉萨线的400毫米等南线为冬小麦和春小麦分界线，此线以东为冬麦区，以西为春麦区。

中国以种植冬小麦为主，其播种面积和产量约占全国小麦90%以上，根据自然条件、耕作制度、作物品种的不同，中国小麦生产大致可分为以下三类产区。

一、北方冬麦区

北方冬麦区位于长城以南，六盘山以东，秦岭、淮河以北，包括山东全部，豫、冀、京、津、晋、陕大部，陇东、陇南、苏北、皖北地区，小麦常年播种面积和产量均占全国冬小麦的70%，是中国最大的小麦集中产区和消费区。本区≥10℃年积温4500℃~5000℃，年均降水量500~900毫米，耕地以旱田为主，生长期240~280天，气候、土壤条件都较适宜，一般实行一年冬小麦、玉米（大豆、水稻、谷子、棉花）两熟或两年三熟制。

冬小麦是夏收作物，可以避开秋涝，在本区经常发生春旱秋涝的情况下，种植小麦可以稳产保收；冬小麦是越冬作物，可利用冬闲地种植，扩大复种面积，增加粮食产量，对全年粮食均衡增产有重要意义，在本区和全国粮食供求中具有重要作用，是中国最重要的优质冬麦产业带和小麦核心产区。

二、南方冬麦区

南方冬麦区位于秦岭、淮河以南，大雪山以东地区，冬小麦常年播种面积和产量约占全国的20%以上，是中国第二大小麦区。本区年均降水量在100毫米以上，水热资源丰富，为南方稻谷集中产区。冬小麦一般是在中、晚稻收割后播种，实行稻麦、棉麦两季，或稻麦杂粮、双季稻小麦三熟制。

小麦主要分布在长江中下游平原、四川盆地和云贵高原，以安徽、江苏、四川、湖北最为集中，每年省产量达300万吨以上，这一地区是长江中下游优质小麦带，云南、贵州、重庆产量也较多，每省年产量几十万吨，其他地区以种植双季稻为主，冬小麦生产较为分散，面积很少，产量很低。华南冬小麦产量仅有几万吨，是中国唯一的热带麦区。南方冬麦区人民多以稻米为主食，小麦商品率较高，是中国商品小麦的重要产区。

三、春麦区

春麦区位于长城以北，六盘山、岷山和大雪山以西，春小麦播种面积、产量常年均不到全国小麦的 10%。这些地区大部分处在高寒或干冷地带，冬季严寒，无霜期短（常在 200 天以下），冬小麦不能安全越冬，以种植春小麦为主，栽培制度一年一熟，常与玉米、大豆、谷子等间作、套种或轮作。东北松辽平原和三江平原土地肥沃，有机质含量高，地势平坦，适于大面积机耕，是中国商品小麦的主产区。黑龙江春麦生长期仅 90 天，由于品质较差，市场疲软，近年生产受到影响，面积和产量下降较多。

第 3 节　玉米种植与分布

玉米是中国仅次于水稻、小麦的第三大粮食作物，又是重要的饲料和工业原料。在粮食作物中，玉米的播种面积和产量居水稻之后，但近十年来面积和产量常常高于小麦而居第二位。中国是世界上玉米种植的主要国家之一，玉米播种面积和产量均仅次于美国，居世界第二位。

玉米属禾本科玉米属。玉米的起源地，目前大都认为是美洲的墨西哥和秘鲁一带。公元 16 世纪初，玉米经丝绸之路和南洋传入中国。几百年来，我国人民根据各地的自然条件，不断改良玉米品种，培育出许多高产稳产的新品种。玉米按生产期分早熟、中熟和晚熟三个品种；按籽粒成分与用途分为特用玉米和普通玉米两个品种；按播种季节分为春玉米、夏玉米、秋玉米和冬玉米。

玉米是一种喜温的高产旱粮作物，适于旱地栽培，对土壤要求不严，生育期短（80~150 天），适应性强，因而在中国广泛分布。但分布地区以年降水量 800~1500 毫米、生长期内月均降水量 100 毫米的地区最为适宜。因此，玉米主要集中产区在东北、华北和西南山地。根据各地的气候条件和栽培制度，全国可划分为六个玉米产区：北方春玉米区、黄淮海平原夏玉米区、西南山地丘陵玉米区、南方丘陵玉米区、西北灌溉玉米区和青藏高原玉米区。其中前三区玉米的播种面积和产量均占全国的 90% 以上，是中国玉米生产的主要产区。

一、北方春玉米区

北方春玉米区大体位于北纬 40° 以北，包括黑、吉、辽、内蒙古，以及冀北、晋北、陕北等地，玉米播种面积和产量约占全国的 10% 以上，是中国玉米主要产区之一。

本区属寒温带湿润、半湿润大陆性气候，冬季低温干燥，无霜期 130~170 天，年均降雨量400~800毫米。生长期内，这里光照充足，温度适宜，雨水充沛，有利于玉米高产稳产。种植制度一年一熟，玉米连作，或与大豆间作、春小麦混作。

辽、吉、黑的松辽平原和三江平原及内蒙古东部是中国优质玉米产业带和玉米核心产区。本区是中国最大的玉米商品粮产地，玉米生产一是用于发展本区的畜牧业生产和工业需求，二是供应京、津、沪和满足南方对玉米的需要，三是用于出口。

二、黄淮海平原夏玉米区

黄淮海平原夏玉米区位于北方春玉米区以南，秦岭、淮河以北，包括京、津、鲁、豫，冀中南、晋中南、陕关中、苏北、皖北等地区，是我国玉米主要产区之一。玉米播种面积和产量占全国 30% 以上。

本区属温带半湿润气候，无霜期 170~220 天，年均降雨量在 500~800 毫米，多数集中在 6 月下旬至 9 月上旬，自然条件对玉米生产极为有利，栽培制度是一年两熟，种植方式多样，间套复种并存，其中冬小麦、夏玉米两作套种占 65% 以上。本区光、热、水资源丰富，且配合良好，土地平坦，土层深厚，多数地区能够浇水灌溉，这是本区玉米高产稳产的主要原因。

本区主要满足区内畜牧业工业发展需要，并就近供应京、津、沪和南方地区，是国内玉米供应基地。

三、西南山地丘陵玉米区

西南山地丘陵玉米区包括川、渝、黔、滇、桂及鄂西、湘西、陕南、陇东南等地区，玉米播种面积和产量占全国的 20% 左右，也是我国玉米主要产区之一。

本区属温带和亚热带湿润、半湿润气候，年均降雨量 800~1200 毫米，无霜期 240~330 天，热量丰富，雨量充沛。这一地区多数土地分布在海拔 200~500 米范围内，种植业垂直分布特征十分明显，山地、丘陵、平坝都有玉米种植，栽培制度一年熟和一年多熟兼而有之。高寒山区只能种季春玉米；丘陵山区是以一年两熟制为主的玉米和小麦、甘薯或豆类作物间套复种；平原地区是以玉米为中心的三熟制，如小麦、玉米、甘薯，小麦、玉米、水稻等三熟制。本区近 90% 以上的土地为丘陵山地和高原,多数山区丘陵土壤贫瘠,云雾阴雨天气较多,光照条件较少,耕作粗放,玉米产量较低。

四、其他玉米产区

南方丘陵玉米区是中国玉米的主产区,玉米种植面积和产量较少,均不超过全国的 4%。西北灌溉玉米区主要包括新疆、甘肃以及宁夏河套灌溉区,玉米种植面积和产量均不超过全国的 5%。青藏高原玉米区是中国重要的牧区和林区,玉米是本区新兴的农作物之一,栽培历史很短,种植面积不大,年产量仅有数万吨。

第 4 节　中国其他粮食作物

除了水稻、小麦、玉米三大主要粮食作物外,中国还有其他许多粮食作物,如谷类的高粱、谷子、大麦、燕麦、黍子,豆类的大豆、豌豆、绿豆、赤豆、蚕豆以及薯类的甘薯、马铃薯、木薯等,其占粮食播种面积的比例不到 20%,占粮食产量的比重不到 10%。这些粮食作物的播种面积和产量虽然远比三大主要粮食作物少,但一般生长期短,适应性强,有耐旱、耐寒、耐涝和耐碱等特性,对土壤条件要求不高,分布较广,仍然是中国粮食生产不可忽视的部分。

在社会经济不断发展、人们生活水平不断提高、国内和国际市场融合度加强的情况下,发展这些粮食作物,对于发挥区域和比较优势,调整农业产业结构,满足人们口粮膳食、食品、油料、饲料和工业原料及国际市场的需要显得更为重要。

思考与实践

节气与粮食生产的关系

二十四节气是中国古代订立的一种用来指导农事的补充历法,是中国古代劳动人民长期经验的积累和智慧的结晶。二十四节气能反映季节的变化,指导农事活动,影响着千家万户的衣食住行。请思考一下节气变化与农作物种植、生产的关系。

拓展阅读

粮食产业布局优化

1. 粮食产业布局要注意水土资源的制约

我国水土和光照条件比较好的优质耕地集中分布在东南部地区，也是耕地快速减少的区域。“南粮北运”到“北粮南运”粮食供求平衡格局的变化，以及以北方和中部为核心的粮食生产格局的可持续性令人担忧。靠水土光热条件不如南方的北方地区来弥补粮食缺口，短期内水利设施与科技能力还可以支撑粮食产能的提高，但受水热资源局限，其长期粮食产能持续提高难度很大。据国土资源部 2009 年底发布的中国耕地质量等级调查与评定成果，我国调出商品粮最多的北方地区耕地平均质量等别较低。而东南沿海水土条件好的高产稻田被城市化吞噬后，即意味着粮食生产功能基础的永久消失。因此，要确保全国长期粮食安全，必须稳定住并不断提高南方粮食主产区的综合生产能力。

2. 粮食生产布局需要物流加工产业配套

粮食要天天消费，受运输、储备能力和贮藏期限的制约，特殊时期粮食应急供应只能依靠区域内或邻近区域提供。我国商品粮储备集中于粮食主产区，特别是东北地区，东北自然资源的运输本来就呈现南运局势，粮食的供需逆转加剧了这一矛盾。建三江是目前最大的粮食主产区之一，年产三四百万吨粮食全靠唯一的铁路外运，导致粮食或是大量积压运不出去，或因卡在路上而将粮食直补和综合补贴等各种惠农政策带来的好处给抵消了。所以，粮食生产向优势区集中的同时，还要做好粮食物流布局与相应的转化加工产业的布局调整。

第6章　粮食及产品分类

由于粮食作物种植广泛，不同区域的粮食品质有所区别，本章主要介绍稻谷、小麦、玉米、大豆以及其他油料作物的分类及其加工产品的特点。

第1节　稻谷及其产品分类

稻谷按其生长环境对水分的适应性大小，可分为水稻、陆（旱）稻、海稻。我国主要以水稻种植为主，陆稻和海稻种植面积较少。水稻按其栽培制度不同，分为单季稻和双季稻，以及间作稻和再生稻；按其形态和品质差异，分为籼稻、粳稻、糯稻；按其成熟季节不同，分为早稻、中稻、晚稻。稻谷含碳水化合物85%左右，蛋白质6%~8%，脂肪1%~2%。

一、籼稻、粳稻、糯稻

籼稻籽粒细而长，呈椭圆型或细长型。米粒强度小，耐压性能差，加工时容易产生碎米，出米率较低，黏性较小。根据稻谷收获季节，分为早籼稻和晚籼稻。

粳稻籽粒阔而短，呈长椭圆型或卵圆型。米粒强度大，耐压性能好，加工时不易产生碎米，出米率较高，黏性较大。根据稻谷收获季节，分为早粳稻和晚粳稻。

糯稻分为籼糯稻和粳糯稻，其籽粒形状分别与籼稻和粳稻相似，黏性都很大。

二、早稻、中稻、晚稻

根据籼稻、粳稻的播种期、生长期和成熟期的不同，分为早稻、中稻、晚稻三类。

一般情况下，早稻的生长期90~120天，中稻为120~150天，晚稻为150~170天。由于各地气候条件不同，播种期和收获季节也有较大差异。

三、杂交稻和超级稻

水稻是雌雄同花的自花授粉作物。常规稻是通过若干代自交达到基因纯合的品种，个体遗传型相同，从外观上看，群体整齐一致，可以留种且后代不分离的水稻品种。杂交水稻选用两个在遗传上有一定差异，同时它们的优良性状又能互补的水稻品种进行杂交，生产具有杂种优势的第一代杂交种，用于生产，这就是杂交水稻。杂种优势是生物界普遍现象，利用杂种优势提高农作物产量和品质是现代农业科学的主要成就之一。

杂交稻与常规稻相比，生长势旺盛，根系发根力强，适应性广，抗逆性好，穗大粒多，产量比常规品种高 15% 以上。只要能满足杂交水稻的生育期要求，在任何地方，杂交稻都能表现出比常规稻更为明显的优势。

超级稻即超高产水稻，是通过水稻超高产育种选育的，在产量、米质等方面超过现有水平的高产品种。进入 20 世纪 80 年代后，全世界无论常规稻还是杂交稻，产量均出现了徘徊。水稻超高产育种，是近 20 多年来不少国家和研究单位的重点项目。1996 年，农业部立项中国超级稻育种计划，由袁隆平院士主持研究计划。经过多年的反复培育试验，2018 年该团队培育的超级杂交稻品种“湘两优 900（超优千号）”，在试验田内亩产达到 1203.36 公斤，再创亩产世界纪录。

四、糙米和大米

（一）糙米

1. 糙米

糙米是稻谷经砻谷机脱去稻壳后得到的产品。糙米由果皮、种皮、外胚乳、胚乳及胚所组成。糙米再经加工碾去皮层和胚，留下的胚乳称为大米。碾米过程中脱落的糙米外表部分为米糠，包括果皮、种皮、胚芽、糊粉层及少部分的胚乳等。由米糠制取的油脂称之为米糠油。

糙米加工成大米的过程中，加工精度越高，大米越白，但营养损失也多，糙米皮层所含的维生素 B_1、维生素 B_2，都是人体重要的营养素。维生素 B_1 具有预防脚气病、促进动物发育等功能；维生系 B_2 可预防口角炎、皮肤炎等疾病，对增进人体健康有益。

2. 发芽糙米

发芽糙米是发芽至 0.5~1.0 毫米芽长的糙米。发芽糙米含有丰富的 γ-氨基丁酸等营养成分。γ-氨基丁酸的功能在于改善脑部的血液循环，增加氧气的供给，改善大脑的代谢，能够使脑代谢亢进。有助于治疗因脑中风、头部外伤后遗症、脑动脉硬化后遗症等产生的头痛、耳鸣、意识模糊等病症。

发芽糙米由于未碾去皮层，因而适口性比大米差，但按一定比例添加到大米中煮饭，尤其是煮粥，食味颇佳。

3. 黑米

黑米是呈黑色或黑褐色的糙米，为黑稻加工产品，属于糯米类。黑米营养价值丰富，富含蛋白质、维生素和矿物质。通常情况下，黑米以糙米形式直接食用，口感较粗，适合用来煮粥。

（二）大米

根据我国《大米国家标准》规定，大米的品种按稻谷的粒形和粒质分为籼米、粳米和糯米三类。在大米质量规格中，各类大米按加工精度来定等分级，而加工精度是指糙米加工成白米时的去皮程度。根据国家粮食和物资储备局新修订的国家标准规定，大米及优质大米两大类产品各设置为一级、二级、三级三个等级。

1. 籼米

籼米是指用籼型非糯性稻谷制成的米，就是人们通常所说的南方米。米粒一般呈长椭圆形或细长形，蒸煮后出饭率高，黏性较小，口感发散，米质较脆。

在国际市场上，按籼米米粒的长度分为长粒米和中粒米。长粒米粒形细长，长与宽之比一般大于 3，为蜡白色透明或半透明。性脆，油性大，煮后软韧有劲而不粘，食味细腻可口，是籼米中质量最优者。如广东省生产的齐眉、丝苗和美国的蓝冠等均属长粒米。

泰国大米标准根据大米的长度，分为特长型（7 毫米以上）、长型（6.6~7 毫米）、中型（6.2~6.6 毫米）和短型（6.2 毫米以下）四种。

2. 粳米

粳米是用粳型非糯性稻谷制成的米。市场上常见的东北米就是粳米，米粒一般呈椭圆形或圆形。米粒丰满肥厚，长与宽之比小于 2，颜色蜡白，呈透明或半透明，质地硬而有韧性，煮后黏性油性均大，柔软可口，但出饭率较低。

3. 糯米

糯米又称江米，呈乳白色，不透明，煮后透明，黏性很大，胀性小，一般不做主食，多用于制作糕点、八宝饭、粽子、元宵以及酿造米酒的原料。

另外，糯米也有籼糯、粳糯之分。籼糯米粒形一般呈长椭圆形或细长形，粳糯米一般为椭圆形，都具有乳白不透明、黏性大等特点。粳糯米质一般优于籼糯米。

上述三种大米以籼米和粳米尤为重要，其中籼米的贸易量为最大。东南亚、非洲和拉丁美洲以消费籼米为主，尤以长粒米最受欢迎。日本、朝鲜、意大利等国人民喜食粳米。

图 6–1 糙米

图 6–2 粳米

图 6–3 籼米

图 6–4 糯米

图 6–5 黑米

在欧洲地区，籼米、粳米两种均有消费。

（三）其他大米

1. 有机米

有机米是指使用有机稻谷为原料，按照有机食品规范加工制成的、符合有机大米标准要求的大米。有机米由于种植环境、生产资料等方面需满足特殊要求，农药残留和有害金属含量更低。

2. 富硒米

富硒米是指采用富硒稻谷为原料加工所得的特殊大米。富硒大米的硒含量比普通大米高，获得富硒稻谷主要有两种途径：一种是在水稻生产过程中，适时使用富硒的肥料；另一种是在含富硒土壤中种植，如贵州开阳、陕西紫阳、湖北恩施是我国著名的三大天然富硒地带。

图 6-6 其他样品

3. 留胚米

留胚米亦称胚芽米，是指米胚保留率在 80% 以上，或米胚的质量占 2% 以上的大米。留胚米因含胚较多，脂肪含量高，在温度、水分适宜的条件下，微生物容易繁殖。因此，留胚米常采用真空包装或充惰性气体包装，防止留胚米品质降低。

4. 营养强化米

营养强化米是指按相关标准添加了营养强化剂的商品大米，也就是在普通大米中添加某些人体缺少的营养素或特需的营养素制成的成品大米。营养强化剂包括铁、钙、锌、维生素、硒及叶酸等营养物质。

5. 贡米

贡米也称作“御米”，是指古代给皇上享用的大米。目前市场上的贡米，更多的是具有历史传说，一些大米被赋予人文色彩。如河北涿州贡米、江西万年贡米、广东增城丝苗米、广西东兰墨米、江苏常熟鸭血糯等。贡米的外观品质、营养品质、食用品质常优于普通大米。

6. 蒸谷米

蒸谷米在国际市场上俗称“半熟米”，是以稻谷为原料，经清理、浸泡、蒸煮、干燥等水热处理后，再按常规稻谷碾米加工方法生产的大米制品，具有营养价值高、易于人体消化吸收等优点。缺点是米色变深、米质较硬、加工成本高。

第 2 节 小麦及其产品分类

小麦籽粒由麦皮、胚乳和麦胚三部分组成。小麦按容重分为五等，一等小麦容重最高，质量好，以三等小麦为中等定价标准，低于五等的小麦为等外小麦。

一、小麦种类

1. 冬小麦和春小麦

冬小麦有低温春化阶段，秋播夏收，生长期180~280天。春小麦一般春播夏收，生长期90~170天。冬小麦能耐零下22℃的低温，这个温度是确定我国冬、春小麦分布的界限温度。

2. 红小麦和白小麦

按小麦籽粒皮色不同，可分为红皮小麦和白皮小麦，简称红麦和白麦。红麦为深红色或红褐色，白麦为黄白色或乳白色。

3. 硬小麦和软小麦

按照小麦籽粒粒质不同，分为硬质小麦和软质小麦，简称硬麦和软麦。衡量指标是硬度指数，硬度指数在60及以上为硬麦，硬度指数在45及以下为软麦，硬度在两者之间称为混合小麦。

4. 强筋小麦、中筋小麦和弱筋小麦

按小麦加工品质要求不同，分为强筋小麦、中筋小麦和弱筋小麦。强筋小麦粉筋力强，适合于制作面包等食品；中筋小麦粉筋力适中，适用于制作面条、饺子、馒头等食品；弱筋小麦粉筋力弱，适合于制作蛋糕和酥性饼干等食品。

5. 优质小麦

优质小麦对于不同食品，其应用性能有很大区别。以筋力来分类，优质小麦就包括适应于面包专用粉生产的强筋小麦、适应于糕点粉生产的弱筋小麦和适合于我国传统蒸煮面食生产的中筋小麦。

判断一种小麦是否优质，有两个评价标准。一是理化指标，二是应用指标。目前，全国优质小麦品种已多达100余种，蛋白质（面筋）含量普遍大幅提高。尽管国内优质小麦在蛋白质的测试指标上能够接近或达到国外标准，但在应用指标上仍与国外小麦存在着一定差距。借鉴国外的评价标准，在对小麦进行等级评定时，以能够满足现代面制品工业化生产要求的应用指标作为评价优质小麦的主要标准。

6. 彩色小麦

彩色小麦是指种皮与普通小麦颜色不同的小麦，籽粒质地较硬，呈长圆形，是我国特有的珍贵小麦种质资源，在河南、山西、山东等省已经具有一定规模的种植。常见的彩色小麦有紫粒、黑粒、蓝粒、紫蓝粒、绿粒等。

与普通小麦相比，彩色小麦的蛋白质、脂类和灰分含量比较高，且氨基酸种类比较齐全，必需氨基酸与非必需氨基酸的质量普遍高于普通小麦，矿物质元素含量比较丰富，尤其是硒、锰与碘含量上具有突出优势。彩色小麦含有十分丰富的食品天然色素——花色苷，具有抗氧化作用。

二、小麦粉的种类

1. 按加工精度划分

小麦粉俗称“面粉”。按照加工精度可分为特制一等粉、特制二等粉、标准粉、普通粉四个等级。市场上常见的超级粉、超精粉、特精粉、雪花粉、富强粉、上白粉或“八五”粉等主要是从加工精度上划分，不同精度等级的小麦粉灰分含量不同。

图 6-7　面粉

2. 按用途划分

小麦粉按用途分为专用粉、通用粉和营养强化粉等。专用粉，如面包粉、馒头粉、面条粉、饺子粉、饼干粉、蛋糕粉等；通用粉是指没有明确专门用途的小麦粉，主要满足家庭或手工作坊制作不同面食的需求；营养强化粉是指以小麦粉为主体，添加了极少量的单一或复合的营养素，包括微量元素、维生素等，如增钙面粉、富铁面粉、“7+1”营养强化粉等。

3. 按湿面筋含量的高低和面团的强弱划分

按小麦粉中湿面筋含量的高低和面团的强弱划分，又有高筋粉、中筋粉和低筋粉。新的国家标准以灰分作为定级指标，将强筋小麦粉和弱筋小麦粉分成 1、2、3 三个等级。

4. 全麦粉

全麦粉是将清理干净后的小麦经过特殊粉碎研磨加工，包含所有小麦成分，达到质量要求的小麦粉为全麦面粉。制作全麦粉时要求选用品质较好的小麦。

5. 颗粒粉

颗粒粉是粒度较粗或相对较粗的小麦粉。“颗粒”是外在特征，粉是本质。颗粒粉的提取往往是从制粉工艺的前路得到，由于研磨次数少，损伤淀粉含量低，适合制作蒸煮类面制食品。

图 6-8　各种面制品

三、小麦粉加工制品

小麦粉加工制品是指用面粉加工制作成食品的总称。

1. 常见面制食品

蒸制食品：如馒头、蒸饺、包子等；煮制食品：如水饺、馄饨、面条等；煎制食品：如煎饼、锅贴等；油炸食品：如油条、麻花、面窝等；烤制食品：如大饼、月饼等；冲调食品：如炒面、油茶等；焙烤食品：如面包、饼干、蛋糕等。

2. 专用面制食品

冷冻面团、非油炸方便面、生湿面、速冻饺子、拉面等。

四、小麦副产品利用

1. 小麦胚芽

小麦胚芽（简称麦胚）是小麦制粉过程中的副产品。它虽然在麦粒中只占很小部分，但营养价值却很高，含有人体所必需的高生物价蛋白质、不饱和脂肪酸、矿物质和丰富的维生素 E、维生素 B_1、维生素 B_2 等生理活性成分。由于麦胚及制品对人体健康十分有利，所以被营养学家们形象地誉为“人类天然的营养宝库”，也是“人类食品中的最佳营养品”之一。

2. 谷朊粉

谷朊粉又称活性面筋粉。以小麦为原料，用水洗去除淀粉和其他水溶性物质后剩下的未变性的面筋体，又称活性面筋。面筋蛋白质中所含氨基酸比较齐全，是营养丰富、物美价廉的植物蛋白源。

3. 麦麸

麦麸含有两大类生理活性物质，即活性多糖和酚类化合物。小麦麸皮经过深加工可以多层次开发利用，提供多种产品。可制作麸皮面筋、麸皮酱油，还可制取淀粉糖、木糖醇等。

第 3 节　玉米及其产品分类

玉米在世界上有“黄金作物”的美誉。营养价值很高，玉米传入我国已经有 500 多年的历史，在我国种植范围很广，南自北纬 18 度的海南岛，北至北纬 53 度的黑龙江省的黑河以北，东起台湾和沿海省份，西到新疆及青藏高原，全国一年四季都有玉米种植。但玉米在各地区的种植分布却并不均衡，主要集中在东北、华北和西南地区，大致形成了一个从东北到西南的斜长形玉米栽培带。

一、玉米分类

1. 普通玉米

普通玉米在我国种植范围最广，按籽粒形态与结构分为硬粒型、马齿型、半马齿型、粉质型（软粒型）、甜质型（甜玉米）、甜粉型、蜡质型（糯质型）、有稃型、爆裂型。

图 6-9　黄玉米

图 6-10　紫玉米

图 6-11　白玉米

按照玉米粒色分为黄粒玉米、白粒玉米、紫粒玉米和杂色玉米。黄粒玉米富含维生素 A 和胡萝卜素，营养价值较高；白粒玉米缺少维生素 A 和胡萝卜素，营养价值不如黄粒玉米，适合于制取淀粉或制作糕点；紫粒玉米含有较高的酚类化合物和花青素，营养价值较高；杂色玉米含有两种或两种以上的颜色。

2. 特用玉米

特用玉米是指普通玉米以外的各种玉米籽粒类型。由于各自不同的内在遗传因素，表现出各具特色的籽粒结构、营养成分、加工品质以及食用风味等特征，因而有着各自特殊的用途、加工要求和相应的销售市场。特用玉米具有较高的经济价值、营养价值和利用价值，主要包括甜玉米、糯玉米、高油玉米、高赖氨酸玉米、爆裂玉米等。

3. 转基因玉米

转基因玉米是利用现代分子生物技术，把种属关系十分遥远且有用的植物基因导入需要改良的玉米遗传物质中，并使其后代出现人们所追求的具有稳定遗传性状的玉米。转基因玉米是由转基因技术培育的玉米新品种。

二、玉米加工产品

1. 玉米淀粉

玉米淀粉是重要的工业原料，广泛应用于食品、制糖、发酵、医药、造纸、化工等行业。

可用来作食品原（配）料，生产淀粉糖、酿制啤酒、生产变性淀粉、生产赖氨酸、味精、氨基酸、柠檬酸等；在医药行业，几乎所有抗生素都采用淀粉发酵法生产；在造纸精细化学品中，淀粉及其衍生物是重要的化学添加剂。

2. 玉米糁

玉米糁是玉米经清理清洗、去皮脱胚和破碎磨制过程而制得的色泽淡黄、粒度比大米略小、膨胀性强、吸水性好的玉米加工产品。玉米糁可以做成粥，口感好，易消化吸收。

3. 玉米粉

根据营养成分不同，玉米粉分为普通玉米粉、特质玉米粉和强化玉米粉。

目前市场上供应的玉米粉多为脱脂精制玉米粉及大豆强化玉米粉，还有赖氨酸强化玉米粉、膨化玉米粉等。

4. 玉米汁饮料

将玉米制成玉米饮料，使人们从吃谷物变成喝谷物，保留了玉米中对人体健康有益的营养成分，有着其他谷物饮料不可比拟的优势。玉米汁饮料口感清新自然，既保持了玉米的原生滋味，又具备了新型饮料甘甜爽口的特点。

5. 爆米花

爆米花是一种深受人们喜爱的零食，也是传统的休闲小吃，有着悠久的历史和广阔的消费群体，从小孩到老人都是爆米花的消费者。

6. 玉米片

玉米片是一种新型快餐食品，保存时间长、便于携带，既可直接食用，又可加工成其他食品。可以与冷牛奶和酸奶混合食用，作为早餐。目前，我国生产的玉米片有淡玉米片、甜玉米片和咸玉米片、焙烤玉米片。

7. 玉米胚芽

玉米胚芽就是玉米的芽部，是加工玉米的副产品，具有非常高的营养价值。玉米胚芽是优质的油料资源，可以制取玉米胚芽油（简称玉米油），还是较好的食品添加剂，广泛应用于糕点、饼干、面包、奶茶中。

8. 玉米蛋白质

玉米蛋白质可分为四种，即白蛋白、球蛋白、醇溶蛋白和谷蛋白。

第 4 节　大豆及其产品分类

大豆含有丰富的蛋白质和油脂，大豆的脂肪含量一般为 16%~24%，大豆通常归为油料作物，大豆油是世界上产量最多的油类。大豆含蛋白质35%~52%，大豆蛋白具有很高的营养价值。

一、大豆的分类

1. 按播种季节不同来划分

大豆按播种季节不同，可分为春大豆、夏大豆、秋大豆、冬大豆四类。春大豆系春季播种，多在一年一熟制的地区种植，主要分布于东北三省、河北、山西、陕西等东北地区和西北地区；夏大豆多在一年两熟制或两年三熟制的地区种植，主要分布于黄淮平原和长江流域；秋大豆在我国的福建、台湾、浙江、湖南、广东等东南部地区种植；冬大豆主要在广东、广西及云南等南部地区种植。冬大豆播种面积较少，质量较差。

图6–12　黄豆

图6–13　黑豆

2. 按生长期长短来划分

大豆按其生长期长短可分为三类：生长期为90天以下者为早熟种，90~120天为中熟种，在120~170天者为晚熟种。

3. 按用途来划分

大豆按其用途可分为食用大豆和饲用大豆两类。食用大豆又分为油用大豆、副食和粮食用大豆、蔬菜用大豆及罐头用大豆4类。

4. 按种皮颜色和粒形来划分

大豆按其种皮颜色和粒形分为三类，即黄豆、青豆、黑豆。黄豆种皮为黄色，主要有东北黄大豆、一般黄大豆两类；青豆种皮为青色，俗称“里外青”，常作蔬菜用；黑豆种皮为黑色，食用品质较差，但药用价值很高。褐色大豆及双色大豆因不多见，常归入黑豆中。

我国大豆生产遍布全国各地，但以东北各省及黄淮平原种植较为集中。东北大豆是我国大豆的主要产区，素有“大豆之乡”的美誉，以黄豆的数量最多、品质最好。

二、大豆产品

1. 大豆油脂

大豆油脂俗称豆油，含有不饱和脂肪酸80%以上，饱和脂肪酸含量较低，所以大豆油脂常温下呈液态，属于半干性油脂。

2. 大豆蛋白制品

大豆蛋白制品是利用提取油脂的豆饼、豆粕生产的蛋白质含量高的食品。常见的有豆粉（有全脂大豆粉和脱脂大豆粉）、浓缩大豆蛋白、分离大豆蛋白、组织大豆蛋白和纤维大豆蛋白等。

3. 大豆酿造制品

大豆酿造制品是蛋白质经发酵后能分解成各种氨基酸，氨基酸是味精、酱油中鲜味的主要成分，用大豆制成的黄豆酱、豆腐乳、豆豉、豆瓣酱等是各具特色的美味调味品。

4. 大豆饲料制品

大豆饲料制品是大豆榨油后的饼粕，含有丰富的蛋白质（43%~45%），是很好的饲料蛋白，特别适合作配合饲料，对提高畜禽养殖效率和降低饲料消耗有显著的作用。

5. 大豆磷脂产品

大豆磷脂产品是含有磷的类脂化合物。磷脂是生命基础物质，常见的有卵磷脂、脑磷脂、肌醇磷脂等，对人体的各部位和各器官起着相应的功能。

6. 大豆异黄酮

大豆异黄酮又名类黄酮，大豆中含有多种异黄酮，对雌激素起到双向调节作用，安全且无副作用，所以大豆又称为“植物雌激素”。

三、大豆的营养价值

大豆含有丰富的营养成分，其价值可与动物性食品的营养价值相媲美。它还含有人类生存所必需赖氨酸、苯丙氨酸等 8 种必需氨基酸，有防止胆固醇增高引起血管病的效用。经常适量地食用大豆或大豆制品，可使人体常葆青春，保持精力旺盛。因此，大豆在国内外被公认为是健康、美容的食品。

第 5 节　其他油料及其产品分类

油料是我国重要的大宗农产品，是食用植物油、蛋白饲料的重要来源，通常将含油率高于 10% 的原料称为油料。油料种类很多，按植物学属性分为草本油料和木本油料，按产量大小分为大宗油料和野生油料，按含油量高低分为高含油量油料和低含油量油料。常见的油料作物有大豆、花生、油菜籽、葵花籽、棉籽、芝麻、蓖麻、苏子、油茶、油用亚麻和大麻等。国家发改委印发的《全国大宗油料作物生产发展规划（2016~2020 年）》中将油菜籽、花生、大豆、油茶四大油料划为全国大宗油料，也是我国种植比较广泛的油料作物。

一、花生

花生是豆科一年生草本植物，因是在花落以后，花茎钻入泥土而结果，所以称为“落花生”，由于营养价值高，民间又称“长生果”。关于花生的起源，可能是多源的，中国和南美都是花生的原产地。如今印度、中国、美国是花生的主产国。

1. 花生米

花生米具有很高的营养价值，内含丰富的脂肪和蛋白质等物质。据测定，花生米中脂肪含量一般在 40%~50%，蛋白质含量在 25%~35%，碳水化合物含量为 15% 左右。花生中还含有丰富的维生素和矿物质，特别是含有人体必需的脂肪酸和必需氨基酸，有促进脑细胞发育、增强记忆等功能。

花生皮俗称花生红衣，约占花生仁 2%~3.5%，含有防治血液病药物的有效成分——维生素 P，同时含有大量的凝血药物成分，可以利用花生红衣生产血宁片、止血糖浆等药物。

花生全身都是宝，花生米炒熟后因含有吡嗪类化合物而具有特殊的香味，可加工制成多种美味的糕点、糖果、菜肴，如五香花生米、花生糖、花生酱、花生蛋白奶等。

2. 花生油及其制品

因花生种子中脂肪含量较高，所以制油工艺与大豆不同，一般采用压榨法或浸出法制取花生油，同时得到花生饼或花生粕等副产品。

花生油品质优良、营养丰富、气味清香，是一种优质食用油。根据国家标准 GB/T

图 6–14　白皮花生米

图 6–15　红皮花生米

1534-2017《花生油》的规定，花生油按制作工艺可分为压榨花生油和浸出花生油。浸出花生油是经溶剂浸出制取的油，压榨花生油是用压榨方法制取的油。花生经过炒籽以后压榨制取的油脂，其香味浓郁，俗称浓香花生油。

制取油脂后的花生饼粕中蛋白质含量达到50%左右，可用作饲料或提取蛋白质食品。花生蛋白是由90%的球蛋白和10%的清蛋白组成，易被人体吸收。在蛋白质中含有8种人体必需氨基酸，其中赖氨酸含量比一般植物蛋白高，对儿童发育有利。

二、油菜籽

油菜为十字花科一年生草本植物，原以采食茎叶为主，而后收籽取油。油菜是我国播种面积最大、分布地区最广的油料作物。油菜的果实为长角果，内有种子即油菜籽，含油率一般为37%~48%，含蛋白质为25%~44%，我国是世界上生产油菜籽最多的国家。

菜籽油简称“菜油”，经过精炼以后颜色呈现淡黄色，无异味，是人们主要的食用油之一。常用作色拉油、调和油等。

菜籽油除作食用外，菜籽饼粕中蛋白质含量约36%~38%，其营养价值与大豆粕相近，是良好的动物饲料，广泛用在淡水养殖业中。

三、棉籽

棉籽是棉花作物的种籽，棉花是世界上重要的纤维作物，棉籽是重要的植物油料。现在棉花的主产国有中国、美国、印度、墨西哥、埃及和巴基斯坦等。

棉籽外部为坚硬的籽壳，籽壳内的胚也称籽仁。籽仁含油量可达32%~45%，含蛋白质30%左右，含棉酚0.2%~2.5%。含有棉酚是棉籽与其他油料作物的主要区别。

棉籽油又称为棉油，是用籽仁制取的油脂。一般呈深褐色，具有令人不快的气味和苦味，经加工后的棉油呈淡黄色。棉籽油含有大量的不饱和脂肪酸，棉籽油经过精炼脱毒以后可用作沙拉油和食用油，氢化后可作为起酥油和人造奶油。

棉籽壳含有丰富的多缩戊糖，可生产化工原料——糠醛，也可作为培养基用于生产木耳、菌菇等经济作物。

四、葵花籽

葵花籽是向日葵的籽实，向日葵原产于美洲的秘鲁和墨西哥，大约在十七世纪初期，向日葵被当作花卉植物从南洋引入我国栽培。在明王象晋《群芳谱》中，称向日葵为丈菊、西番莲、迎阳花。在清陈扶摇《花镜》中，最早使用向日葵的名称。

葵花籽油呈淡琥珀色，清亮透明，味道纯正，特别是经过炒籽以后制取的油脂，其香味可与芝麻油媲美。其特点是含有大量的亚油酸等人体必需的不饱和脂肪酸，熔点低，适用于作凉拌油，可以促进人体细胞的再生和成长，保护皮肤健康，并能减少胆固醇在血液中的淤积，非常适合高血压患者和中老年人食用，是一种高级营养油。

五、芝麻

芝麻又称胡麻、脂麻、油麻，属于胡麻科草本植物。芝麻是最古老的种植作物之一，与椰子一样是人类最早利用的油料作物。据历史记载，汉代芝麻传入中国，北魏贾思勰《齐民要术》中记载："张骞外国得胡麻。"《词源》解释芝麻"相传汉张骞得其种于西域，故名"。

芝麻，被称为八谷之冠，可用作烹饪原料，如作糕点的馅料，点心、烧饼的面料，亦可作菜肴辅料。日常生活中，人们常吃的芝麻制品有芝麻粉、芝麻糊、芝麻饼、芝麻酱等，常食芝麻有保健效果。

芝麻油又称为麻油、香油等，是把芝麻采取压榨或水代法制取的油脂。因芝麻是一种高含油量油料，一般含油率50%~60%，通常将芝麻经研磨以后用水代法制取的油脂称为"小磨香油"，呈黄棕色，特点是气味醇香，生热皆可食用。

芝麻油中含有大量的不饱和脂肪酸和维生素，营养价值高，其特殊香味来自于芝麻酚。芝麻酚是一种天然抗氧化剂，比一般油脂耐储藏，保存期较长，但如果芝麻油中含水量较多，容易引起酸败变质，产生哈喇味。

六、油茶

前面介绍的五种油料都属于草本油料作物。而油茶属于木本油料，又名茶子树、茶油树、白花茶，属茶科，是多年生常绿灌木。油茶树种植3~5年后开始结果，果实又名油茶籽，因其种子可制取油脂（茶油）供食用，故名油茶。油茶籽含油量一般在30%以上，是我国特有的一种纯天然高级油料。

茶油，又名山茶油、山茶籽油，色泽橙黄清亮，气味清香，营养丰富，耐贮藏，是优质高温煎炸食用油。茶油中主要脂肪酸是油酸，亚油酸含量较低，并含有山茶甙等特定生理活性物质，具有极高的营养价值。茶油也可作为机油的代用品，具有润滑、防锈功能，还可制作蜡烛和肥皂等。

油茶树具有很高的综合利用价值，油茶籽壳是一种良好的食用菌培养基，还可制成糠醛、活性炭等；茶籽饼粕中含有油茶皂素、茶籽多糖、茶籽蛋白等物质。经研究表明，油茶皂素具有抑菌和抗氧化作用，所以茶籽饼粕既可作农药，又可作肥料、饲料等。

油茶与油棕、油橄榄和椰子并称为世界四大木本食用油料植物。近年来，椰子、核桃、橄榄等木本作物制取的食用油因含有各种有效成分，越来越受到人们的喜爱，现在它们都是我国大力提倡种植的油料作物。但是油桐籽、乌柏籽和蓖麻等油料作物，虽然油脂含量很高，但由于含有其他脂肪酸或类脂物，不能作为食用油，在工业方面具有重要的经济用途。

思考与实践

南方人与北方人的主食有什么不同

南方人爱米饭，北方人喜面食，这种生活习惯的差异与南北方农业生产结构的不同有关。我国南方气候高温多雨，耕地多以水田为主，主要粮食作物是喜高温多雨的水稻，这样便形成了以米饭为中心的饮食文化。而北方降水较少，冬天气温较低，耕地多为旱地，适合喜干耐寒的小麦生长，则形成了以面食为中心的饮食文化。所谓“种啥吃啥”，长此以往，便养成了南米北面的饮食习惯。

主食的不同，造成了饮食结构以及吃法的差异。总体来说，北方面食制作相对简单粗糙，多以馒头、面条、包子等作为主食。而南方人面食做工精细，样式也多。在口味方面素有“南甜北咸，东辣西酸”之说。因为南方多雨，气候湿热，多吃辛辣食物，有祛湿效果。另外南方盛产甘蔗，被糖类“包围”，自然也就养成了吃甜的习惯。北方冬天干冷，蔬菜难以过冬，北方人便把青菜腌制起来慢慢“享用”，这样一来，北方大多数人也就养成了吃咸的习惯。南方人吃辣椒主要为了祛湿，北方人吃辣椒是为了驱寒。

近年来，随着经济发展，南北方人口流动加快，交流增多，饮食之间的差异在逐渐缩小。

拓展阅读

杂交水稻的生产

选用两个在遗传上有一定差异，同时它们的优良性状又能互补的水稻品种进行杂交，生产具有杂种优势的第一代杂交种，用于生产，这就是杂交水稻。杂交是同一类的物种通过人工干预混合出来的产物，比如南方水稻有抗病能力，北方水稻有抗旱能力，把两种水稻的花粉混合植入雌蕊，再通过改良培养，就得出南北方混合的既能抗病又能抗旱的水稻品种。杂交水稻是人为对水稻进行重新排列筛选的育种，普通水稻是自然性杂交育种。

袁隆平院士是中国杂交水稻育种专家，中国研究与发展杂交水稻的开创者，被誉为“世界杂交水稻之父”。他多年致力于杂交水稻的研究，发明“三系法”籼型杂交水稻，成功研究出“二系法”杂交水稻，创建了超级杂交稻技术体系，使我国杂交水稻研究始终居世界领先水平。截至2017年，杂交水稻在我国已累计推广超90亿亩，共增产稻谷6000多亿千克。袁隆平多次赴印度、越南等国，传授杂交水稻技术以帮助克服粮食短缺和饥饿问题，为确保我国粮食安全和世界粮食供给做出了卓越贡献。

2018年，杂交水稻在国外的种植面积已达700万公顷，平均每公顷增产2吨左右。袁隆平院士说，在东非岛国马达加斯加，杂交水稻种植面积达到2万公顷，平均每公顷产量约7吨。在塞拉利昂等西非国家，杂交水稻的产量同样表现不俗。

第7章　粮食种植规模化与农业机械现代化

粮食种植规模化与农业机械现代化，是现代粮食种植业的两个基本特征。粮食种植规模化指的是在一定的自然、经济、技术和社会条件下，适度扩大种植规模，使土地、劳动力、资本等各生产要素配置达到一个合理的比例，以实现最佳的经济效益和社会效益。其中资本包括各种农业机械设备、基础设施、技术等。农业机械现代化，是指在农业生产的产前、产中、产后各环节中全面采用现代化机械设备进行作业，从而降低体力劳动的强度，提高劳动效率。

第1节　粮食种植规模化

目前，我国农业发展和粮食生产面临一些新问题：一是受比较利益的驱使，农村中大量中青年劳动力外出打工，留在农村种地的主要是一些妇女和老人，于是面临今后“谁来种地”的困惑。二是承包土地的细碎化，使土地难以连片耕种，妨碍大型农机具的使用，影响农业科技与管理水平的提升，同时也妨碍粮食生产规模效益的实现。三是粮食生产组织化程度普遍偏低，除一批专业种植大户、专业生产合作社和新近出现的家庭农场外，主要还是依靠农户家庭的留守劳动力，在一家一户承包土地上采用传统种植方法从事粮食生产。这后面两点导致了有关“怎样种地”的现实思考和争论。而粮食种植规模化则是解决上述问题的一种有效手段。

一、规模化种植的优势

1. 粮食种植规模化首先会产生规模经济，降低单位生产成本，提升我国农业的竞争力

我们这里所说的规模经济，指的是在生产技术条件不变的情况下，单纯由于扩大生

产规模而引起经济效益增加的现象，即随着生产规模的扩大，单位生产成本下降，单位收益和总收益增加。以宁夏为例，2015 年宁夏规模生产者的主要粮食作物单产水平均高于平均单产（见表 7-1），其中稻谷、小麦、玉米、马铃薯四大粮食作物单产分别高出 62 公斤、184 公斤、328 公斤和 725 公斤。

表 7-1　宁夏粮食规模化生产与平均单产比较

单位：公斤 / 亩

项目	规模生产者产量	平均产量
水稻	607	545
小麦	400	216
玉米	829	501
马铃薯	1450	725

值得注意的是，规模经济并不意味着规模越大越好，合适的生产规模是与科技水平、管理水平相对应的。在科技与管理水平不变的情况下，随着规模的扩大，当达到某个临界点时，单位生产成本会由下降转变为上升；如果生产规模继续扩大，单位生产成本会越来越大，最终会超过单位收益，生产就会变的无利可图，甚至生产越多，亏损越多。就粮食种植而言，科技与管理水平不变情况下的规模经济，主要来源于种植者本身劳动能力的充分利用，以及运输、行走等环节的节省，例如，在灌溉、施肥、打药等田间管理环节上，种植 4~5 亩地的农户，在时间、体力、精力上的亩均耗费，往往低于种植 1~2 亩地农户的亩均耗费。

当科技水平、管理水平提升后，生产规模应该进一步扩大才能与之相匹配，对于先进的科技与管理能力，小规模生产对其能力是一种浪费。例如，在地广人稀的美国，由于配备了大量机械化生产设备，美国大型家庭农场的平均土地规模可以达到 13200 亩。

2. 粮食种植规模化有利于先进生产技术与管理技术的推广与应用，进而提高资源利用的效率

目前，我国在粮食种植上的农业资源利用效率总体是比较低的。从土地资源看，同一区域甚至同一地块种植不同品种的粮食，或者由不同农户主体耕种，土地细碎化严重，不利于粮食的统一耕种、统一管理、统一收割，不利于提高效率、节省成本。从温光水土资源看，不少分散农户往往只种植一季粮食，就不再种植其他农作物了，造成了水资源、光温资源、土地资源的极大浪费。从农机具等大型农业生产资料看，一家一户拥有的农业机械，利用率很低，使用一两天，浪费一大年。而通过粮食种植的规模化，大大提高了

上述资源的利用效率：土地实行连片集中种植，标准化生产，统一耕种、统一管理、统一收割，极大地提高了生产效率，节省了成本；除了种植粮食，往往还会搭配种植蔬菜或其他农作物，以充分利用土地的生产能力；由于经营规模的扩大，大型农机装备有了用武之地，其使用率大大提升。

图 7–1　飞机喷洒农药

很多种粮散户正是看到了这一点，所以产生了规模化种植的愿望，希望通过扩大种植面积，充分发掘和利用现代农业机械设备与管理方式的能力，从而提高经济收益。以湖南南县为例，在 2012~2014 年期间，农机购买户中，种粮大户占 60% 以上，其中大型耕整机的购买，种粮大户占 90% 以上。81 户水稻种植大户，户均拥有拖拉机、旋耕机、收割机等现代农机具 1.56 台套，是全县户均拥有农业机械的 2.05 倍：机耕、机收率均达 100%，比全县平均水平分别高 3.18、13.33 个百分点；病虫害专业化统防统治覆盖率 63.7%，比全县平均水平高 23.5 个百分点；杂交稻、超级稻种植面积、测土配方施肥面积远高于一般农户，测土配方施肥面积占总面积的 34.67%。不少水稻种植大户积极参与水稻高产创建、做优做强湘米产业工程、水稻生态有机种植基地建设，成为水稻新品种新技术新模式的重要推广平台和示范窗口。

3. 粮食种植规模化可以增加农户的收入

近些年，单位面积的粮食种植效益很低，规模化种植所带来的总收益提升，不仅源于数量的增加，还包括由于规模经济所产生的额外收益。根据在湖南南县的调查，2014 年一般农户不扣劳动力成本的一季水稻种植收益大体为 700~800 元 / 亩。如果农户栽种水稻 2 公顷，一般农活由自己完成，一部分种植环节实行服务外包，平均收益在 9000 元 / 公顷左右，可以获得每年 18000 元的收入。如果再扩大面积到 20 公顷，种稻环节基本实行服务外包，再请人工管理，平均收益好的在 6000~7500 元 / 公顷，可以获得每年 120000~150000 元的收益。很明显，粮食种植规模化大大提高了规模化种植农户的收益。

另外，粮食种植规模化可以提升农户的市场议价能力，也有助于农户收入的增加。对于普通的农户而言，在要素供应市场和粮食交易市场上，议价能力严重不足：种子、农药、化肥、农机等生产要素的供给方都是具有一定实力的企业，普通农户面对要素供应方基本没有讨价还价的余地，只能被动地接受价格；同样，在粮食的交易市场上，分散的普通农户也是收购方定价的被动接受者。因此，在现代市场经济条件下，要提升农户的市场谈判力，必须实行粮食种植的规模化，以增强农户的综合实力，用较大的经营规模、较大的生产要素需求量、较大的产量，来保障其在激烈的市场竞争中的议价能力，进而保障其合理的收入水平。

4. 粮食规模化种植，有利于培养一批善经营、懂管理的粮食规模化生产者，保障粮食生产的稳定性，从根本上解决粮食可持续生产的问题

改革开放以来，城市化、二三产业快速发展，农村劳动力就业渠道越来越多元化，农村大量劳动力被城市吸纳、转移到非农行业中去，农村中实际从事粮食种植的基本是老人或妇女，其年龄、体力、素质以及现代科技信息和市场信息的获取能力、决策能力、实践能力等都难以保障粮食生产的长期稳定性。另外，对于多数仅有小块粮田的农村家庭来说，粮食种植等农业经营收入仅占其家庭收入的一小部分，并且农业收入占家庭收入比重整体上呈下降趋势，导致农户对粮食种植越来越轻视，进而减少投入，甚至出现弃耕、抛荒的现象。要解决上述问题，只能通过粮食种植规模化，使得粮食生产成为部分种粮大户的主业和主要收入来源，只有这样，这部分规模化的种粮大户，才愿意投入更多的资本和劳动力，才愿意在农业基础设施上投资，才愿意投入更多的现代化机械设备，才能更专注于现代农业科技信息和市场信息的获取，从而能够做出更优化、更明智的经营决策，保障粮食生产的稳定性。

二、规模化种植的方式

从各个国家的发展经验来看，实现粮食种植规模化主要有两种方式：一是通过土地流转，使大量土地的经营权集中于种粮大户、农业企业等经营主体，从而实现粮食种植的规模化；二是通过服务外包，在不改变土地经营权的前提下，通过那些为农业生产提供外包服务的服务规模的扩展，变相地实现粮食种植的规模化，例如，提供收割服务的企业为更多的农地提供收割服务，以充分利用其机械设备的能力，可以认为是在收割环节实现了规模化。

1. 通过土地流转实现规模化

这种方式主要是通过土地流转，将土地经营权集中于种粮大户或农业企业，从而实现粮食种植的规模化。

要想实现土地流转，土地原来的使用权拥有者必须让渡其经营权。而土地原来的使

用权拥有者，之所以会让渡其经营权，原因主要有：①原来的土地使用权拥有者觉得这种让渡是有利可图的；②原来的土地使用权拥有者的主业已经变成非农业，其主要收入来源已变成非农业，没必要也无法继续从事农业生产。

对于农业生产而言，种粮大户或者农业企业如果能长期拥有土地的经营权，则有利于基础设施的投资和建设以及科学地使用和保养地力等，有利于粮食产量的产期稳定已经营者的长期受益。但是如果要想使种粮大户或者农业企业能够长期拥有土地的经营权甚至使用权，而不是短期（几年内）的经营权，需要满足的一个必要条件就是农村人口的市民化，即通过城镇化的过程来逐渐实现农村土地的流转。

国家从实践出发，从 1987 年首次提出采取不同形式实行适度规模经营以来，在多个中央一号文件和相关决定决议中，都把土地的适度规模经营作为一个重要政策，给予了积极倡导和支持，可见其重要性和必要性。2014 年 11 月，中共中央办公厅、国务院办公厅在《关于引导农村土地经营权有序流转发展农业适度规模经营的意见》中明确指出，土地流转和适度规模经营是发展现代农业的必由之路，有利于优化土地资源配置和提高劳动生产率，有利于保障粮食安全和主要农产品供给，有利于促进农业技术推广应用和农业增效、农民增收，应从我国人多地少、农村情况千差万别的实际出发，积极稳妥地推进。

随着我国工业化、城镇化的推进，农村的土地向专业大户、农业企业集中是必然趋势，但是在此过程中，土地流转集中的速度及规模必须匹配城镇化吸收农民的速度。目前，我国大部分地区的农村经济和社会发展水平还比较低，各地区发展不平衡，土地还承担着农户的核心社会保障功能，短时期内不可能在大部分地区进行大规模的土地流转和集中，来实现农业规模化经营。本来就少的土地，如果为了所谓的规模化的好处，而超越社会经济发展水平，扩大土地流转、集中，就会让更多的农民失去土地，剥夺大多数农户的土地利益，既不科学也不民主，既不需要也不现实，违背了农民的意志和权益，这种做法是极不可取的。

2. 通过服务外包实现规模化

这种方式是指将粮食种植的部分环节外包给其他粮食种植户或专业化服务队伍（公司、协会、社队等），部分种植环节外包后，粮食种植名义上仍由农户分散经营，但是对于承担外包服务的服务提供方而言，其为多个农户、大面积的土地提供某些环节的服务，这也是一种规模经营。

在我国，粮食种植中的服务外包，一般是从劳动密集型环节的服务外包，例如翻耕、收获，发展到技术密集型环节的服务外包，例如选种、育秧、病虫害防治等。比较常见的服务外包环节包括翻耕、收获、选种、育秧、病虫害防治、插秧、测土配方施肥、晾晒烘干等。

服务外包的主要方式是推进农业生产性服务业的发展，大力发展粮食耕种收的机械化服务、病虫害防治的社会化专业化服务等，将分散的小规模粮食生产农户的生产性环节实施服务外包，扩大粮食生产性环节的服务外包规模，从而实现规模经营，获取规模收益。

粮食种植过程中的服务外包，发包方与服务提供方之间是委托—代理关系，不存在任何的土地权属变化，既不改变农村土地的承包权和经营权，也不改变农村土地的社会保障功能，易于被农户接受，因而也是当前非常有效的实现粮食种植规模化的方式之一。

第 2 节　农业机械现代化

农业机械是农业生产中使用的各类机器和农具的总成。按照农业机械的使用功能来划分，大致可以分为农田基本建设机械、耕作机械、排灌机械、植物保护机械、运输机械、收获机械、农产品加工机械、林业机械、牧业机械、渔业机械等。

农业机械现代化是新农村建设的重要物质支撑，是发展现代农业的根本性物质保障。近年来，随着社会主义新农村的建设，农村的经济发展水平明显提高，农业机械现代化程度逐年提高。

一、农业机械现代化的趋势

1. 自动化与智能化

农业机械的自动化与智能化是农业机械现代化发展的重要趋势之一。例如，在利用计算机网络技术、机电控制技术、传感器技术等基础之上，可以实现农业机械的自动化与智能化，实现“精准种植、精准灌溉、精准施肥、精准采摘”的要求，即实现所谓的“精准农业”，以替代传统的农业生产经营模式，实现降低农业生产成本，提高农业生产效率和经济效益，减少农业人力资源浪费，提高农产品质量以及保障农业安全生

图 7–2　智能化农场

产等目标。

近些年,我国农业机械的自动化与智能化水平有所提升,但与发达国家相比,依然存在较大的差距。在实际应用中,我国农业机械还不能满足现代化农业对自动化与智能化的需求,其中一个很重要的原因是我国生产的大部分农业自动化机械缺乏广泛的应用性和适应性,难以满足农业生产环境复杂性的作业要求。

在农业机械中应用电子信息技术,有助于推动农业机械朝着自动化与智能化的方向发展,更好地提高农业机械的工作质量、效率以及现代化水平。目前可利用的电子信息技术,主要包括:农业机械内部电子装备技术、农业机械之间的总线通信技术、机群调度与管理决策支持技术,以及人机接口技术。其中,内部电子装备技术实际上可提供一个智能化的计算机控制终端,具备独立的信息处理与控制功能。而农业机械间的总线通信技术,具有很好的兼容性与通用性,主要用于不同农业机械间的配套连接与使用。人机接口技术可提供一个智能化终端界面,便于操作者对农业机械进行操作。

2. 低碳化

近些年来,我国粮食产量连续丰收,较好地保障了国家粮食生产安全以及农民增收。但这些成绩的取得,很大程度上是依赖于传统的高碳农业发展模式,付出了很大的农业生态资源环境代价。目前,土地质量持续下降,地下水资源超量开采,环境污染由点到面蔓延,温室气体排放快速增长,因此,加快转变农业发展方式已经成为当务之急。必须推动农业发展由主要追求数量增长真正转到数量质量效益并重上来,由主要依靠物质资源消耗真正转到依靠科技进步和提高劳动者素质上来,由主要拼生态、拼环境真正转到注重绿色循环低碳发展上来,走产出高效、产品安全、资源节约、环境友好的低碳农业发展道路。

农业机械的低碳化,是现代低碳化农业的一个重要方面。农业机械低碳化具体表现为:

(1)增效减排。研发适应生物燃油的新型农机发动机,加大燃料燃烧能力,通过采用新型技术,装备专用冷却系统,提高燃油效率,降低动力消耗,增强动力性能,实现低碳减排。

(2)替代减排。通过生物燃油来部分取代化工燃油,降低碳含量。

(3)协作减排。通过农机农艺的良好结合,利用先进装备一次性地进行多项作业及复式耕作作业,完成旋耕、起垄、施肥、播种、镇压、喷药等作业,减少辅助环节,从而提高农机具作业效率,降低油耗和废气排放。

(4)间接减排。开发适用于保护性耕作的农业机械以及以秸秆还田覆盖耕地的机械，能够有效地防止秸秆焚烧，减少温室气体排放，降低碳含量的存在，同时防止土壤风蚀、水蚀，能够很好地达到减少温室气体排放的效果。

二、农业机械现代化的主要措施

1. 通过规模化经营，扩大现代化农业机械的普及率

改变传统的农业生产经营模式，发展大规模的集约化农业是现代农业的长远发展趋势。传统的家庭联产承包制下的土地经营模式，一家一户分散经营，“细碎化”的小规模土地不利于田间机械作业，尤其是限制了大型农业机械的使用。近年来，尽管加快了小型、微型农业机械的研发、设计、制造和推广速度，但分散经营的农户不可能家家购买。购买了农业机械的农户，作业时间相当有限，农机具大部分时间在闲置，导致现代化农业机械的普及率难以提高。要想提高现代化农业机械的普及率，需要从两方面着手：一方面，通过农村土地流转，推动农业的适度规模经营，从而在一定程度上缓解家庭联产承包经营与农业机械大规模生产之间的矛盾。另一方面，通过农业经营过程中的服务外包，实现部分乃至全部经营环节的规模化运作，从而为现代化农业机械的使用创造条件。

2. 通过现代化农艺的推广，提高现代化农业机械的使用率

农业劳动者的素质与技能水平，需要与农业机械操作所要求的素质和技能相匹配。近些年，随着我国经济的发展以及城市化进程的推进，农村劳动力大量转移，精壮劳动力大都进入城市来从事二三产业，留在农村进行农业生产的多为老年人和妇女，文化水平不高，缺乏必要的专业技能，出现了农业机械无人操作的现象，制约了农业机械现代化的进一步发展。

农艺是研究农作物生产技术与原理的一门科学，随着现代化农业机械的出现，我国传统的以手工方式为主的农艺，已经被基于现代化农业机械的现代化农艺所取代。但是这些现代化的农艺往往并未被当前的农业劳动者所掌握，需要政府或者农业企业牵头进行推广，例如，定期开展生产培训会，给一线的农业劳动者展示和讲解农机的正确使用方法和操作步骤。现代化农艺的推广，有利于提升农业劳动者的素质与技能，进而推动对现代化农业机械的购买和使用。

3. 通过供给侧改革与科技创新，提升农业机械现代化水平

从农机需求的类型看，在现阶段“三农”对农业机械的要求从原来的粮食生产机械化向设施农业、效益农业、精确农业等领域扩展，同时以产中为主，向产前、产后环节延伸，而目前在这方面的先进适用的农业机械太少，有的领域甚至是空白，明显滞后于新时期现代农业发展的需要。

从科研能力看，目前农机企业数量多、规模小，很多农机企业缺乏自主创新能力，在整体装备制造领域很少拥有核心关键技术。多数中小型农机企业不能自主设计、研制行销对路的产品，而是简单仿制国内外知名企业的农机产品。农机企业缺乏核心竞争力，导致生产的低水平和低档次。一方面，国产农机在机械自动化、智能化、信息化、全程化和机械动力等方面，与发达国家相比还存在不少差距，不少高端农机还要依赖进口；另一方面，目前国产农机难以满足农艺技术的要求。

从研发周期看，目前我国农机产品的研发周期较长，农机研发缺乏一套完整的产业链和即时传递动态信息的反馈系统，这使得产品的研发往往滞后于农业生产对农机产品的需求，造成需求与供给的脱节。

从农机装备结构看，主机设备多、配套作业机具少，单一项目作业农机多、一体化复式作业机具缺少，耕整机械、播种机械、收割机械等田间作业机械和运输机械发展较快，畜牧业、渔业、林果业、农产品加工业和设施农业等领域的机械现代化水平较低，农机装备结构依然不尽合理。

上述问题的解决，需要通过供给侧改革，加快淘汰性能落后、耗能污染大的陈旧机型，从而形成一批科研实力强、科技创新能力强、产品科技含量高、市场竞争力强的农机企业，进而形成专业化程度高、协作配套水平强、生产结构合理的农机产业集群。另外，通过政策支持，加强对农机智能化控制、全程自动化机械、机电一体化机械、农业航化作业等先进技术的研究，重点发展土壤保护性免耕播种机械、信息化数控应用机械、种肥药精量精准施用机械、生物灾害安全施药与综合防治机械、农业基础设施建设机械和农业航化作业装备、农业秸秆集储与综合利用技术装备、地膜回收等农业环保技术装备。

4. 通过补贴、减税等公共政策，推动现代化农业机械的普及

继续实施农机购置补贴政策，完善补贴管理办法，规范操作程序，最大限度地发挥政策的引导效应和市场机制作用，支持农民购置和鼓励企业生产先进适用、技术成熟、安全可靠、节能环保的农机具，加快提高我国农机装备水平，改善装备结构。实施重点环节农机作业补贴试点，支持应用深松整地、秸秆还田、高效植保等增产效果明显、资源节约和生态保护的农机化技术。减免农机作业服务税费，鼓励开展农机保险业务和农机信贷业务，推动农机社会化服务发展。另外，通过机耕道、机库棚等基础设施建设，为现代化农业机械的推广创造条件。

思考与实践

我国粮食规模化种植的发展历程

新中国成立以来，我国粮食的规模化种植大体上经历了三次重要演变过程：

第一阶段：从农户经营到农业合作社。新中国成立之初，国家为了尽快恢复农业生产，1950年颁布了《土地改革法》，废除了土地封建所有制，土地归农民所有，农民获得土地，实现耕者有其田，极大地调动了农民生产积极性，有效地解放了农村生产力。为了解决个体劳动力、耕畜、农具缺乏的困难，按照自愿原则，成立农业互助组，逐渐过渡到农业合作社，实现集体统一经营、统一计划、统一核算、统一分配。

第二阶段：从农业合作社到人民公社。人民公社成为农业生产经营的主体，土地实行公有公营，完全消灭私有制生存空间，公有化程度过高，规模过大，与当时的生产力发展不相适应，农民的生产积极性、农业劳动生产率和土地产出率大大降低，最终阻碍了经济社会发展。

第三阶段：从实行家庭联产承包经营制至今。1978年安徽凤阳等地率先实行“包产到户”的改革，引发了后来全国执行的家庭联产承包责任制，即实行土地公有私营，土地集体所有，以家庭承包的形式分散承包给农户，农户家庭成为农业生产经营主体，再次激发了农民的生产积极性，粮食生产连年丰收，农民收入持续快速增加，显示出了强大生命力。

经过40多年的发展，伴随着我国农村改革，家庭联产承包责任制也在不断调整完善。土地承包期限从“15年”、“30年”到“长久不变”；土地流转从“禁止”、“允许”到“鼓励”；为便于土地流转，“承包经营权”又被分解为“承包权、经营权”，且可以被不同的主体所拥有；另外农村集体经济组织功能逐渐弱化，以家庭联产承包责任制为基础，统筹结合的双层经营体制中“统”的功能基本名存实亡。

尤其是近些年来，农村大量青壮年劳动力转移，导致我国传统承包农户逐渐衰退，传统农户土地经营规模小、零碎分布的局限性越来越明显，与现代农业发展越来越不相适应，国家对家庭承包经营制的改革调整步伐也在加快。2013年，中央一号文件提出构建新型农业经营体系，鼓励和支持承包土地向专业大户、家庭农场、农民合作社流转，发展多种形式的适度规模经营；2014年，农业部印发的《关于促进家庭农场发展的指导意见》中提出“家庭农场作为新型农业经营主体，以农民家庭成员为主要劳动力，以农业经营收入为主要收入来源，利用家庭承包土地或流转土地，从事规模化、集约化、商品化农业生产，保留了农户家庭经营的内核，坚持了家庭经营的基础性地位，适合我国基本国情，符合农业生产特点，契合经济社会发展阶段，是农户家庭承包经营的升级版，已成为引领适度规模经营、发展现代农业的有生力量。”

回顾新中国成立以来我国粮食规模化种植发展变迁的这一历程，你认为什么样的制度设计更符合当前的社会经济发展现状？

拓展阅读

国外的农场

在农业高度发达的国家，农场是其主要的经营模式，以美国、德国和日本为代表的三个国家，分别代表了大规模、中规模和小规模农场经营模式。

而这三个国家的农业发展远超我国，对我国现阶段的土地流转和新型农业经营主体培育，非常具有借鉴意义。

一、美国农场：规模化经营

美国农场是规模化经营的代表，与其相似的经营模式还包括澳大利亚、加拿大等具有得天独厚的农业资源优势的国家。

这类的农场经营主要以规模化取胜，规模大小是农场盈利多少的决定性因素。据美国农业部数据，2017 年美国农场共有 205 万个，其中小型农场（农场现金总收入低于 35 万美元）占 90%，但只产生了 23% 的农业收入，而占比 10% 的中大型农场却带来 77% 的收入，足见规模大小对农场收益的影响。

受规模对收益的巨大影响，美国小型家庭农场一半都采取兼业经营，从事非农业以外的工作。比如，2017 年美国家庭农场收入中值（7.6 万美元）略高于美国所有家庭收入中值，但其中超过一半的小型农场家庭的主要收入来源于非农业收入，农业收入不足 10%。

此外，在美国农场中，技术对收益的拉动作用十分明显，基于作物基因技术、种植管理和农机装备方面的技术性发展，在农场投入基本保持不变的情况下，产出逐年增加。美国92%的作物采用除草剂耐受和抗虫等转基因技术，这项技术极大地提升了作物产量，减少了杀虫剂使用，从而节省了管理时间。在种植管理上，美国家庭农场形成了科学的种植体系。比如，产量更高、对环境更友好的保护性耕作在美国的应用超过半数；为数众多的农业咨询公司为农业生产提供包括气象、灾害数据和农产品市场情况等信息，农场主们通过这些信息决定种植模式等。

美国政府对农业的保护从直接的价格补贴向风险补助转变。2014年新出台的农业法案的风险保障计划主要包括价格损失保障计划和收入风险补助计划。当农产品市场价格12个月的平均值低于农业法案中设定的参考值时，价格损失保障计划即被触发；当实际农作物收入低于农场近5年平均收入水平的86%时，收入风险补助计划即被触发。据统计，2016年，美国农场总净收入620亿美元，其中价格损失保障计划20亿美元、收入风险补助计划59亿美元，占到总收入的12.7%，成为美国农场收益的重要组成部分。

二、德国农场：精细化管理

德国农场以中小型家庭农场经营为主，2014年，德国100hm²（1500亩）以下的中小型农场占比88%。但是与美国类似，大型农场占据农业的主导地位，100 hm²（1500亩）以上大型农场占比12%，经营土地面积却超过57%。

德国农场的突出特点即是专业的精细化管理。一方面，采用绿色可持续的耕作方式，即种植多样化、秸秆覆盖的保护性耕作模式、增加有机肥使用占比、减少施用化学农药等方式保护土壤，达到农业的可持续发展。另一方面，采用信息采集、农艺分析和变量作业等技术，实施精准农业。例如，采集土壤的各种数值，包括氮磷钾等元素含量、pH值等，分区改良土壤和基肥使用；检测作物叶片营养状况、群体长势等实现中后期氮肥的变量精准使用和生长调节控制；建立完善的农机物联网，实现农机装备的调配、工作状况监测等设备管理。

这种科技含量极高的精细化管理是通过高素质的农场工作人员实现的。在德国，从事农业必须持证上岗。除了大学教育专门培养的农业人才外，另一个主要来源是职业教育。德国职业农民培训体系十分完善，分为初级、中级和高级3个层次。初级农业培训主要针对土地、作物、农机和财务等基础技能培训，需经过3年的学习期，并参加统一的职业资格考试，合格者方能从事农业生产。中级和高级则分别学习企业管理、营销知识等，为农业生产提供高级管理者。

德国主要的农场相关补贴是欧盟CAP政策。该政策经过50年的发展，逐渐由原来的基于产量的补贴，转化至基于农业可持续性的补贴，与生态环境保护、食品安全等挂钩。据了解，2015~2020 年，德国农场获得的直接补贴为 50 亿欧元 / 年，主要包括基本补助、绿色补贴、再分配补贴和青年农民补贴，占比分别为 62%、30%、7% 和 1%，由此可见，其对可持续农业的重视。

三、日本农场：协同组合发展

日本较小的国土面积以及多山的地势，决定了其农业资源的匮乏与农场规模的限制。然而，第二次世界大战后，日本却飞速实现了农业现代化。在规模化效益不能发挥的基础上，其独特的协同组合成为关键。

日本家庭农场平均耕地面积不足 $3hm^2$（45 亩），农业主产区北海道面积略大，为 28 hm^2（420 亩），其余地区均在 $2hm^2$（30 亩）。这种小规模生产面临抵御市场风险差、市场劣势等问题，而日本农业协同组合（农协）则在很大程度上解决了这些问题。

日本农协是农民参加的自主、自助和自制性组织形式，主要为农户提供产供销服务和一定的行政辅助功能，与我国的协会性质相像，但作用范围更广、功能更加强大。一般来说，农协提供 4 项主要服务：一是帮助会员制定产前生产经营计划，避免品种种植单一或重复造成的农产品价格的涨跌。二是集中购买生产资料，在掌握会员需求的情况下，农协统一以较低价格购入生产资料，或购买大型设备，有偿供给会员使用。三是进行农产品的收购和销售，日本约有 60% 的农产品是通过农协进入市场的。四是为会员提供优惠的信贷服务，包括养老等几乎全部的生产和财产保险业务。

目前，不同层级的日本农协机构约有 500 多个，覆盖了 99% 以上的农户。在农协的协同作用下，日本农场形成了抵御市场风险的能力。

第三篇 粮食流通贸易

管子·牧民

管仲（齐）

凡有地牧民者，

务在四时，

守在仓禀。

国多财则远者来，

地辟举则民留处。

仓禀实则知礼节，

衣食足则知荣辱。

第 8 章　粮食流通及政策演变

粮食流通贸易，是粮食作为商品通过市场交换，实现从生产领域向消费领域转移的过程。这种转移过程是以货币为媒介，借助其流通职能和支付职能来实现的。粮食流通是社会商品流通的重要组成部分，对促进生产发展、保证市场供应、繁荣国民经济等方面都具有十分重要的意义。历史上，我国在粮食流通领域屡屡创造出骄人的业绩，铸就了一段段民富国强的盛世辉煌，成为保障国家安定、社会发展和人民安居乐业的中坚力量。

现阶段，我国坚持立足国内实现粮食基本自给的方针，实现宏观调控下的市场调节，保持全国粮食供应总量基本平衡和价格基本稳定，呈现出粮食经营市场化、经营主体多元化、贸易交流国际化的局面。

第 1 节　粮食流通的基本内容

一、粮食流通形式

粮食流通是连接粮食生产与消费的中间环节，是粮食商品实现价值“惊险一跳”的重要阶段。与流通相适应的，粮食流通一般包括粮食商流、粮食物流和粮食信息流三种形式。

1. 粮食商流

它是指粮食商品所有权从生产环节向消费环节的转移过程，也就是交易过程，即在粮食商品交换中发生的购销行为，买方向卖方支付相应的货币，商品所有权让渡给买方。粮食商流过程一般发生在两个以上相对独立的个人或组织之间。粮食商流的主要形式有粮食收购、批发、销售（零售）等，一般通过市场进行。

2. 粮食物流

它是指粮食商品实体从生产地向消费地的转移活动，是物质实体在时间、空间位置上的变化过程，即商品使用价值的过渡。与商流不同，物流可以发生在两个以上的相对独立的个人或组织之间，也可以发生在组织内部。粮食流通的主要功能包括粮食的运输、存储和加工等。只要有粮食生产、流通和消费，就会有粮食物流。它不仅是粮食生产、流通和消费得以顺利进行的前提，而且也决定着粮食生产、流通和消费的效率和效果。因此，提高粮食物流效率、降低流通成本、确保粮食供应从而保障国家粮食安全，是粮食流通管理的重要内容。

3. 粮食信息流

它是指粮食的供给、需求、价格等信息在当事人之间的收集、处理、分析、发送、接收和反馈的过程，该过程主要通过人与人、人与媒体、媒体与媒体来进行，是粮食流通得以顺利进行的重要媒介。

粮食商流、粮食物流和粮食信息流都是粮食在流通过程中发生的各具特点的运动，三者既相互关联又相互制约。在一般情况下，粮食商流和粮食物流是并行的，都是从供应者流向消费者的运动，有共同的起点、流向和终点，但在功能上相互补充、分工合作，共同完成流通过程，通常是先发生收购、销售等商流活动，再发生运输、存储、加工等物流活动。粮食物流的状况也制约着粮食商流的规模和程度，如果运输条件不好、存储条件不足、加工设施落后等，粮食商流就不能顺利进行。在特殊情况下，两者运动不一定是平行的，即有粮食商流不一定有粮食物流，有粮食物流不一定有粮食商流，两者可以各自独立运动，并且流通的具体途径和时间可以不一致。粮食商流活动不一定受粮食物流实体所在地的空间范围限定，如粮食期货交易大多属于商流活动，平时没有粮食物流活动发生；而储备粮的集并、移库等活动只发生物流而不发生商流。

粮食商流和粮食物流在运动过程中会产生大量相关信息，这些信息的运动是粮食商流和粮食物流运动的前提，不论哪种粮食信息，对粮食商流和粮食物流都具有重要影响，粮食商流和粮食物流的成效在很大程度上取决于信息流管的成效和顺畅程度。没有粮食信息，就没有粮食商流和粮食物流，也就没有了粮食流通过程，因此，粮食流通过程就是粮食商流、粮食物流和粮食信息流的有机统一过程。

二、粮食流通环节

从整体上看，粮食流通是粮食从生产到消费转移的全过程，具体来看，粮食流通环节主要包括收购、储存（储备）、批发、运输、加工、销售（零售）六个方面。每个粮食流通环节在粮食流通中的作用和地位虽然不同，但它们相互联系、相互影响、相互制约，共同构成完整的粮食流通过程。其中,收购是起点,是粮食流通的基础;销售是终点,是粮食流通的目的。储存、批发和运输是连接起点和终点的重要中间环节,加工则是粮食销售前改变粮食形态、将粮食由原粮变成为商品粮,从而满足市场需求和消费者需求的重要而必不可少的环节。在粮食流通中,只有对所有环节进行严格管理、统筹安排,保证其顺畅、安全,才能较好地完成粮食流通过程,从而维护正常的粮食流通秩序。

三、粮食流通领域

粮食流通中的基础设施、质量、科技、信息,既与粮食流通各个环节密不可分,又有特殊之处,为了便于区分研究,本书把粮食流通基础设施、粮食流通质量、粮食流通科技、粮食流通信息四个方面作为粮食流通领域的内容进行介绍。

1. 粮食流通基础设施

粮食流通基础设施是粮食流通各个环节的基础,没有一定的粮食仓容及其配套的装卸、运输、烘干设备,以及粮食专用铁路、码头、车船等,粮食流通各个环节将是“空中楼阁”,无法进行。

2. 粮食流通质量

保证质量是粮食流通各个环节的重要内容,一旦质量出了问题,不合格的粮食流入了口粮和饲料市场,粮食流通的各项工作将前功尽弃,没有意义。

3. 粮食流通科技

提高粮食流通科技水平,是粮食流通各个环节进一步发展的重要动力。没有先进的科技条件支撑,粮食流通只能处于陈旧落后的状态。

4. 粮食流通信息

粮食流通信息是增强粮食宏观调控水平、提高粮食流通效率的重要手段和保证。

四、粮食流通时间

粮食流通时间是指粮食商品在流通环节停留的时间,即从粮食生产者手中收购开始到粮食销售(零售)结束,进入消费领域所经历的全部时间,它是六个粮食流通环节所经历或占用的时间总和。中国的粮食流通时间,除了受粮食生产周期和消费特点及其特殊属性影响外,还更多地受到粮食主产区与主销区的距离、全国及各地粮食市场供求状况、粮食运输等物流条件和粮食保管、加工设施条件等多种因素的影响。因此,合理选择流通形式和流通渠道,相对缩短粮食商品流通时间,降低商品流通费用,提高粮食的经济效益和社会效益也是粮食流通管理的重要任务之一。

第2节　粮食流通的特点、地位与作用

一、粮食流通的特殊性

粮食自然再生产和经济再生产并存的特性，决定了粮食流通对自然条件有着很强的依懒性，因此粮食流通除具有一般商品流通的共性外，还具有如下特点。

1. 粮食产销和库存分布不均衡，使粮食流通成为国家粮食安全的重要组成部分

中国地域辽阔，地区之间自然资源禀赋不同，粮食生产规模、发展速度、粮食品种和产量在地区之间差别很大，导致了粮食生产在地区之间、城乡之间的不均衡和库存分布的不平衡。

（1）商品粮的生产主要集中在东北地区和华北平原的少数产粮大省，而消费则主要集中在沿海省份和一些大中城市。

（2）商品粮生产主要分散在广大农村，而商品粮的消费多集中在城镇和农村缺粮区。

（3）目前中国大部分粮食库存集中在粮食主产区，而粮食主销区库存相对较少。因此，即使在粮食供应总量有保障的情况下，由于流通不畅，局部性、地区性的缺粮现象也经常发生，并由此而引发了部分地区甚至是全国性的粮食供应紧张、粮食价格波动等现象，粮食流通不畅是主要原因之一。

2. 全国统一开放、竞争有序的粮食市场还没有完全建立，多种因素影响粮食的顺畅流通

（1）受运力、地区政策、产销区之间协作关系等因素的影响，粮食的顺畅流通仍然存在障碍，以市场为导向的全国性的粮食流通体制还没有完全建立，粮食主产区和主销区实行相同的粮食政策，增加了粮食流通的成本，也不利于充分调动主产区地方政府抓粮和农民种粮的积极性。

（2）粮食流通在很大程度上受运输条件的制约。中国是世界上粮食生产和消费大国，粮食交易量、流通量很大，粮食从生产地转移到消费地，所需要的运输量极大，对运力要求很高，而目前从主产区特别是东北地区调往销售区的粮食运输十分困难，流通不畅引起供求不平衡，引起了粮价上涨。

（3）粮食产销区协作关系脆弱。中国粮食产销及供求区域不平衡，客观上需要建立粮食产销区之间的购销协作关系，这对于确保国家粮食安全和市场稳定具有重要意义。目前，粮食产销区之间的协作关系还很脆弱，处于一种被动协作的状态。当粮食供过于

求时，销区不主动到产区买粮，产区多余的粮食无法销售出去，增加产区政府和当地粮食、财政部门的压力；当粮食供求紧张、粮价回升时，销区就多方抢购粮源，引起粮价波动。

3. 粮食生产季节性强，要求存储多，存储技术强

这是粮食流通不同于一般商品流通的一个明显特点。粮食一般是一年一季生产，一年四季均衡消费。不同季节有不同的粮食流通结构和流通规模，淡、旺季差异明显。同时为了保护种粮农民的利益、保持粮食市场正常供应以及应对重大突发事件等情况，政府必须有一定数量的粮食储备。另外，为保证粮食流通质量，特别是保证收购粮和储备粮的质量，必须具有专门的粮食检验技术和储粮技术力量。

4. 粮食生产的分散性强，粮食消费流向面广

中国有2亿多农户从事粮食生产，粮食生产的分散性决定了流通的分散性和重要性，其流通方向是从千家万户的生产者手中收购、集中、再分散销售（零售）到用粮的各行各业和千家万户的消费者手中。因此，粮食流通一头连着亿万种粮农民，一头连着亿万消费者，涉及全国城乡各行业和全国绝大部分人口，任务十分繁重。

5. 粮食流通不仅是经济问题，也是政治问题

农业是国民经济的基础，而粮食又是基础的基础。中国人多、地少，又是一个农业大国，粮食流通是否顺畅，关系到广大城乡居民特别是种粮农民的利益实现。粮食流通既影响经济发展，也影响社会稳定。因此，粮食流通问题始终是中国经济社会发展中的一个重大问题。

二、粮食流通的地位

粮食流通处于粮食生产和消费的中介地位，是连接粮食生产和消费的桥梁和纽带，也是联系工业和农业、城市和农村的媒介和枢纽，在国民经济和整个社会商品流通中具有不可替代的重要地位和作用。

1. 粮食流通是连接生产和消费的桥梁和纽带

社会经济系统是由生产、消费、流通和分配四个要素有机组成的，生产是起点，消费是终点，流通是桥梁，分配是保障。在市场经济条件下，粮食生产者不是全部的粮食消费者，粮食消费者也不是全部的粮食生产者，粮食生产和粮食消费不需直接的统一，而是处于对立的矛盾之中，粮食流通承担了连接生产和消费的桥梁，通过创造所有权效用或价值形态转换效用（商流）和商品的效用（物流），使生产与消费相统一。因此，粮食流通同粮食生产、粮食消费紧密联系在一起，它处于粮食生产与消费的中间地位，是连接商品粮

生产和消费的桥梁和纽带。从宏观经济角度看,没有粮食流通行使其社会职能,社会再生产过程就不能顺利完成,社会经济就不能构成一个完整的体系,也就不能正常运转。

2. 粮食流通具有重要的先导性地位

粮食生产、粮食流通和粮食消费相互作用、相互制约,但粮食流通具有重要的先导性地位。在传统的计划经济条件下,国家对比较匮乏的粮食商品实行统购统销的流通政策,粮食流通的先导性地位还不明显。在社会主义市场经济条件下,市场在资源配置中发挥基础性作用,加上粮食供求在地区之间十分不平衡,粮食流通的先导性地位更加突出、更加明显。

3. 粮食流通能够保证粮食再生产过程中连续不断的进行

最主要的是保证农民生产出来的粮食能够及时销售出去,实现粮食商品的价值,在获得成本补偿的同时获取相应的经济利益,从而保证粮食生产所需资金,保护了种粮农民的利益,调动了粮食生产积极性。新中国成立几十年来,中国农业发展的正反经验证明,广大农民没有积极性,是农业兴衰成败的决定性因素,用政策调动起亿万农民的积极性,是改革开放以来中国农业长足发展的一条根本性的经验。

4. 粮食流通满足粮食消费需求,并引导粮食生产

消费是粮食再生产的最终环节,是粮食生产的目的,而这一目的的实现必须要依赖于流通的支撑。粮食流通的基本职能就是把农民生产的商品粮,经过收购、运输、加工和保管,最终转移到消费环节;反过来,粮食消费结构和数量的变化,也会通过流通环节中的市场价格高低、畅销与否等信号反映出来,从而引导粮食生产,促进粮食资源按照市场需求进行优化配置。因此,粮食流通最终影响粮食生产发展的速度,对粮食生产起反作用。

5. 粮食流通的发展状况,直接影响粮食消费需求的实现程度

粮食流通除了为市场提供足够的适销对路的粮食商品,满足消费者多样化需求外,粮食流通在很大程度上也影响和制约着粮食消费结构和消费水平。

三、粮食流通的作用

粮食流通对于促进和引导粮食生产、调节需求和减少供求波动、保证供应、促进国民经济平稳快速发展等都具有十分重要的作用。粮食流通顺畅与否,直接关系到国民经济全局运行状况的好坏。

1. 促进粮食生产,保障国家粮食安全

在传统的计划经济条件下,基本上是满足粮食生产多少就能销售多少,粮食流通对

粮食生产基本没有什么影响。这导致了重粮食生产而轻粮食流通,忽视了流通对生产的反作用。在社会主义市场经济条件下,粮食流通对于粮食生产的反作用越来越明显,而且在特定条件下对生产还能起到决定性的作用。一方面,农民种出的粮食如果卖不出去或者虽然能够卖出去但不能得到合理的收益甚至亏本,就会挫伤农民种粮的积极性,粮食生产就会受到严重影响。"三农"问题说到底是农民问题,农民问题的核心是利益问题,利益问题的核心是政策问题。另一方面,由于生产粮食相对效益低,如果粮食主产区调出的商品粮不能得到合理补偿,政府狠抓粮食生产的积极性就会下降,会出现粮食主产区向产销平衡区的演变,国家保证粮食供应和粮食安全便没有了物质基础。因此,通过粮食流通的第一个环节——收购,保证农民手中的粮食能够以一定的价格卖出去,以及调动主产区政府狠抓粮食生产的积极性,从而促进粮食生产,保障国家粮食安全,是粮食流通的第一个重要作用。近年来,国家出台的粮食最低收购价和产粮大县奖励政策等,都是发挥粮食流通促进粮食生产最主要的支撑政策。

2. 保证粮食供应,维护粮食市场稳定

粮食问题是关系国计民生的重大战略性问题,粮食供应是关系人民群众一日三餐的基本民生问题。如果粮食供应没有保障,就必然引起粮食市场价格的大幅波动,有可能引起整个物价上涨的连锁反应,不但影响市场经济秩序,而且影响社会秩序稳定。科学合理地组织粮食流通,搞好年度之间、地区之间、品种之间的余缺调剂,及时把商品供应给各种用粮单位和广大消费者,保证粮食市场价格稳定,更好地满足人民生活的基本需要,满足社会各方面粮食消费的需求,促进国民经济平稳快速发展,就成为粮食流通的第二个重要作用。近年来,国家采取一系列支持粮食储备、促进粮食加工业发展,保障应急、军队、退耕还林和社会弱势群体政策性粮食供应的支持政策,就是充分发挥粮食流通在保障粮食供应方面的重要作用。

3. 促进产销衔接,保持区域粮食供求平衡

粮食主产区的商品粮能否顺利地销售出去,对促进本地粮食生产、粮食市场繁荣和经济发展具有十分重要的作用。通过粮食流通,使产区粮食快速、顺畅、安全地流入主销区和大中城市,既使粮食主产区的粮食有了可靠销路,减轻了粮食收储压力,调动了农民种粮积极性,又保障了主销区粮食供应和市场稳定,还增强了粮食主产区和沿海主销区之间的经济联系,这就成为粮食流通的第三个重要作用。近几年来,国家实施的主销区粮食企业到主产区采购粮食给予运输费用补贴,加大粮食物流体系建设力度、建立主产区利益补偿机制等支持政策,就是按照"政府推动部署,部门组织协调,企业落实衔接"的原则,促进产销衔接,保持区域粮食供求平衡、繁荣粮食市场、促进社会主义市场经济

发展的重要举措。

4. 减少产后损失，提高粮食流通效益

粮食生产能带来价值，但不一定能实现价值。只有通过粮食流通，才能实现粮食生产的价值，如果在流通环节出现了问题，粮食的价值就难以真正实现，必然造成经济效益的损失。在当前耕地数量逐年减少、水资源短缺矛盾凸显的粮食生产条件下，生产环节“靠天吃饭”的局面在短时期内难以改变，提高粮食产量很难，但是在流通环节损失粮食却很容易。因此，加强粮食流通环节的管理，就等于开发了“无形”粮田，节约有限的水资源。这也成为粮食流通的第四个重要作用。当前，国家实行加强粮食流通基础设施建设、建立以“四散化”为特征的现代粮食物流体系和相关科技研究的投入等，都是为了使粮食流通能更好地服务于保障国家粮食安全这一目的。

第 3 节　粮食流通政策演变

一、中国粮食流通体制沿革

中国粮食流通体制沿革大体上经历了以下六个阶段：1949~1952 年的粮食自由购销的体制阶段；1953~1984 年的高度集中的粮食统购统销体制阶段；1985~1992 年的粮食购销“双轨制”阶段；1993~1997 年的开放粮食价格和经营阶段；1998~2003 年的以市场化为趋向的粮食流通体制改革阶段。2004 年至今的以购销市场化、经营主体多元化为标志的市场经济条件下的粮食流通体制阶段。与此相对应，中国的粮食流通政策也经历了从严格管制到逐步迈向市场化的演变，经历了曲折的发展历程。

1. 国有商业领导下的粮食自由购销阶段（1949~1952 年）

新中国成立初期的头三年，中国国民经济处于恢复阶段，粮食产量少，政府掌握的粮源少，粮食供求矛盾十分突出，市场粮价波动较大。面对严峻的粮食形势，国家一方面大力发展粮食生产，一方面对粮食流通实现国营商业领导下的自由购销体制。主要粮食流通政策：通过国营商业的主导作用，并组织国营公司适时吞吐，平抑粮价，稳定市场；通过掌握粮食批发权，逐步扩大国营公司直接供应粮食的数量，减少中间盘剥。通过这些措施，国家粮食产需状况逐步得到好转，粮食产量逐年增长，粮食收购价格也逐年提高，粮价在波动中趋于稳定，国家粮食征购和库存数量逐年增加，粮食工业品的交换比例逐步提高，基本保证了粮食市场供应和粮食价格基本稳定。但由于当时人均粮食只有 400 多斤，加上私营商业投机倒把，粮食供求矛盾仍然十分紧张。

2. 粮食高度集中的统购统销阶段（1953~1984 年）

国家从 1953 年开始大规模的经济建设，对于商品粮的需求日益增加，粮食生产虽有较快发展，但人均粮食产量只有 570 斤。国家粮食收支难以平衡，市场供应十分紧张，为了保证人民生活需要和经济建设国家对粮食实行了统购统销制度，在全国范围内对粮食进行计划收购和计划供应。之后，食用植物油也实行了统购统销政策。1955 年，粮食统购统销逐步形成制度。在这段时间里，除了 1962 年以外，一切由私人经营的粮油贸易基本被禁止，国营企业和供销合作社垄断了全部的粮食收购量。这一阶段的粮食流通政策主要内容包括：对农村余粮户实行粮食计划收购政策，在农村除留足口粮、种子、饲料和缴纳农业税后，统购余粮部分的 80%~90%；同时，对城市居民实行定量供应政策，对农村缺粮人口实行统销政策。另外，由国家严格管理控制粮食市场，严禁私商经营粮食。这些政策对促进粮食合理分配、保证经济建设和人民生活的基本需要发挥了重要作用，但由于统购的过多、过宽且统购价过低，影响了农民生产粮食的积极性。

1978 年，国家在农村实行家庭联产承包责任制，相应地对统购统销体制进行了调整，逐步缩小计划管理范围，调减粮食定购任务；扩大市场调节比重，大幅度提高粮食统购价格，对饲料、工业用量逐步放开销售价格。由于粮食购销价格倒挂，一方面，国家对财政补贴迅速增加；另一方面，在丰收年农民出现了“买粮难”现象，又引起市场粮价下跌。

3. 合同定购与市场收购并行的粮食购销双轨制度（1985~1992 年）

由于采取家庭联产承包责任制，提高粮食统购价格和鼓励粮食市场发育等措施，1984 年中国粮食获得了大丰收。为了在更大范围内发挥市场调节作用，从 1985 年开始，国家取消了历经 33 年的粮食统购制度，不再向农民下达粮食统购任务，改为由商业部门与农民签订订购合同。对合同订购部分按国家确定的价格收购，品种为小麦、玉米、稻谷和主产区的大豆；对订购以外的粮食实行自由购销，价格由市场调节，形成了合同订购与市场收购并行的双轨制，同时国家也逐步缩小了粮食统购范围，将工业和饲料用粮改由市场调节。此后国家不断提高粮食统购价格，减少粮食统购数量，扩大市场调节比重。1979~1992 年的 14 年间国家先后 7 次提高粮食定购价格，6 次提高植物油油料定购价格，使粮油定购价格不断接近市场价格；从 1992 年起，提高城镇人口口粮统销价格，改变以前粮食购销价格倒挂的情况。为了适应形势需要，国家建立了专项粮食储备制度，以及对定购粮实行最低保护价制度。这些粮食流通政策，调动了农民种粮的积极性，促进了粮食生产发展，增加了市场供应，稳定了市场价格。但是，从 1992 年以后国家又多次调整了粮食购销价格，出现了新的粮食购销价格倒挂现象，一方面，国家财政补贴不断增长；另一方面，国营企业财务挂账大幅度增加。

4. 放开粮食价格和经营阶段（1993~1997 年）

为解决粮食流通中出现的新情况、新问题，1993~1995 年的三年间，国家对粮食流通政策进行了三次改革和完善，进一步加快了粮食流通体制改革步伐。

第一次是在 1993 年放开粮食价格和经营。为了贯彻落实党的十四大精神，实现粮食流通体制计划经济向市场经济体制转变，1993 年 2 月，国务院发布《关于加快粮食流通体制改革的通知》，核心是在国家粮食宏观调控下，放开粮食价格，放开粮食经营，增强国有粮食购销企业、供销企业的活力和竞争力，切实减轻国家财政负担。

第二次是在 1994 年加强粮食宏观调控。根据国务院通知精神，1993 年上半年，全国各地就陆续放开了粮食价格由于粮食宏观调控措施没有跟上，加上当年稻谷减产、粮食出口过多等因素，在 1993 年底和 1994 年初，南方大米市场价格疯涨，流通秩序一度混乱。为了平抑粮价，国家决定立刻抛售国家专项储备粮，实行挂牌限价供应政策，同时增加粮食进口，限制粮食出口；进一步完善国家专项粮食储备制度，在 1994 年建立粮食风险基金，成立了专门粮、棉、油政策性收购提供贷款支持的中国农业发展银行。1994 年 5 月国务院发出《关于深化粮食购销体制改革的通知》，要求粮食部门必须收购社会商品量的 70%~81%，即 1800 亿斤左右，其中 1000 亿斤为国家下达的定购任务，定购价格由国家确定，部分价格随行就市，并重申完成定购任务是农民应尽的义务。

第三次是在 1995 年粮食部门实行“两线运行”。为遏制国有粮食购销企业亏损不断增加的局面，1995 年 6 月，国务院发出《关于深化粮食部门深化改革实行两条线运行的通知》，要求国有粮食购销企业实行政策性业务和商业性经营分开，即实行“两条线运行”，分开经营，分别核算。同时又恢复粮食定购政策，强调国家必须掌握大部分商品粮源，开始实行“米袋子”省长负责制。

为保护种粮农民利益，充分调动农民种粮积极性，1996 年，国家大幅度提高了粮食保护价格水平。1997 年，粮食大丰收，国家要求国有粮食购销企业必须按保护价敞开收购农民余粮。但由于粮食销售价格没有相应提高等因素，国有粮食购销企业又大幅度产生了财务挂账。

经过上述改革，粮食流通管理取得了一定成效，国家粮食储备得到了进一步充实和发展，初步建立了粮食宏观调控体系，政府对粮食调控能力进一步加强。这一阶段所进行的这些探索和实践，为粮食流通市场化改革积累了丰富的经验。但粮食流通仍有许多方面不能适应社会主义市场经济的要求，主要表现为体制不顺、机制不活、补贴不到位、支持政策不落实、国有粮食购销企业亏损巨大等。因此，要进一步理顺粮食流通管理体制，完善粮食流通政策。

5. 粮食流通市场化改革阶段(1998~2003年)

由于国家连续大幅度提高粮食收购价格，从1998年开始，中国粮食总量开始出现阶段性和结构性过剩，国内粮食市场价格急剧下跌。为了保护种粮农民利益，巩固粮食流通体制改革成果，保障国家粮食安全，1998年国务院全面部署新一轮粮食流通体制改革工作，实行了以“四分开、一完善”为改革原则和以“三项政策、一项改革”为重点的购销市场化改革。“四分开、一完善”是指政企分开、中央与地方责任分开、储备与经营分开、新老财务账目分开，完善粮食价格体制。“三项政策、一项改革”是坚持按保护价敞开收购农民余粮、国有粮食购销企业实行顺价销售、农业发展银行对收购资金实行封闭运行和深化国有粮食企业自身改革的政策。

2001年7月，为了适应加入世界贸易组织需要和粮食生产以及流通的新变化，国务院下发了《关于进一步深化粮食流通体制改革的意见》，这次深化改革的重点是“放开销区、保护产区”。要求加快推进主销区粮食购销市场化改革，放开粮食收购，粮价由市场调节；主产区要坚持按保护价敞开收购农民余粮的政策；进一步完善粮食风险基金包干办法，真正实行粮食省长负责制；完善国家粮食储备体系，增强粮食宏观调控能力等。

根据国务院通知精神，北京、天津、上海等粮食主销区均放开了粮食购销市场；湖南、安徽等粮食主产区也放开了粮食市场，并开始对辖区内部分农民实行直接补贴试点；河北、河南、吉林等粮食主产区在坚持实行按保护价敞开收购农民余粮的同时，对辖区内农民实行补贴；黑龙江、山东等省进一步缩小了保护价收购范围和品种，放开省内部分地区的粮食收购市场和价格。这一阶段粮食流通坚持市场化改革取向，为全面放开粮食购销市场创造了有利条件。

6. 粮食流通体制全面市场化阶段(2004年以来)

为了贯彻落实党的十六届三中全会精神，进一步推进粮食购销市场化改革，2004年5月，国务院下发了《关于进一步深化粮食流通体制改革的意见》，明确要求从2004年起全面放开粮食收购市场，实行“放开收购市场、直接补贴粮农、转换企业机制、维护市场秩序、加强宏观调控”的政策，完善粮食价格形成机制，实现粮食购销市场化和市场主体多元化。随着粮食流通体制改革的推进，也出现了一些新的情况和问题，主要是国有粮食购销企业改革进展不平衡，促进粮食稳定增产和农民持续增收的有效机制尚未建立，粮食宏观调控和粮食监管体制有待健全。为了不断完善粮食政策措施，健全体制机制，2006年5月，国务院又印发了《关于完善粮食流通体制改革政策措施的意见》，提出要加快国有粮食购销企业改革、妥善解决企业历史包袱、建立竞争有序的粮食市场体系、加强粮食产销衔接、加强粮食宏观调控、确保国家粮食安全等政策措施。

二、粮食流通政策改革取得的主要成效

50多年来，粮食流通政策改革先后经历了统购统销、“双轨制”、放开销区保护产区、全面放开粮食购销市场和价格等几个主要阶段，到目前为止，基本建立了适应社会主义市场经济发展要求和符合中国国情、确保国家粮食安全的新的粮食流通体制。

1. 粮食购销市场全面放开

粮食购销体制初步实现了从统购统销到购销市场的根本变化，发挥市场机制配置资源的基础作用，粮食价格形成机制逐步完善。粮食市场放开后，国有粮食企业继续发挥主渠道作用。同时，国家允许、鼓励多种所有制市场主体进入粮食市场，依法从事粮食经营活动，多元化市场主体进一步发展，市场主体多元化格局基本确立。各种经济成分参与粮食流通，活跃了粮食市场。目前，全国具有一定辐射范围的区域性粮食批发市场有700多家，初步形成了由国家粮食交易中心、区域性粮食批发市场和国家级期货市场等构成的粮食市场交易体系。

2. 国家粮食宏观调控能力不断增强

粮食管理体制初步实现了从过去高度集中的计划管理向国家宏观调控下的粮食省长负责制转变，调控能力不断增强，基本确保了粮食市场供应，维护了粮食价格基本稳定。

3. 粮食流通管理法规逐步健全

粮食行政管理手段初步实现了由过去的直接管理国有粮食企业向依法管理全社会粮食流通的转变，保证了储备粮等政策性粮食的收购和储存安全，维护了粮食流通秩序。2004年，国务院颁布《粮食流通管理条例》，在这个基础上，国家有关部门先后发布了实施粮食流通监督检查、收购资格审核、粮油统计、中央储备粮代储资格认定、质量监管等一系列配套规章制度。特别是在中央储粮代储资格认定、粮食收购准入和粮食流通监督检查体建设等方面取得了很大进展。2013年进行了第一次修订，2016年进行了第二次修订。修订后的《粮食流通管理条例》，一是粮食收购资格前置许可审批改为后置许可审批，大大简化了粮食经营者申办粮食收购资格程序，降低了粮食经营者的审批成本；二是监管执法主体由“工商行政管理部门”修改为“粮食行政管理部门”，有利于明确监管责任，提升监管效率。

4. 粮食流通体系建设逐步加强

流通发展方式初步实现了从传统的粮食流通业向现代粮食流通产业的转变，流通体系建设逐步加强，为提高粮食宏观调控能力、保持粮食市场价格基本稳定、有效保障国家粮食安全奠定了基础。

5. 粮食流通对粮食生产的引导作用逐渐增强

通过支持粮食收购、储备的政策，初步建立了保护和调动地方政府抓粮、农民种粮积极性的有效机制，粮食流通在增加种粮农民收入、调动农民种粮积极性、支持粮食生产稳定发展、促进粮食加工业发展、调节粮食供需关系、缓解供需矛盾、保证国家粮食安全等方面发挥的效用越来越明显，为国民经济平稳较快发展奠定了良好的基础。

思考与实践

收粮与送粮

南方到了早稻收购时节。前两天，家乡亲戚来电话诉说："希奇！今年怎么没有粮贩上门了？不会像以前那样到粮站排长队卖粮吧？"亲戚种的地不多，对他来说，粮食卖给粮贩更方便。他说，粮站收粮，对容重、水分等要求高，遇上态度不好的，卖粮像求人。而粮贩上门收粮，虽然价格稍低点，但晾晒、去杂质等都是粮贩们收回去自己干，农民不用去粮站排长队看脸色。"少卖粮的钱打一天工就补上了，但能少受好多罪。"

请结合上述案例来分析粮食流通体制改革的必要性。

拓展阅读

《粮食流通管理条例（2018）》节选——粮食经营

第七条　粮食经营者，是指从事粮食收购、销售、储存、运输、加工、进出口等经营活动的法人、其他经济组织和个体工商户。

第八条　从事粮食收购活动的经营者，应当具备下列条件：

（一）具备经营资金筹措能力；

（二）拥有或者通过租借具有必要的粮食仓储设施；

（三）具备相应的粮食质量检验和保管能力。

前款规定的具体条件，由省、自治区、直辖市人民政府规定、公布。

第九条　依照《中华人民共和国公司登记管理条例》等规定办理登记的经营者，

取得粮食收购资格后，方可从事粮食收购活动。

申请从事粮食收购活动，应当向办理工商登记的部门同级的粮食行政管理部门提交书面申请，并提供资金、仓储设施、质量检验和保管能力等证明材料。粮食行政管理部门应当自受理之日起15个工作日内完成审核，对符合本条例第八条规定具体条件的申请者作出许可决定并公示。

第十条　依法从事粮食收购活动的粮食经营者（以下简称粮食收购者），应当告知售粮者或者在收购场所公示粮食的品种、质量标准和收购价格。

第十一条　粮食收购者收购粮食，应当执行国家粮食质量标准，按质论价，不得损害农民和其他粮食生产者的利益；应当及时向售粮者支付售粮款，不得拖欠；不得接受任何组织或者个人的委托代扣、代缴任何税、费和其他款项。

第十二条　粮食收购者应当向收购地的县级人民政府粮食行政管理部门定期报告粮食收购数量等有关情况。

跨省收购粮食，应当向收购地和粮食收购者所在地的县级人民政府粮食行政管理部门定期报告粮食收购数量等有关情况。

第十三条　从事粮食销售、储存、运输、加工、进出口等经营活动的粮食经营者应当在工商行政管理部门登记。

第十四条　粮食经营者使用的粮食仓储设施，应当符合粮食储存有关标准和技术规范的要求。粮食不得与可能对粮食产生污染的有害物质混存，储存粮食不得使用国家禁止使用的化学药剂或者超量使用化学药剂。

第十五条　运输粮食应当严格执行国家粮食运输的技术规范，不得使用被污染的运输工具或者包装材料运输粮食。

第十六条　从事食用粮食加工的经营者，应当具有保证粮食质量和卫生必备的加工条件，不得有下列行为：

（一）使用发霉变质的原粮、副产品进行加工；

（二）违反规定使用添加剂；

（三）使用不符合质量、卫生标准的包装材料；

（四）影响粮食质量、卫生的其他行为。

第十七条　销售粮食应当严格执行国家有关粮食质量、卫生标准，不得短斤少两、掺杂使假、以次充好，不得囤积居奇、垄断或者操纵粮食价格、欺行霸市。

第十八条　建立粮食销售出库质量检验制度。粮食储存企业对超过正常储存年限的陈粮，在出库前应当经过粮食质量检验机构进行质量鉴定，凡已陈化变质、不符合食用卫生标准的粮食，严禁流入口粮市场。陈化粮判定标准，由国家粮食行政管理部门会同有关部门制定，陈化粮销售、处理和监管的具体办法，依照国家有关规定执行。

第十九条　从事粮食收购、加工、销售的经营者，必须保持必要的库存量。

必要时，由省、自治区、直辖市人民政府规定最低和最高库存量的具体标准。

第二十条　国有和国有控股粮食企业应当积极收购粮食，并做好政府委托的粮食收购和政策性用粮的购销工作，服从和服务于国家宏观调控。

第二十一条　对符合贷款条件的粮食收购者，银行应当按照国家有关规定及时提供收购贷款。中国农业发展银行应当保证中央和地方储备粮以及政府调控用粮和其他政策性用粮的信贷资金需要，对国有和国有控股的粮食购销企业、大型粮食产业化龙头企业和其他粮食购销企业，按企业的风险承受能力提供信贷资金支持。

第二十二条　所有从事粮食收购、销售、储存、加工的粮食经营者以及饲料、工业用粮企业，应当建立粮食经营台账，并向所在地的县级人民政府粮食行政管理部门报送粮食购进、销售、储存等基本数据和有关情况。粮食经营者保留粮食经营台账的期限不得少于3年。粮食经营者报送的基本数据和有关情况涉及商业秘密的，粮食行政管理部门负有保密义务。

国家粮食流通统计制度，由国家粮食行政管理部门制定，报国务院统计部门批准。

第二十三条　粮食行业协会以及中介组织应当加强行业自律，在维护粮食市场秩序方面发挥监督和协调作用。

第 9 章　粮食价格政策

在之前的计划经济时代，我国粮食价格主要由政府决定。当前，我国粮食市场中，市场机制发挥着调节资源基础配置的作用，粮食价格的决定权也主要是市场，但国家的宏观调控政策是市场背后的强力支撑。国内粮食政策的调整有利于我国粮食产量的增加、粮食市场的稳定和粮食安全水平的提高。随着我国的国民经济和粮食产业的逐步发展，我国粮食价格的形成机制也在不断的变化，政府对现行的粮食价格政策也进行不断的修改和完善。

第 1 节　粮食收购“双轨制”政策

一、出台背景

1984 年底，中央做出了改粮食统购为合同订购的重大决策。这一决策为建立有计划的商品经济模式做了一次大胆的尝试，无疑是粮食购销体制改革上的一个巨大进步。但是在粮食购销两个环节上，统购方式改革了而统销方式并未改革，粮食经营中的购销倒挂问题依然存在。如果增加合同订购的数量，各级政府和农民的利益必将受到侵害；如果减少合同订购数量，就需要从市场上购买高于合同订购价的粮食，而这就意味着需要增加财政补贴，进一步增加财政压力。

此外，我国的粮食收购价格长期偏低，因此在我国基层农村和粮食主产区提高粮食收购价格的呼声很高，但是粮食价格的调整不是短期内可以完成的。粮食价格是整个农业产品价格的核心，普遍提高粮价必然引起其他相关的各种农业原材料价格的上涨，这势必带来国家和社会的不稳定。如果提高统销价格，把负担转嫁到消费者身上，城市职工也难以承受。

二、主要内容

1. 调整国家粮食订购任务

首先是降低了粮食征购的基数，扩大了粮食超购的比重，继而减少了粮食超购的任务；同时，接连扩大了多次粮食市场的调节范围，减少了订购的任务。

2. 以更高的价格收购我国市场上的粮食产品和油料产品

1984 年开始，国家政府宣布将工业用粮和饲料用粮分品种一步步从由国家负责统购的范畴中剥离出去，其价格不再由国家管控，而是由市场上的供需关系来决定。1992 年，国家为了消除统购的粮食产品在销售过程中不得不采取降价销售的问题，宣布分阶段、有计划地提高粮食收购价格，使其逐步与市场价格接轨。

三、政策意义

粮食价格“双轨制”政策对我国粮食产业的发展和粮食价格体系的完善有着重要的意义。粮食价格“双轨制”政策实际上是我国粮食价格政策从国家统购统销到市场化过程的一个过渡政策，有着承上启下的作用，为我国粮食价格政策的下一步调整、为我国粮食产业市场化改革进程的进一步推进奠定了基础。

第 2 节 粮食保护价收购政策

一、出台背景

20 世纪 90 年代中期，我国粮食市场上粮食供给出现严重不足，为了针对这一问题进行调整，我国政府曾经在三年内两次提高我国的粮食收购价格。这一系列政策带来的弊端就是使得我国粮食价格在短时间内大幅度提高，甚至一度超过了国际上的粮食价格，使得我国国内的农产品价格和农产品供给之间出现了无法调和的冲突。在这一背景下，为了保护我国种粮农民的利益，我国从 1997 年开始逐步推行粮食收购价保护政策，逐步放开限制，敞开收购我国农民手中的余粮。

2004 年，国务院在《粮食流通管理条例》中首次提出了“最低收购价格”的概念。最低粮食收购价政策并非针对全国的粮食产品来实行，只是针对小麦和水稻的主产区的几个省份来分别实行。其主要目的是保护农民收益，以防止“谷贱伤农”情况的发生。

二、主要内容

粮食保护价收购政策有两个目标：使粮农的利益得到保障和使我国财政负担得到减轻。

中国农业发展银行为中储粮及其委托机构提供足够的财政金融方面的支持，使其有足够的经济能力完成国家布置的余粮收购任务，以达到使我国基层农民增产增收并维护我国粮食市场正常的运营秩序。

我国利用粮食保护价收购政策收购余粮的同时，也实现了我国政府对粮食市场的垄断，禁止私有资本染指我国粮食产业。这是基于粮食产品的战略物资属性而决定的。同时，政府手上的粮源经过顺价出售，将最终用来偿还中国农业发展银行预先支付的贷款等。

三、政策意义

粮食保护价收购政策是在取消了粮食定购任务后出台的，对我国粮食产业的发展有着积极的作用。具体意义如下：

1. 粮食保护价政策的实行保护了农民的利益

政策实行以前，农民普遍担心粮食的销路，怕种多了没人收购，挣不到钱。但是，政策出台后，我国对粮价进行了保护，消除了农民的担忧，避免了农民种粮增产不增收的现象，为农民撑起了保护伞。这一政策的及时颁布和落实有效地提高了我国基层农民进行粮食生产的动力，维护了我国的粮食安全水平。

2. 粮食保护价政策的实行提高了我国的粮食综合生产能力

20 世纪 90 年代之前，我国的粮食综合生产能力比较低下，粮食机械化投入力度不足，粮食单产严重偏低，农民从事粮食生产的积极性也不高，极易导致各地严重的抛荒现象。粮食保护价政策实施后，农民从事粮食生产的利益得到了有效保障，许多之前选择撂荒土地的农民又纷纷回到农村开始重新耕种土地，大大提高了我国粮食产业的供给能力，在我国粮食市场上基本上实现了粮食品种的供需平衡，某些品种还发生了粮食的过剩现象。这对于提高我国人民生活水平、维护我国粮食安全有着重要的意义。

3. 政策的实行保障了国家的粮食安全

粮食产量增加了，库存充裕了，商品粮也增加了，我国对粮食多层次、多结构消费的需求得到了满足，为国家粮食安全做出了很大贡献。

第 3 节 粮食目标价格政策

一、出台背景

2014 年 1 月 19 日，中共中央、国务院印发了《关于全面深化农村改革加快推进农业现代化的若干意见》，强调完善粮食等重要农产品价格形成机制，继续坚持市场定价原则，探索推进农产品价格形成机制与政府补贴脱钩的改革，逐步建立农产品目标价格制度，在市场价格过高时补贴低收入消费者，在市场价格低于目标价格时按差价补贴生产者，切实保证农民收益。2014 年，启动东北和内蒙古大豆、新疆棉花目标价格补贴试点，探索粮食、生猪等农产品目标价格保险试点，开展粮食生产规模经营主体营销贷款试点。继续执行稻谷、小麦最低收购价政策和玉米、油菜籽、食糖临时收储政策。

二、主要内容

粮食目标价格政策是国家为了稳定国内粮食市场上的粮食交易价格、保障国内粮食安全而出台的一系列政策。国家会从种粮成本、运输成本、农民收益等各方面综合考虑，经过计算得出一个参考价格，这就是粮食目标价格。

粮食目标价格政策的优势就在于国家可以提前对当年的目标价格水平进行调整，并以此来对农民的生产计划进行引导。如果市场交易价格高于目标价格，则以市场价格粮食交易；如果市场交易价格低于目标价格，则国家对农民支付市场价格和目标价格之前的差价作为补贴。

三、政策意义

1. 粮食目标价格政策体现了公共财政的资源配置职能

目标价格政策的初衷就是要让市场在资源配置中起决定性作用，消除政府干预对农产品价格造成扭曲的不利影响。现阶段来看，我国部分主产区的大豆和棉花目标价格是建立在市场价格基础上的，有条件地弥补了粮农生产收益的不足，并不直接干预市场价格的形成和信息的传递。另一方面，目标价格也要考虑粮食安全等目标。此外粮食产量稳定和安全具有很强的公共品属性，应由公共财政提供财力的保障，以使资源配置符合粮食安全的公共目标。同时，定期公布预先形成目标价格的形式，也可引导下期农业生产资源的合理配置。

2. 粮食目标价格政策体现了公共财政的收入分配职能

目标价格是一种相对价格，也是一种下限价格，只有在市场价格低于目标价格时才能直接发挥支撑作用。目标价格是为农民免费提供的看跌期权的执行价格，在一定程度上规避了粮食的价格风险以及种粮收入的下行风险。种粮收入是农民收入的一个主要来源，当较低的市场价格威胁到农民种粮收益时，目标价格可以为农民收益水平提供保证，避免种粮收入下降导致的城乡收入差距进一步拉大，以及种粮收入和经营性收入差距造成的农村内部收入差距的拉大。所以，公共财政对粮食目标价格的补贴支出影响到农民整体的收入水平和城乡收入分配的公平程度，粮食目标价格政策体现了公共财政的收入分配职能。

3. 粮食目标价格政策体现了公共财政的经济稳定和发展职能

粮食目标价格政策和其他粮食生产支持政策的相同点在于，该政策也是以提高农民的种粮积极性和保证粮食的安全为目标的。完全由市场来主导粮食生产会造成粮食产量的剧烈波动，从而会严重威胁其他经济领域的稳定和发展。因此，粮食生产需要在市场作用的基础上介入公共财政合力，以保障国家的粮食安全和经济的稳定发展。综上可知，粮食目标价格政策在以市场发挥资源配置作用的基础上，保证了农民的收益水平，一定程度上避免了我国收入差距的拉大，保障了经济的稳定和发展，充分体现了公共财政的职能。

思考与实践

大豆进口与自产

我国大豆生产成本远远高于美国等大豆主产国；大豆品质较低，多为混合品种，出油率较低；宽松的大豆进口贸易政策，促使我国大量进口国外转基因大豆。

请思考并提出促进中国大豆生产与适度控制进口的对策。

拓展阅读

粮 票

1955年8月25日，中华人民共和国政务院颁布《关于市政粮食定量供应的暂行办法》，同时，国家粮食部开始实施《市政粮食定量供应凭应征印刷使用暂时办法》。从此，中华人民共和国粮食部及各省、地、市、县粮食部门，开始印刷发行各种不同文字、不同面额、不同图案、不同票幅、不同种类、不同年代、不同使用对象的粮票，其流通的空间、时间和面额都有着严格的规定，有着严格的时间性、地域性特点。

在城乡二元分割的体制下，粮票获取的主要途径是城镇居民凭户口本和居民粮食供应本到指定粮店，申明事由后凭单位证明领取；农民偶有粮票需求，则按当年集体分配粮食的粗细比例，以原粮到规定粮站(所)打折兑换。最初的粮票票面以16两制计量，1950年改为10两制计量。1985年粮票票面改为公斤制，公斤和市斤并存混用。面额从半两、一两、二两、五两、一斤、二斤、五斤、十斤乃至百斤、千斤。面额最大的当属1970年江苏高邮发行的二万斤一张的粮票。

一枚枚小小的粮票，方寸之间满满地记录着一个特殊时代的苦辣酸甜，演绎了一幕幕凝重漫长的民生悲喜剧。至1993年粮票被废止，长达38年岁月里，粮票成为使用频率最高的纸质票证，与人民生活息息相关。在现实生活中，它实际上或明或暗地充当了流通领域“第二货币”的角色，作为计划经济的经典符号，它已成为那个年代人们难以释怀的记忆。

第四篇 粮食物流与粮食加工

舂碓

胤禛（清）

野陌霜风早，柴门晚日多。
舂声接邻响，杵韵洽豳歌。
颗颗珠倾筐，莹莹雪满箩。
为怜艰苦得，把握屡摩挲。

第10章　粮食物流与储备

粮食物流是指粮食从生产布局到收购、储存、运输、加工到销售整个过程中的商品实体运动，以及在流通环节的一切增值活动。这里所说的增值活动，指的是运输、仓储、装卸、加工、包装、配送等一切能使粮食价值增加的活动。发展粮食物流，对于促进粮食生产、降低流通费用、保证供求平衡、保障粮食安全具有重要的意义。

粮食储备，指的是从上一作物年度中收获的粮食储备量（也包括进口的粮食储备）。粮食储备是构成粮食供给的重要组成部分，是粮食市场的蓄水池，粮食供求的波动可以通过粮食储备进行缓冲和调控。粮食生产相对不足，可以动用储备充实粮食市场供给；粮食生产相对过剩，可以将过剩的粮食进行储备，缓解粮食市场的过剩供给。通过储备粮体系来缓冲供求波动，可以抑制粮食市场价格的大幅波动，稳定市场价格，也可以稳定农民收入。

第1节　现代粮食物流园区

现代粮食物流园区是现代粮食物流发展的产物，一般位于多种运输方式的衔接地，是聚集多种现代物流设施设备和多家物流组织机构的大型场所。它可以将粮食收购、储存、运输、加工和销售等环节有机结合在一起，实现各局部环节的统一，具有集约化、协同化、专业化等特点，在粮食物流体系中发挥着举足轻重的作用。

现代粮食物流园区具备仓储、配送、流通加工、商贸交易等服务设施，一般可以提供如下服务。

一、基本服务

1. 存储

图 10-1　现代粮食物流园

物流园区最基本的功能是存储功能，它要求配备一定的储存设施和设备。园区很多作业环节如运输、配送等都要与仓储相联系，所以存储功能十分关键，它可以保证物流活动的开展，起到重要的支撑作用。为了满足粮食四散化的要求，园区应建设适应散装散卸的立筒仓、浅圆仓和粮食集装箱中转站等散粮中转设施。利用原有设施如平房仓的全区，应充分研究平房仓机械化作业，明确粮食收纳库与中转库的功能定位。

2. 运输、配送

园区应能提供多式联运服务以达到最佳运输模式组合、最高效率、最短路径、最少时间、最低费用的要求。对于粮食产品配送，应能满足生产商与销售商的配送、生产商和销售商与超市门店的配送、供应商与生产企业的配送、电子商务环境下的物流配送服务，能提供给客户不同的配送路线和价格服务，以满足不同层次客户的各自需求。北方散粮铁路运输主要是由 L18 专用车承担的，但实现散粮铁路运输则必须将非沿线粮食由汽车运到中转库，才能将粮食装上 L18 专用车，因此地处非沿线的收纳库需要专用大吨位散粮汽车进行集并，铁路专用线、散粮集装箱、散粮船舶的建设与利用也是园区规划开发的关键。

3. 装卸、搬运

园区应配备专业化的装卸、提升、运送、码垛等装卸搬运机械，提高装卸搬运作业效率，减少作业对粮食以及其他商品造成的损毁。建设与散粮车辆配套的卸粮坑、提升输送系统，提高散粮接卸能力。为大型平房仓等配备吸粮机、散粮倒运车、出仓机、装车机等散粮接收发放设备，提高散粮发运及接卸能力。

4. 包装

目前，在我国不少地方，包粮运输还占有很大比例，散粮运输占比不高。包粮运输通常是用麻袋将农民生产的粮食装运到基层粮库，经过检验、过秤、拆包等过程后堆放在仓库中，需要外运至园区时，再由人工或机械灌包、称量、装车运到火车站或者码头，到达目的地后，人工装卸、搬运和入库。虽然包粮运输有种种劣势，但目前粮食物流园区依然要适应这种较落后的运输方式。物流园区的包装作业不仅要负责粮食商品的组合、拼装、加固，形成适于物流和配送的组合包装单元，同时还要根据客户的需要对商品进行必要的商业包装。此外，有的园区有粮食加工功能区，运输包装功能更应予以充分考虑。

5. 流通加工

为了方便生产和销售，粮食物流园区与粮商和加工厂商有长期的合作关系，园区提供必要的流通加工将很好地解决客户的问题。此外，不少园区内建设的检测中心也属于此功能。

6. 信息处理

信息技术对物流的支持作用越来越明显，将在各个物流环节的各种物流作业中产生的物流信息进行实时采集、传递和分析，并向客户提供各种作业的明细信息及咨询信息。

二、延伸服务

1. 结算

物流园区的结算不仅仅只是物流费用的结算，在从事代理、配送的情况下，物流园区还要替货主向收货人代收款等，这也是园区增值服务的体现。有的园区利用 COD（代收货款）的业务每年增收达 2000 万元。

2. 需求预测

物流园区应能根据园区粮食进货、出货信息来预测未来一段时间内的进出库量，进而预测市场需求。

3. 物流技术开发与系统设计

园区吸引相关物流高科技企业进驻，利用园区企业密集的资源优势，发展物流软件开发与物流设施设备的技术开发，同时提升物流园区的整体竞争力水平。

4. 物流咨询培训

利用物流园区运作的成功经验及相关的物流发展咨询优势，吸引物流咨询企业进驻发展，利用高校、科研、企业、政府多方合作的优势，开展粮食物流人才教育培训、项目咨询业务，形成“第五方物流”。

三、配套服务

1. 工商、税务、海关、货代等服务

园区应提供工商、税务等一条龙的相关服务，便于企业办理相关事务。有的粮食物流园区涉及粮食及其产品进出口，也可以争取海关、货代报关部门进驻，便宜行事，为企业实现一站式服务。

2. 车辆辅助服务

车辆辅助服务，包括现代停车场、加油、检修、培训、配件供应等服务。

3. 金融配套服务

根据国外先进园区的成功经验，园区应吸引银行、保险、证券等机构进驻，并具有融资、保险等相应的金融配套服务。

4. 生活配套服务

园区还应该提供住宿、餐饮、娱乐、购物等生活配套服务设施，既满足园区内部需求，又繁荣当地经济，提供就业岗位。

四、商贸服务

根据国内粮食物流园区的实际情况，粮食物流园区在突出物流服务功能的同时，也应因地制宜地建设商贸服务功能，从而将大多数粮食物流园区发展成为以物流为纽带的粮食产业园区。

1. 批发交易

粮食物流园区作为粮食的集散地，大批粮商进驻园区，园区内部往往建立交易中心，用于批发交易。

2. 期货交割

期货交割功能在一些大型粮食物流园区，比如河南新乡粮食物流园区中有体现。各地园区可以因地制宜，根据自身特色开发。

3. 粮食加工

具备粮食加工功能也是大多数园区的现实情况，如四川射洪粮食物流园区谭家面粉厂迁入后业务增长很多，主要原因是企业集聚、成本降低。

第 2 节　我国中央储备粮体系

中央储备粮是指中央政府储备的用于调节全国粮食供求总量、稳定粮食市场,以及应对重大自然灾害或者其他突发事件等情况的粮食和食用油。

按照联合国粮农组织的建议要求,一国粮食储备应达到该国消费量的 17%~18%,粮食才是安全的。我国虽是一个粮食生产大国,但人口众多,也是粮食消费大国,为了确保粮食安全,我国粮食储备数量的安全警戒线应高于联合国粮农组织确定的 17%~18% 的标准线,为此国家粮食储备和周转库存占当年粮食消费总量的比例在很长一段时间里均维持较高比例,约占 40%~60%,直到 2003 年以后,才调至 30%~40%。

粮食储备制度对保障国家粮食安全起着关键性作用。1990 年,我国成立了国家粮食储备局,建立国家专项粮食储备制度。1993 年,《中华人民共和国农业法》颁布,其中第三十六条规定:“国家对粮食等关系国计民生的重要农产品实行中央和地方多级储备调节制度,设立储备基金,建立、健全仓储运输体系,做到保证供应,平稳市场。”中央和地方分级的粮食储备体系开始实行。

2000 年,我国成立专门负责储备粮管理的机构——中国储备粮管理总公司(现名中国储备粮管理集团有限公司,简称“中储粮集团公司”),具体负责中央储备粮的经营管理,并对中央储备粮的数量、质量和储存安全负责。

一、管理主体与资金来源

国家实行中央储备粮垂直管理体系,地方各级人民政府及有关部门应当对中央储备粮的垂直管理给予支持和协助。中储粮集团公司、国家粮食局、发改委、财政部、中国农业发展银行根据各自的分工对中央储备粮进行管理。中储粮集团公司负责具体经营管理工作,国家粮食局负责中央储备粮的行政管理,发改委负责中央储备粮总体规划和布局设计,财政部负责中央储备粮的补贴监督检查,中国农业发展银行负责安排中央储备粮所需贷款并对贷款进行监督。如图 10-2 所示。

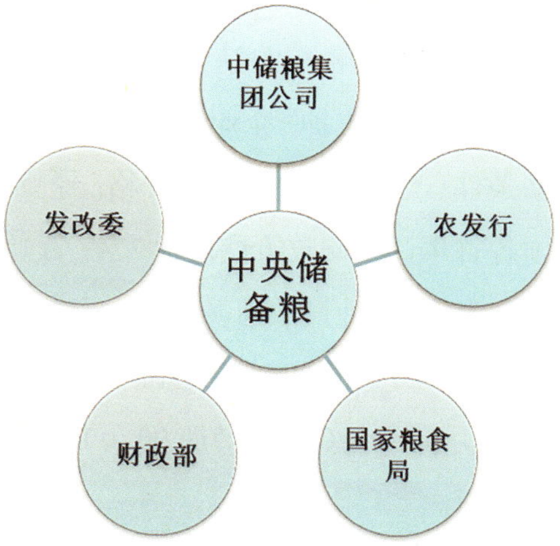

图 10-2　中央储备粮管理主体图

中央储备粮的粮权属于国务院。在财务核算方面，中储粮集团公司实行的是政策性储备费用包干自负盈亏政策。中储粮集团公司因执行储备政策而发生的费用和利息由中央财政负担，即粮食保管、补贴费用、利息由财政部直接拨款给中储粮集团公司，总公司通过农发行专门账户将补贴款拨付给分公司，分公司将补贴款再往下拨付给中央储备粮代储企业和直属库。储备粮的保管费、轮换费实行费用包干、超支不补、节余留用的政策。

二、中储粮的组织与管理

2000 年，国务院批准组建成立了中国储备粮管理总公司（中国储备粮管理集团有限公司的原名称），注册资本 470 亿元。同年，原来由各省、自治区、直辖市粮食局管理的政策性粮食储备业务全部移交给相应地区的中储粮分公司。

中储粮集团公司受国务院委托，具体负责中央储备粮（含中央储备油，下同）的经营管理，同时接受国家委托执行粮油购销调存等调控任务，在国家宏观调控和监督管理下，实行自主经营、自负盈亏。其业务涉及粮食流通的方方面面，覆盖粮油收购、储存、调运、加工、销售、贸易多个领域。集团公司在国家计划、财政中实行单列。集团公司实行董事会制，董事长为公司法定代表人。截至 2016 年底，集团公司资产总额 14913 亿元，员工总数 4.4 万人，全年营业收入 2099 亿元。

中储粮集团公司实行两级法人、三级架构，总部位于北京，截至 2018 年底，已在全国设立 23 个分公司、6 个全资或控股二级管理子公司及成都粮食储藏科学研究所，机构和业务覆盖全国 31 个省（区、市）。分公司根据总公司授权委托，负责管理辖区内中央储备粮油和直属库；子公司、直属库是独立核算、自负盈亏的法人实体，直接从事中央储备粮油收购、储存、运输、加工、销售及农业生产等相关业务。

在中央储备粮购销工作上，中储粮集团公司以现代企业制度建设为基础，在“两个确保”、“三个维护”企业战略定位的指导下，一方面粮食收购遵循严格库点准入、严格启动条件、严格质价的“三个严格”原则充实粮源。以 2012 年为例，中储粮集团公司在全国各省累计收购政策性粮食 3747 万吨，油菜籽 437 万吨。同年，精心组织政策性粮食销售和出库，累计投放市场 1850 万吨，跨省移库 320 万吨；另一方面，为了拓展优质粮源，加强与地方的合作，大力发展订单农业，以 2012 年为例，中储粮集团公司订单面积达到 1700 万亩，比 2011 年增加 90 万亩，在帮扶农户增产增收的同时探索出与地方和谐共赢的局面。

在中储粮集团公司的日常工作上，中储粮集团公司主要负责粮油抛售、移库、划转和进口调控以及对政策性粮食跨省移库、进口粮油接收转储、进口玉米国内轮换任务的管理工作。通过积极建设"北粮南运"粮食物流体系，加快通道物流节点建设，以 2012 年为例，中储粮集团公司完成跨区粮食物流约 1800 万吨，占国内跨省流通量的 11.7%，有力促进了粮食流通，维护了粮食销区的市场供应和价格稳定。在完成好各项粮食调控任务的同时，强化风险管控。加强财务管理，提升资金成本意识，深入开展各类审计，强化储备粮管理检查，将内控体系建设常规化，建立全面风险管理体系。

三、储备粮轮换与代储机制

1. 加强区域协同

《中央储备粮管理条例》规定中央储备粮每年轮换的数量一般为中央储备粮储存总量的 20%~30%。中储粮集团公司在粮食轮换方面，做好轮换规划，分解轮换过程，基本做到高抛低吸。在市场供应趋紧、价格上涨较快时主动要求增加轮换计划，以不低于国家托市价积极入市掌握轮换粮源，有效配合粮食最低收购价政策。

2. 创新轮换方式

在推陈储新的轮换工作中，采取竞价销售和邀标竞买的形式销售和购买储备粮。一方面在储备粮的销售和购入过程中，按照市场原则，最大限度地实现了公开、公平、公正；另一方面，在竞买和竞卖中形成的价格一般都低于或者高于定价，最大限度地节约了财政开支。

3. 规范代储行为

中储粮直属库基础条件较好，管理较规范，因此存储在直属库的储备粮比较安全，品

图 10-3　储备粮库

质有保障。而相对直属库，中央储备粮代储企业无论是硬件条件还是管理水平，都与直属库有一定差距。为规范中央储备粮代储行为，2004 年底颁布《中央储备粮代储资格认定办法》，2011 年开始实施《中央储备粮代储资格认定办法实施细则》。《办法》、《细则》规定了中央储备粮代储资格的申请、审核、管理等相关工作，并对中央储备粮代储资格有效期、资格审查的申请、审核流程、处罚做了规定。

由于中央储备粮的特殊性，为满足紧急情况下的粮食调配，代储企业需要不断提高粮食进出库的能力。比如以实现 24 小时装车 2500 吨为目标，建设两条以上的 50 吨小时出仓作业线等。此外，为保障储备粮品质，近几年代储企业根据实际情况，不断提高测温设备、通风设备、熏蒸设备以及冷却设备的技术含量，并将防洪、防火、防盗设施的更新作为日常工作的一部分。

四、储备粮收购管理制度

1998 年，国内粮食供给总量问题得到有效解决，但“大锅饭”式粮食流通体制、财政不堪重负和品种结构供需脱节等问题凸显，中央政府把推进粮食收储企业改革作为一项重点工作，出台了“政企分开、专项储备与销售经营分开、中央和地方权责分开、新粮陈粮财务账目分开，进一步完善粮食价格形成机制”的改革原则和“按保护价敞开收购农民余粮、粮企实行顺价销售、收购资金封闭运行与推进国有粮企自身改革”具体举措，目的是改善国有粮企经营效益，提高粮食价格政策执行效率，缓解国家财政压力。这一阶段粮食价格形成机制逐步转为政府调控下市场形成价格，中央政府虽维持了粮食定购与按保护价敞开收购农民余粮的制度，但从 1999 年起多次调整缩减保护价实施的地域和品种范围，降低保护价水平，实行优质优价、季节差价、地区差价，逐步放松对粮价的管控与保护。

2004 年起，国务院全面放开国内粮食购销市场，实现购销市场化和市场主体多元化，一般情况下粮食收购价格由市场供求形成，但也提出“当粮食供求发生重大变化，必要时可由国务院决定对短缺的重点粮食品种，在粮食主产区实行最低收购价格”。按照这一规定，2004 年中央政府首先出台早籼稻最低收购价政策，随后两年内扩大至中晚籼稻、粳稻及小麦，对基本口粮全面覆盖。在最低收购价政策下，中央政府每年在作物播种前公布当年各品种最低收购价水平并出台执行预案。到收获季节，如果市场粮价高于最低收购价，执行预案不启动，各类市场主体自行购销。若市场粮价低于最低收购价，由中央政府决定启动执行预案，在特定地区特定时段内委托符合一定资质条件的市场主体按最低收购价入市敞开收购粮食，达到“保供稳价”目的。

2007 年和 2008 年，中央政府针对玉米和大豆出台了类似最低收购价的临时收储政策。临时收储政策的不同之处在于，临储价在作物即将收获时公布，政策思路是按照临储价收购储存一定数量特定品种的粮食，减少市场上该品种粮食的流通量，达到“稳价畅销”目的。最低收购价和临时收储政策同属于托市收购政策，价格制定原则都是“生产成本 + 合理利润”。这一阶段，中央政府持续提高托市收购价格，至 2013 年，稻谷和小麦最低收购价累计提高 92% 和 60%，玉米和大豆临储价累计提高 60% 和 24%，托市收购价成为国内市场最高价，国内粮食市场演变为“政策市”，并全面高于国际市场水平。

保护价收购政策和托市收购的区别如表 10-1 所示：

表 10–1　保护价收购和托市收购比较表

不同点	保护价收购政策	托市收购价政策
目标价格	最低保护价格	最低收购价格（托市收购价格）
收购规模	敞开收购	受国家委托企业敞开收购
运行机制	强制实施：在市场粮价 < 保护价水平时，所有市场参与者都必须按保护价。	在市价 < 托市价格时，受国家委托的企业按国家规定的托市价收购粮食；其他企业可以随行就市。
财务政策	产生的费用、利息等计入承储企业成本，按顺价销售，盈利归企业，亏损实行企业挂账。	在国家有关部门统一制定销售底价的基础上，公开竞价销售。盈利上交中央财政，亏损由中央财政负担，库存占用的贷款利息由中央财政负担，中央财政对企业提供的保管和收购等服务支付相应费用补贴。

2014 年起，国家开始调整粮食托市收购政策，启动“价补分离”的市场化改革。稻谷和小麦虽然维持最低收购价政策，但最低收购价水平一改过去只升不降的做法，或平或降进行调整，并于 2018 年在大幅降低最低收购价的基础上，着手配套建立稻谷生产者补贴机制，推动“价补合一”的最低收购价政策向“最低收购价 + 补贴”制度转型。玉米 2015 年临时收储价格同比下降 10.91%，并于 2016 年退出，调整为“市场化收购 + 补贴”的生产者补贴制度。启动大豆目标价格补贴改革三年（2014~2016 年）试点，试点结束后于 2017 年调整为与玉米相同的生产者补贴制度。“最低收购价 + 补贴”、“市场化收购 + 补贴”与目标价格补贴都属于“价补分离”改革，具有价格市场化、补贴显性化特征，主要区别是目标价格补贴标准需要依据市场价与目标价之间差价确定，算是“价补半脱钩”，

而“最低收购价 + 补贴”与“市场化收购 + 补贴”两种生产者补贴标准的制定更为灵活，可以兼顾市场粮价高低、农业结构调整及政府财力等多方面因素。

第 3 节　我国地方储备粮体系

所谓地方储备粮，是指县级以上地方人民政府储备的用于调节本行政区域内粮食供求总量、稳定粮食市场以及应对重大自然灾害或者其他突发事件的粮食。如今，地方在中央宏观调控下，按照粮食省长负责制的要求，积极推广储备管理规范化、转变储备管理观念、提高储备科技含量，并逐级落实到市、县，建立了地方行政长官负责的多级储备管理制度。

一、管理主体与资金来源

1990 年以后地方储备逐步开始建立。地方储备的粮权归各级地方政府。地方储备由省、市、县三级组成，以省为主，其费用和利息补贴由粮食风险基金支出。地方储备粮中省级储备粮粮权属于省级政府，市县级储备粮粮权属于市县级政府，省级储备粮在全省政府粮食储备体系中占主导地位。在发生区域性自然灾害或者粮价明显波动的时候，主要通过省级储备粮来提供灾区供应、稳定市场价格。

地方储备粮的费用和利息补贴由粮食风险基金列支，补贴标准参照中央储备粮执行。地方储备粮的保管费用多采用定额包干、超额自担的办法。有的地方比如安徽省，是由省财政厅拨付给省粮食局，省粮食局通过农业发展银行拨付给承储粮食公司。有的地方比如湖南省，将保管费用和其他补贴直接按季度拨付给承储企业，利息则按农发行规定的利率核算。此外，部分省份正积极尝试以储备库为承贷主体，省市分行与属地开户行共同监管的集中统一信贷管理。省级储备粮贷款由承担储备任务的企业以资产进行抵押获取贷款，贷款利息和购销、仓储管理费用都由地方财政按统一打包的方式支付给承担储备任务的企业。而新粮的入库贷款以地方储备计划和企业信用为依据，通过核定入库成本、入库结算成本，由开户行自行决定是否发放贷款。

二、异地代购代储机制

针对某些重要粮食销售区，粮食产量少但需求量高的情况，相关地方为了做好粮食储备，将异地代购代储提上日程，并做出了积极的探索、尝试。以首都北京为例，2012 年北京市粮食产量仅有 113.8 万吨，大部分粮食需要其他地区供应，稻谷主要来源于黑龙江、吉林，小麦主要来源于河北、河南、山东。为此，北京市采取分类建点、分层管理、分时轮换等方法，积极在产区建立异地储备。

异地代储实现了粮食主产区和主销区的优势互补、资源共享，解决了两地的共同需要。代储双方在不断的交往中互信互帮，开展了以异地代储为纽带的粮食贸易合作。代储企业通过异地代储拓宽了销售渠道，稳定了销售网络，解决了农民卖粮难的问题，委托方通过异地代储，加强了储备粮的管理，保证了粮源，稳定了粮食市场价格。

三、地方成品粮储备机制

2003 年上半年"非典疫情"使得北京、广东等重要城市粮食价格发生明显波动，因此 2003 年 8 月，北京市粮食局制定了《北京市储备成品粮承储管理储存暂行办法》，标志着我国地方成品粮储备制度开始建立。成品粮存储期限一般为 3~6 个月，对存储条件要求严格，占用空间大，因而储存、轮换有一定难度，再加上需要更多的地方财政投入，所以我国的地方成品粮储备一直以来仍处于"中央要求，地方建立"的起步开展阶段。

2003~2009 年，全国先后有 20 多个省市初步建立了成品粮储备。以安徽省为例，2008 年安徽省各市全面建立了确保当地 10 天以上供应量的成品粮储备。多数省份以"库存保持常量，实物顶替轮出"的原则实行滚动轮换。有的省规定夏季 7~9 月三个月轮换一次，其他季节各六个月轮换一次，有的省规定夏季 7~9 月一个月轮换一次，其他季节 45 天轮换一次。

1. 各地区根据不同情况开展成品粮储备

第一，主销区成品粮储备规模不断扩大。由于大中城市人口密集，交通便利，地方财政状况比较好，有财力保持较大规模成品粮储备；第二，高寒地区、干旱地区等偏远地区由于粮食自给率低、交通不便，粮食风险大，需要适当地多储备，而当地的气候条件又对成品粮保管十分有利，可以适当延长保管时间，降低保管成本。这些地区适合开展满足老百姓一个月以上成品粮需求的储备。但由于成品粮存储期限短，对存储条件要求严格且占用空间大，因而在实际操作中，偏远地区的成品粮储备还处于比较薄弱的阶段；第三，粮食主产区因为本身原粮储备规模就比较高，大部分粮食库都集中在产区，再加上粮食加工能力比较强，因此，现阶段这些地区的成品粮储备也处于规模比较低、缓慢发展的阶段。

2. 根据地区居民消费偏好确定储备品种

地方成品粮储备大部分以小包装形态进行储备，由于居民饮食消费习惯不同，因而品种储备差异较大。成品粮食储备以面粉、大米为主，有的省将成品粮储备确定为常规储备，从国家下达的地方储备粮油规模中拿出一部分建立成品粮油储备，储备期限为一年。而有的省将成品粮储备列为临时应急储备，即要求加工企业储备一定数量成品粮，地方财政给予一定资金支持，应急状态下政府享有优先使用权，储备期限为半年，到期是否再继续储备则视情况而定。

第4节 国外的粮食储备体系

建立国家粮食储备体系、确保国家粮食安全是各国政府的重要职能和通行做法。各国国情不同、经济发展水平不同，储备粮管理制度、规模和具体的运行机制也存在一定差异。出口国的粮食储备主要是周转库存，而进口国的粮食储备则主要是战略储备。为了保证粮食供应安全和社会稳定，每个国家都会建立一套与其国情和经济发展水平相适应的粮食储备制度。

以下分别对美国、日本、印度等国家的粮食储备体系进行了介绍。

一、美国的粮食储备体系

美国的粮食产量长期居世界前列，年产量一般在3.3亿吨~3.8亿吨，是世界上最大的粮食出口国，在世界粮食市场中居重要地位，出口量约占世界粮食出口量的50%。但每年约有其总消费量40%左右的粮食进入储备。因此，美国的粮食出口和储备对世界粮食市场有很大影响。

1. 储备规模

美国进行粮食储备的目的主要是为了调控市场、稳定价格，确保国家粮食安全。美国粮食总仓储能力约5亿吨，其中农场拥有和控制的粮食仓储能力约3亿吨，占总仓储能力的58%，农场以外的商业性粮仓共有仓储能力约2亿吨，占总仓储能力的42%。近年来，美国政府不断调整储备规模，在管理中更加注重提高效率，不断降低储备管理的运行成本，努力压缩政府开支。同时，积极鼓励农民增加自有储备，扩大社会、农民私人储备的规模。美国的粮食储备主要分为四种：一是正常储备，即粮食生产者和加工商正常经营的周期性库存；二是缓冲储备，即两个生产年度间调节供求的粮食储备，由政府和私人共同参与；三是农民自有储备，即参加自有储备计划的农民储存的粮食；四是政府储备，即政府为确保国家粮食安全而设立的储备，由商品信贷公司经营，在市场粮食价格大大高于农民抛售价格时才予以投放市场。

2. 储备粮管理运行机制

图 10–4　美国粮库

美国政府对粮食仓储业的管理主要通过市场进行调控，通过法规实行有效监督。委托代储粮食储备制度是美国在粮食流通领域实行粮食市场调控、稳定粮食供给、确保粮食安全的主要措施。美国粮食储备的执行机构是联邦政府的农产品信贷公司。

农产品信贷公司给参加农产品计划的农场主提供的为期 10 个月的“无追索权”短期贷款。在贷款到期前，如果粮食市场价格高于贷款本息之和，农民可将粮食出售然后偿还贷款及利息；如果粮食市场价格低于贷款本息之和，则农民在贷款到期时可以不必归还贷款，而是将粮食交给农产品信贷公司，这部分粮食就形成储备；如果市场价格高于贷款本息时，政府需要增加储备，就从市场采购。农产品信贷公司并不拥有粮食仓储设施，而是实行“委托代储”的办法，即粮食储备任务主要是由政府委托那些技术设施、卫生条件较好的商业性粮食储备企业来执行，粮权属于政府，政府支付存储费用以及在储备过程中发生的一切费用，包括损耗和亏损等，而接受政府委托代储任务的仓储企业也必须按照政府的指令行动。

美国政府对粮食的补贴主要通过销售贷款补贴、反周期补贴、固定直接补贴等三种不同形式。分析美国储备粮体系的运行和管理，具有四个突出的特点：①农场储粮是储备体系的主体。②商业性仓储是储备体系的辅助。美国共有商业性粮仓 11818 处，占总仓储能力的 42%。其中，供出口使用的有 66 处，仓储能力为 800 万吨左右。③运用政策性信贷杠杆手段进行市场调控。联邦政府主要通过市场来促进粮食流通，并注重运用政策性信贷杠杆等经济手段对粮食市场进行间接调控。④政府储粮实行委托代储方式。

二、日本的粮食储备体系

日本是一个地少人多、粮食短缺的国家，粮食自给率比较低，除大米外，小麦等主要粮食作物自给率近乎于零，饲料作物全部依赖进口。因此，日本政府非常重视粮食储备，并已经形成了较为完善的管理体系、法律制度。

长期以来，日本作为粮食短缺的国家，尽管每年要从世界市场进口大量小麦和饲料粮（国内消费中小麦的 90% 和饲料的 80% 依赖进口），但大米的进口量基本为零。1993 年，日本发生了“米荒”，使日本政府下决心建立更为明确、有效的粮食储备制度。

1. 储备粮规模

目前，日本大米流通呈现自主流通米（主要由农协销售）、政府米（储备）、计划外流通米（农户自由销售）并行的流通格局。乌拉圭回合以后，日本接受了大米的最低市场准入量，1995~2000 年，大米进口量从 38 万吨增加到 76 万吨，占国内消费量的比例从 4% 提高到 8%。进口大米一部分进入市场销售，一部分作为储备粮。1942 年的《粮食法》规定，政府储备主要负责平衡供求、调控市场、稳定价格和储备紧急用粮。提出大米的储备规模一般为 130 万吨 ~150 万吨，最多不超过 150 万吨。1995 年 11 月，实施了《关于主要粮食供求平衡及价格稳定的法律》（或称《新粮食法》），明确规定设立专项储备，以政府米和部分进口米来充当，规模为 200 万吨左右；由政府与民间共同负责，并以政府为主；民间储备由自主流通米法人负责，费用由政府补贴一部分，通过调整储备以抑制粮价的暴涨暴跌。日本是世界上对粮食实行高额补贴的国家，除对政府米储备费用据实进行补贴外，对生产者在年度末未能卖出的粮食也给予部分储存费用补贴。

2. 储备粮管理运行机制

日本将其粮食储备法制化。在确定粮食储备规模时，日本政府主要考虑以下三个因素：一是储备所需的保管费和政府承受能力；二是考虑储备量对市场供求价格形成的影响；三是考虑可能发生的自然灾害而导致的歉收程度，储备粮源为政府收购米和进口米。不同粮食品种的储备数量随国内收成而调整，比如大米丰收就多储大米，相应减少小麦储备量；大米歉收则多储小麦，减少大米储备。

从 20 世纪 20 年代到 90 年代末，日本的粮食流通体制大体经历了“自由买卖—国家统购统销—流通双轨制—完全市场化”的发展演变过程。《新粮食法》对储备粮的性质、用途、数量和管理都做了明确规定，对设立的专项储备，由政府与民间共同负责，以政府为主。民间储备由自主流通法人负责，费用由政府进行部分补贴。政府的储备大米由政府根据国内生产的丰歉决定是否抛售或增加储备，通过储备的调整平衡市场价格。当跨年库存超过计划储备量时,可将一部分作为追加的政府储备,并根据《自主流通法》进行适当的调整保管,即在生产者和收购团体中,依靠自主流通库存及销售者团体进行自主调整管理。政府储备米的储存期限一般为一年,超过一年就作为饲料粮或出口。粮食管理费用的支出同样是日本政府的重要财政开支。1990~1995 年,政府粮食管理费支出从 33476 亿日元提高到 47381 亿日元,占农林水产省预算支出的比重由 72% 提高到 74%。为保证储备的合理化,降低政府财政负担,日本政府采取了一些有效措施:一是如果有一部分政府米没有完全销售,政府收购的数量将做出相应的数量调整;二是针对日本大米价格较高、在国际市场上没有竞争优势、难以出口的现实,政府为降低政府米的储备数量,减少财政补贴,把一部分超储备规模的大米作为国际援助处理。

三、印度的粮食储备体系

印度是南亚的大国,人口众多,大量的贫困人口和素食者对粮食的消费需求很大。虽然印度是农业大国,但长期以来农产品短缺,1965~1967 年粮食歉收并造成饥荒以后,印度政府开始建立缓冲库存和经营库存为一体的粮食储备体制。

1. 储备粮规模

印度较大规模的粮食储备是在 20 世纪 60 年代大饥荒以后建立起来的。印度粮食储备制度包括缓冲库存和经营库存两种。经营库存是指一年内由于季节因素,为保证全年连续供给而储存的粮食,以解决正常年景两个收获期之间的粮食供给问题。缓冲库存是指在经营库存之外,再储存一部分必要粮食,即粮食安全储备库存,以缓冲由于年度性粮食减产而产生的短缺,从而起到保障供给、稳定粮价和社会的作用。遵照储备制度规定,缓冲库存的临界值为 500 万吨,最佳数量为 1200 万吨(相当于粮食产量的 6.3%)。库存品种主要是小麦和大米,分别占 60% 和 40%。与此相适应,政府拥有 2800 万吨的仓储设施。

2. 储备粮管理运行机制

印度的粮食储备主要由经营库存和缓冲库存两部分组成。经营库存主要用来满足公价粮的销售,由印度粮食公司和邦粮食及居民用品供应部负责,粮权分别属于中央和邦政府的经营机构,其库存量按规定应能维持 3~8 个月的销售量。缓冲库存则全部由印度粮食公司负责,粮权属于中央,其库存量随着国内粮食产量的变动而变动。同时,政府还鼓励和帮助地方建立自己的粮食储备,以形成全国性粮食储备网络。在新粮、陈粮轮换方面,政府规定必须遵循"先进后出"的原则,以保证必要的粮食储备。同时,政府还鼓励和帮助地方建立自己的粮食储备,以形成全国性粮食储备网络。

印度除了建立自己的粮食储备外，还参加了东南亚地区区域性的联合储备。尽管区域性联合储备量仅5万吨，只占印度本国粮食消费量极小的比例，但这种借助区域性力量增加粮食储备的做法，节约了国内储备成本，并对稳定国内粮食供给具有不可忽视的作用。

目前，印度对粮食储备逐渐采用动态管理。在每年4月1日，印度官方最低应维持400万吨小麦和1220万吨大米的缓冲库存。截至2010年，印度小麦和大米的库存分别为1610万吨和2670万吨。印度政府还建有300万吨小麦和200万吨大米的国家战略储备。印度对最低库存量实行动态管理，一年中不同时间点应保有一定量的库存。对于小麦和大米的最低库存设定为：每年1月1日为820万吨和1180万吨，每年4月1日为400万吨和1220万吨，每年7月1日为1710万吨和98万吨，每年10月1日为1100万吨和520万吨。

据印度《金融快报》2014年1月16日报道，根据最新统计数据，印度国家粮食储备从近几年来的5000万吨~5500万吨首次下滑至4200万吨，其中2800万吨为小麦，1400万吨为大米。虽然印度国家粮食储备量下滑，但仍然高于2500万吨的国家粮食战略储备最低标准。

思考与实践

节粮减损

人口总量持续增长、居民收入不断增加，工业化、城镇化进程不断推进，多重因素促使我国粮食消费需求刚性增长，而气候变化及土地、水资源稀缺等因素，导致我国粮食增产潜力有限，粮食供需将长期处于紧平衡状态。同时，粮食产后流通损失浪费相当严重。据测算，我国粮食在储藏、运输、加工等环节的损失浪费量达350亿公斤以上，相当于2亿人口一年的口粮。

粮食流通损失浪费主要发生在粮食收获、农户储粮、粮食收购、粮食储存、粮食运输、粮食加工、粮食消费等7个环节。粮食收获环节：随着农业综合机械的全面推广，我国粮食机械收获能力已大大提高，而烘干设备严重不足，烘干机械化率极低，大部分粮食仍采取露天晒干，遭遇阴雨天气极易造成粮食霉变，从而形成严重的损失浪费。农户储粮环节：农户家庭储粮装具普遍传统、简陋，容易发生霉变与鼠虫害等损失浪费。粮食收购环节：粮食经纪人以及基层粮食收储企业收购处理能力不足，大部分仍然是露天储粮，造成粮食高水分、高杂质。粮食储存环节：粮食仓储设施基础薄弱，收储仓房不符合安全储粮条件，甚至存在危仓老库储粮。粮食运输环节：四散化运输比例低，运输中容易撒漏、受潮、霉变。粮食加工环节：加工技术装备水平不高，粮食过度加工现象严重，副产品综合利用水平低。粮食消费环节：传统的粮食消费观念是追求“精、细、白”，并且外出就餐浪费相当严重。

我国是粮食消费最大的国家，想一想，作为普通消费者在日常生活中应该如何注意节粮减损？

拓展阅读

粮　库

新中国成立以来，我国粮库建设经历了一个规模逐渐扩大、技术水平由低到高的过程。1992 年之前，主要建设的是苏式平房仓，仓容小，机械化水平低，仓容总量也严重不足，有相当一批粮食是露天存放的。1992 年之后，中央和地方开始加大投资，建设了一批机械化程度较高的粮库。1998 年开始大规模推广智能粮情检测、低剂量环流熏蒸、智能通风和高效谷物冷却的粮食储备“四合一”新技术，降低了储粮损耗，改善了出库粮的品质，提高了粮食仓储安全水平。2013 年我国启动“粮安工程”，接下来的 4 年时间里，中央财政累计投资 300 多亿元，带动地方和企业配套投资近 1000 亿元，新建仓容近 1600 亿斤，维修改造“危仓老库”仓容 2460 亿斤；同时实施农户科学储粮项目，配置 1000 万套储粮装具，每年减少粮食损失 25 亿斤以上。

从技术的角度看，绿色化与信息化将成为粮库建设与管理的发展方向。

首先，粮食储藏技术开始从减损降耗、保质安全逐渐向绿色健康、低碳环保的方向转变。政府积极推广绿色储粮技术，大力提倡低损耗、低污染、低成本，保证高质量、高营养、高效益，努力提高绿色储粮技术的应用比例，努力实现粮食保质保鲜、“常储常新”。

其次，以物联网为代表的信息技术在粮库管理中的应用价值越来越被重视。基于物联网技术的粮库管理系统具有实时、高效率、低成本、高稳定性与可靠性等优点。第一，粮食管理部门可以随时了解粮库的粮食储存情况，粮食的测温等工作也可以不受时间或天气的影响。第二，可以减少管理人员进出粮库的频率，减轻工作人员的工作负担。第三，相比于传统的粮情测控系统，基于物联网技术的无线粮库的稳定性与可靠性也有显著的提高，对降低粮食储藏损失、保障粮食仓储安全十分有利。

第 11 章　粮食电子交易

粮食电子交易，是指以粮食为交易目标的交易双方，通过互联网进行和完成信息数据的交换、交易意向的传递和交易的协商等一系列交易活动。

2003 年以来，我国的重点粮食批发市场加快推进信息化水平，探索建立多模式综合电子交易平台，为粮食行业的电子交易平台建设提供了参考。2006 年，中央出台了《国家临时存储粮食销售办法》，首次明文规定准许粮食进行网上流通。2007 年，中储粮集团公司在辖区部分分公司推出电子购销平台，通过中储粮电子购销平台进行一部分粮食的网上销售。

现如今，我国主要粮食批发市场都在积极探讨利用电子交易方式实现粮油的购销交易活动，部分省级粮食批发市场之间展开合作，共同着手构建全国性的粮食电子交易平台，不断创新和完善着电子交易服务模式，粮食电子交易也逐渐成为国家宏观调控粮食市场的重要手段。此外，部分粮油企业利用网站的电子商务平台探索开展线上销售，一些由粮油贸易商转型而来的企业也逐渐建立起专业电子商务网站面向社会提供粮油的网络销售服务。

粮食电子交易的优越性在于：首先，信息公开。通过众多来自不同地区参与者的集中交易，将交易信息在虚拟空间集中化，同时所有交易均在网上明示，提高交易透明度，通过集中交易所形成的价格信息更有权威性和代表性，易于形成行业权威价格，指导现货行情。其次，交易公平。无论企业大小，在同一平台按价格优先、时间优先顺序交易，没有任何歧视。再次，买卖公正。买卖双方，无论是规则还是运作，按照一个基准来操作。最后，简捷方便。电子交易超越了地域限制，避免了传统现货交易的繁琐不便，大大提高了交易效率。

第 1 节　国家粮食电子交易的发展历程

第一阶段（1995~2002 年）：1995 年郑州商品交易所集诚现货网（中华粮网前身）成立，1998 年 12 月第一笔粮食网上交易。自 1998 年以来，通过中华粮网电商平台参与网上交易的粮油企业已有 3000 多家。

第二阶段（2003~2005 年）：2003 年开始，国家发改委利用国债资金，支持重点粮食批发市场信息化建设，2003 年中国（衢州）网上粮食市场建立。

第三阶段（2006 年）：2006 年《国家临时存储粮食销售办法》出台，国家有关部门第一次明文许可粮食可以在网上进行流通，安徽等地推出网上粮食交易。

第四阶段（2007~2009 年）：2007 年，国家通过中储粮集团公司现代电子交易平台，实现了全年国内小麦市场价格的总体稳定，中储粮集团公司网上物资采购平台建立，首次 200 万条塑料编织袋网上采购顺利完成，粮食电子交易平台逐渐成为国家宏观调控的重要载体。

第五阶段（2010 年至今）：2010 年中国网上粮食交易市场开办早稻网上交易会，此后每年连续举办。2014 年国家粮食局粮食交易协调中心成立，开始搭建全国粮食统一竞价交易系统平台。至今我国粮食电子交易进入转型升级的关键时期，但从总体来说，我国粮食电子交易额所占比例仍然较小，发展的空间较大。

第 2 节　国家粮食电子交易平台

粮食电子交易平台，即粮食交易双方的虚拟交易场所，可以实现粮食交易的网上谈判、议价、合同签订、资金结算和电子支付、电子商务等功能。粮食电子交易平台方便了客户与商家的交易，满足了不同类型用粮企业的需求。

我国的国家粮食电子交易平台于 2016 年 1 月 8 日正式上线运行，该平台由国家粮食交易中心搭建，国家粮食交易中心是中国官方负责组织协调国家政策性粮油交易和出库，以及交易资金结算的机构。

2016 年，国家粮食交易中心围绕国家粮食“去库存”部署安排，利用国家粮食电子交易平台共组织国家政策性粮食竞价销售交易会 371 场，累计成交国家政策性粮油 3827 万吨，成交金额 848 亿元；此外，联网的省级国家粮食交易中心利用该平台共组织 750 余场地方各级储备粮油及社会贸易粮油交易会，成交地方储备粮油 516 万吨，成交金额 123 亿元。2017 年，交易平台共组织了交易会 385 场，成交各类粮油 7820 万吨，成交金额是 1365 亿元。其中，成交临储玉米 5640 万吨，成交率达 58.9%。应当说，国家粮食电子交易平台为国家粮食“去库存”发挥了主渠道作用。

国家粮食交易中心和各省级交易分中心联网交易，共同组成国家粮食交易中心体系，网络服务覆盖全国，实现了统一平台、统一交易、统一结算。粮源存储地覆盖了全国 31 个省（区、市），交易品种涵盖小麦、稻谷、玉米、大豆、菜籽油、进口豆油等所有大宗粮食产品。

图 11-1　国家粮食电子交易平台

一、平台建设现状

目前，国家粮食电子交易平台发挥的作用主要是政策性粮油竞价交易。平台已经成为政府加强宏观调控、保障市场供应、合理引导粮食价格、活跃粮食市场的重要载体和有力抓手，为发挥市场在资源配置中的决定性作用，培育公开、公平、公正的良好市场环境发挥了积极的作用。

1. 交易平台建设不断加强，功能日趋完善，为交易顺畅提供了重要的技术保障

不断优化系统功能，用户界面更加友好，设计也更加科学合理，充分体现以人为本。引入 CA 认证、电子签章等技术，实现了网上交易、网上签约、网上开出库单、网上验收确认、网上处理商务纠纷等，同时与银行网银实现了对接，交易商户在线转账，安全便捷，资金可以实时进出，实现了交易全程无纸化网上操作。同时根据用户需求开发了物流运输

服务板块并嵌入系统，进一步完善了平台系统功能，丰富了服务手段。平台人性化设计及日趋完善的功能，为买卖双方降低购销成本、减少人为误差、提高流通效率、保证交易安全提供了有效的技术保障。

2. 开拓创新，利用平台开展贸易粮交易，迈出了改革创新关键和重要的一步

根据国务院统一部署，2016 年取消玉米临储收购政策，改为“市场定价、价补分离”，实行“市场化收购＋补贴”的新机制。为适应玉米收储制度改革需要，国家粮食交易中心利用现有资源和技术，提升平台功能、延伸服务，积极开拓贸易粮网上交易工作。2016 年 12 月 12 日，“全国玉米市场化电子交易暨黑龙江省农民粮食购销专场”在黑龙江省哈尔滨市启动，这是国家粮食交易中心首次应用平台直接帮助农民销售粮食，也是利用“互联网＋”推进粮食收储制度改革的一次有益尝试。

3. 全国联动、上下配合的协同机制日趋完善

国家粮食局粮食交易中心和联网的省级国家粮食交易中心共同组成国家粮食交易中心体系，前者负责搭建全国粮食统一交易平台、协调粮食交易和出库、组织粮食交易资金结算等工作，后者具体负责承担辖区内粮食交易会员管理、交易组织、商务处理、办理地方粮食交易资金结算等工作。2016 年以来，国家粮食交易中心体系在协调商务纠纷及协调出库中做了大量卓有成效的工作，合同实际履约率 97.49%，同比增加 2.2%；合同如期判定率 99.67%，同比增加 13%；合同违约率 1.47%，同比下降 9.26%；合同终止率 0.54%，同比下降 82%，均处于历史最低水平。

二、平台未来的发展

国家粮食交易中心体系发展要不断顺应粮食收储制度改革的需要，必须加快转型升级，在做好政策性粮食竞价交易，保障政策性粮食交易顺畅、安全可靠的同时，还要努力做好粮食市场化贸易的主体、唱主角，将全国粮食统一竞价交易系统由单一的政策性粮食竞价交易升级打造成交易品类多样、交易方式灵活、交易功能齐备，服务高效、运转规范、安全可靠、国内一流、国际有影响力的国家粮食电子交易平台，在构建形成以国家粮食交易中心体系为龙头、以多元市场主体为基础、以互联网技术为手段的新型粮食购销体系中发挥主导作用。为此，需要从以下几个方面加强顶层设计：

1. 开拓创新，加快提升平台的功能

将平台功能由以粮食交易、资金结算为主，拓展为集粮食交易、资金结算、物流运输、质量检验、业务融资、信息咨询、信用评级、会展商务、品牌推广、监管保障为一体，线上交易、线下服务有机融合的综合性粮食服务平台。在交易品类上，由只拍卖政策性粮食扩

展为既有政策性粮食又有贸易粮、既有原粮又有成品粮等多品类的粮油；在交易主体上，向生产者和消费者两头延伸，拓展买卖交易主体，增加种粮农民、种粮大户、家庭农场及农民合作社等粮食生产经营主体卖粮，吸引军粮采购、工矿企业、机关学校、单位食堂等集中用粮大户通过平台买粮；在交易方式上，由单一的竞价拍卖方式扩展为交易双方自由选择的竞价交易、协商交易、粮食订单（中远期）等灵活多样的交易模式。

2. 规范管理，加快提升平台安全性能

采取有效措施维护交易公平公正，建立良好的粮食交易秩序，打造透明、公平、诚信的交易平台，增强平台公信力。借鉴国内外电商平台先进的管理理念、经验和方法，打造安全、规范、高效的平台，建立健全粮食交易风险控制制度，完善平台灾备系统建设，采取人防、技防、制度防相结合的综合防控措施，确保会员资金安全、信息安全、交易安全，维护粮食交易平稳健康运行。

3. 强化宣传，加快提升平台服务水平

国家粮食交易中心要采取多种措施广泛宣传发动，让粮食生产、经营、消费主体清楚平台交易程序和流程，了解平台交易的优势，熟悉交易系统功能和软件操作，营造线上交易的良好氛围。要加强与用粮大户交流，采取召开座谈会、走访调研、电话沟通、在线联系等方式，实时掌握用粮大户需求动态，提供个性化服务。要深入企业和农户，广泛开展调研，了解市场供需情况，为农民免费提供粮油现货行情咨询，指导种粮农民组织粮源，引导农民合理定价，实现优质优价。要加强粮食交易队伍建设，注重政策学习和业务培训，提高粮食交易工作人员素质和水平，提升服务会员能力，确保粮食交易安全、便捷、高效。

特别是要加强对大数据、云计算在交易过程中的应用研究，深度挖掘整理粮食交易数据资源，真实、客观、快速地掌握粮食供求关系动态，及时提供发布行情分析预测、市场价格预警、采购价格指数等信息服务，创新服务内容和方式，不断满足会员交易需求，并为国家粮食宏观调控提供有效的决策参考。

第 3 节　粮食电子交易模式

按照粮食电子交易在数量、时间、主体等方面的区别，可以将粮食电子交易区分为不同的模式。按照交易数量，可以分为批发市场交易与零售市场交易。按照交易的时间，可以分为现货交易和远期交易（含期货、期权）。按照交易主体的差异，可以分为 B2B、B2C、C2C、G2B 等不同的模式。

在现实中，上述各类交易模式往往彼此交叉组合，形成各种不同的具体交易模式。例如，中粮集团和招商局集团携手打造的粮食电子交易平台“粮达网”，其交易模式同时兼具批发交易、现货交易、B2B 等性质。而在淘宝、天猫、京东等网络平台上开设的各种粮食类店铺，或者一些企业自建的粮食零售网站，则兼具零售交易、现货交易、B2C 等性质。

接下来，分别介绍一下我国粮食电子交易的不同模式。

模式一：粮食的网上期货交易 B2B

郑州商品交易所 1990 年现货起步发展期货交易，改革开放以来，中国期货交易所与其他国家不一样，均采取电子撮合交易的方式。2017 年我国粮食农产品期货、期权交易 7.89 亿手，交易额达到 40.88 万亿元。

模式二：国家储备粮拍卖交易 G2B

G2B 模式是指政府储备商品向市场抛售。2016 年 1 月 8 日，全国粮食统一竞价交易系统（国家粮食电子交易平台）正式上线运行。2017 年 1 月 9 日，升级改版为国家粮食电子交易平台。2017 年共组织国家政策性粮食竞价及挂牌交易会 766 场，累计成交各类粮油 1.15 亿吨，成交金额 2183.7 亿元，粮食成交再创新高。

模式三：大宗商品电子交易 B2B

2015 年 11 月，中粮集团和招商局集团注资 3 亿元携手上线了粮食电子交易平台“粮达网”，围绕大宗农粮产品现货交易，立足中间市场打造第三方平台，为买卖双方提供公平、公正的一站式服务。2016 年，“粮达网”新增交易商 2982 家，累计注册交易商 4350 家，现货挂牌交易总额高达 236 亿元。此外还有苏州市粮食批发交易市场的“良粮网”、大连粮食批发市场易粮网（B2B+O2O）、“粮多多”的一站式综合服务平台、大米网（中国大米第一门户网站）。

模式四：各类网络零售模式

各类网络零售模式 B2C、C2B、B2B2C 是针对终端消费者的电子商务，2017 年交易预计超过 160 亿元，具体来说包括两大类。第一类：在阿里、京东网络平台上建旗舰店、开特色馆，如吉林东福米业、梅河大米公司和柳河国信米业 8 家企业入驻淘宝“吉林大米馆”。第二类：独立建立网站或者平台，如“我买网”采取“双品牌”运营模式，即采取“中粮集团”和“我买网”两个品牌来进行市场运营与市场推广。

模式五：粮食企业 O2O 模式

西安爱菊粮油集团全面启动社区电子商务项目——“电商 + 店商”O2O 模式。

模式六：粮食网上交易会模式

粮食网上交易会模式是指政府通过网络交易会的形式吸引买卖双方在平台上进行粮食交易活动，如中国网上粮食市场早稻交易会。

除了上述介绍的各种电子交易模式外，中国粮食电子交易还有中米网及其中国大米产业联盟、成品粮 B2B 交易平台易粮网、吉粮集团的“微粮”微信平台、山西粮易模式等。

思考与实践

粮食电商的趋势

粮食电商将与国家战略紧密结合。农村电商在乡村振兴战略中发挥较大的作用，2018 年农村网络零售额达到 15000 亿元，增长超过 30%，其中粮食电商交易额也有较大的增长。粮食电商将与智能农业、农产品电商、生活服务业电商、日用电商及扶贫电商等相互融合发展，推动农村一、二、三产业的转型，同时在脱贫攻坚中发挥其作用。

粮食电商生态圈、生态链加快形成。粮食电商各种要素、各类组织形成相应的生态关系，在供应链基础上的电商会促进农村资源配置更加优化，粮食电商促进农村、农业生态关系形成，推动农村农业可持续发展。

粮食电商 + 智慧农业成为时尚。新一代互联网、移动网、物联网、大数据、云计算、人工智能等新兴技术进一步应用到粮食电商领域。新兴技术的应用及普及将会赋予粮食电商新的动能，帮助解决粮食产品上行中遇到的质量、标准和产业化等难题。

粮食电商跨境发展空间广阔。我国是一个粮食生产、贸易、消费大国，每年生产 6 亿多吨粮食，近些年每年进口粮食 2 亿吨左右。2017 年我国进口大豆达到 9553 万吨，大麦 886.35 万吨，高粱 505.7 万吨，油菜籽 474.83 万吨，但是大多不是通过网上电子交易方式进口的。随着“一带一路”倡议的推进，跨境电商有利于释放“一带一路”沿线各国巨大的农产品市场需求，加速推进“一带一路”沿线国家农产品贸易及时互通、互惠互利，让沿线各国人民受益。

你认为粮食电商的未来发展还会出现哪些趋势？

拓展阅读

“一带一路”的粮食电子交易市场建设

“一带一路”沿线60多个国家丰富的农业资源和技术需求，为我国农业“走出去”和“引进来”开辟了广阔的前景。粮食安全是我国和“一带一路”沿线国家共同高度关切的问题，在粮食领域开展合作可以说是打造利益共同体、命运共同体和责任共同体的最佳切入点之一。近年来，特别是2017年北京“一带一路”国际合作高峰论坛之后，大多数“一带一路”沿线国家都在探讨跨境电商，其中便包括粮食的跨境电子交易。

从长远来看，我国粮食供求将始终处于紧平衡状态。依托“一带一路”倡议，充分利用国际资源，助阵粮食“引进来”、“走出去”，实现粮食优质资源的互补相通，将成为我国与“一带一路”沿线国家经济合作的一大契合点，更为我们参与全球粮食资源配置、有效利用两个市场、两种资源保障国家粮食安全拓宽了渠道、提供了平台。

“一带一路”倡议的实施，有利于加快推进粮食物流体系现代化，有利于加快推进优势区域粮食产业集群化，有利于加快推进粮食资源配置全球化，有利于全球性的粮食电子交易市场的形成。

推进物流通道和节点建设，建设涵盖“一带一路”沿线各国的粮食电子交易市场，让沿线各国粮食资源实现跨区域、长距离、大规模、高效率流通，是开展国际间粮食贸易等合作交流的重要前提和基础。

“一带一路”的粮食电子交易市场建设，应将以下几点作为目标：第一，积极参与世界粮食贸易规则制定，参与粮食定价、粮食储备、粮食配额、粮食援助规则制定及活动。第二，开展国际粮食贸易、易货贸易与合作（包括转基因方面合作），加强交流和沟通，充分利用全球资源，构建粮食产业链和供应链。第三，实现国家粮食安全、国际区域粮食安全、全球粮食安全的目标。

第 12 章　粮食加工业

粮食加工是指通过机械加工、化学反应、微生物分解等方法进行工业化处理，将粮食原料或者半成品转化为食品、饲料和工业原料等产品。

粮食加工业是一个永不坠落的、关乎国计民生的、与人民生活密不可分的朝阳产业。粮食加工业包括括稻谷加工业、小麦加工业、玉米加工业、薯类加工业、大豆食品加工业、杂粮加工业、传统主食品加工业、饲料加工业以及粮机装备制造业等细分产业。

在整个粮食产业中，粮食加工业衔接粮食生产和消费，具有承上启下的作用，是最重要的价值创造主体和流通枢纽。改革开放以来，我国的粮食加工产业得到了蓬勃发展，实现了粮食加工业的现代化，加工能力居世界之首，科技水平、装备水平、主要经济技术指标和产品质量等方面已经接近世界先进水平。随着粮食流通市场化和粮食经营产业化向纵深推进，粮食加工业在粮食全产业链中的中枢和先导作用更加突出，已成为推动农村一、二、三产业融合发展和提升粮食产业整体实力的关键环节。

第 1 节　粮食加工业现状

2017 年，全国粮食加工业总产值达到 2.9 万亿元，比 2012 年增长 27.3%；粮食加工处理能力达 11.9 亿吨，实际加工粮食 5.3 亿吨，加工转化率达 86.3%。但是，粮食加工企业多而不强。粮食流通经营链条短，产品质量不稳定，精细化程度低，一些附加值高的优质粮食产品市场供给有限。

一、粮食加工产能

我国大米面粉产量居世界首位。

2015 年世界大米产量 4.8173 亿吨左右，其中中国大米产量 14250 万吨，占世界大米产量的 29.06%。而其他国家的产量分别为：印度 10660 万吨，印度尼西亚 3630 万吨，越南 2780 万吨，泰国 2051 万吨，缅甸 1680 万吨，巴基斯坦 607 万吨，美国 660 万吨，澳大利亚 600 万吨。

2015 年世界面粉产量为 3.577 亿吨左右，其中，中国面粉产量为 8000 多万吨，占世界面粉产量的 22.37%。而美国为 1600 万吨左右，俄罗斯 1000 万吨左右，英国 800 万吨左右，法国 600 万吨左右，加拿大 280 万吨左右。

中国五得利面粉集团日加工小麦 4 万吨，日产面粉 2.8 万吨左右，是世界规模最大的面粉加工企业。美国 Ardent 面粉集团日产面粉 2.4 万吨，其规模为世界第二。美国 ADM 公司日产面粉 1.36 万吨，其规模为世界第三。其次是益海嘉里、中国中粮集团、印尼 Bogasari、法国 Soufflet、日本 Misshin。

但另一方面，我国粮食加工业也存在着产能严重过剩、市场恶性竞争、企业效益低下的问题。目前，粮食加工企业普遍开工不足，产能过剩。过剩的产能与有限的粮源产生矛盾，导致企业“无粮下锅”。许多地方存在加工企业相互争抢粮源的问题，如黑龙江省方正县水稻年产 50 万吨，而当地大米加工企业 100 多家，规模较大的东方粮油集团、秋然米业和新龙米业年加工水稻能力总和就高达 80 万吨。秋然米业 2/3 的粮源来自本地，其余来自于周边县市，如通河、延寿等地。加工产能过剩造成资源巨大浪费，企业开工不足直接影响企业的经营效益。

根据欧美国家对于产能利用率“合理界限”的认定，产能利用率的正常值介于 79%~83%，超过 90% 则存在产能不够，有超设备能力发挥现象。若产能利用率低于 79%，则存在产能过剩。这样看来，2008~2014 年中国粮食加工业产能利用率在 41% 左右，远低于 79% 的临界值，粮食加工业存在产能过剩。其中，大米加工业、植物油加工业和杂粮及薯类加工业的产能利用率低于行业的平均值，存在非常严重的产能过剩；大米加工业和面粉加工业产能利用率约为 29% 和 46%，相对稳定；玉米加工业产能利用率分别为 77.24%、76.71%、50.23%、49.92%、45.30%、45.85% 和 51.54%，产能利用率在波动中大幅下降（见表 12-1）。

表 12-1　中国粮食加工业的产能利用率

年份	大米加工业	面粉加工业	玉米加工业	粮食加工业
2008	29.81%	47.46%	77.24%	43.26%
2009	29.47%	45.47%	76.71%	41.52%

续表

年份	大米加工业	面粉加工业	玉米加工业	粮食加工业
2010	29.97%	47.19%	50.23%	40.07%
2011	28.91%	47.80%	49.92%	40.89%
2012	28.92%	47.35%	45.30%	40.97%
2013	28.46%	44.66%	45.85%	39.48%
2014	29.27%	44.68%	51.54%	39.51%

根据我国《粮食加工业发展规划(2011~2020年)》,到2020年,需要分别淘汰稻谷加工落后产能3000万吨、小麦加工产能1500万吨、玉米淀粉加工产能300万吨。

二、粮食加工产业链

在发达国家,粮食加工后可增值1~4倍,农产品加工业产值与农业产值之比在3∶1以上,美国已经达到5∶1,而中国是0.5∶1,差距相当明显。粮食加工转化能力和产业链条的长度是影响企业经济效益以及粮食经济发展的重要因素。

而我国的粮食加工企业多数以初级加工为主,深加工规模较小,产业链条过短,产品附加值不高,粮食本身巨大的财富和利润空间不能得以深入和充分的挖掘,包括稻壳、米糠、麸皮在内的粮食加工副产物综合利用率较低,产业链不完整,缺乏深度开发利用,产品附加值低。多数企业主要在粮食加工“最浅”的领域竞争,初级加工能力严重过剩,企业开工严重不足,利润空间相对狭小。由于产业链较短,导致产品种类单一匮乏,进一步加剧了同业企业间的过度竞争,导致了企业同构、缺乏协作以及哄抢原料、低质低价竞争等现象。

近年来,在国内的粮食加工企业也出现了一些可喜的变化,部分先进企业已经开始深化产业链,并且取得了良好的经济效益和社会效益。例如,玉米加工企业原本主要生产淀粉、酒精、燃料乙醇,随着这些低端市场的产能逐渐饱和,市场竞争越来越激烈,企业利润率降低;鉴于这种状况,部分先进企业开始在提高技术、深化产业链、增加附加值的方面做文章,通过增加研发资金投入,以玉米淀粉为原料,深度开发出了淀粉糖、多元糖醇、赖氨酸、柠檬酸、变性淀粉等食品添加剂,以及部分生物医药制剂,这些产品广泛应用于健康食品、功能饮料及医药、无抗饲料等领域;这种产业链上的深度发掘,对玉米基本上实现了“吃干榨净”,不仅增加了企业的经济效益,也带来了良好的社会效益。

三、粮食加工产业集中度

以粮食加工业子行业的产品销售收入为权重，通过加权平均法计算出的2010年和2011年的中国粮食加工业CR_4、CR_8和CR_{10}分别为24.92%、29.56%、30.59%和26.38%、31.61%、32.94%，中国粮食加工业的市场集中度偏低，属于竞争型市场结构。进一步来讲，粮食加工业CR_4、CR_8和CR_{10}的数值相差不大，再考虑到大型国有粮食集团在各地区拥有举足轻重的地位，从而我国粮食加工业具有一定的寡头垄断特征。此外，与发达国家粮食加工业相比，中国粮食加工业市场集中度相对较低。以面粉加工业为例，美国、日本和法国的CR_4指标分别为64%、66%和42%（国家发展改革委产业协调司课题组，粮食工业发展战略研究，2010），而近年来我国面粉加工业CR_4仅为8%左右，远低于发达国家的水平。

按照贝恩的六等级市场结构分类标准，选取年产量指标对中国粮食加工业子行业进行分类，2010年植物油加工业属于中下集中寡占型市场结构，杂粮及薯类加工业属于低集中寡占型，其他子行业都属于竞争型市场结构；2011年植物油加工业属于中下集中寡占型市场结构，其他子行业都属于竞争型市场结构，分行业的中国粮食加工业市场集中度具有显著的不均衡性。中国粮食加工业子行业市场结构差异明显。其中，2010年和2011年大米加工业、面粉加工业的CR_4和CR_8均低于10%，远低于贝恩的30%和40%的集中度标准。而植物油加工业不仅市场集中度高，行业内前十位的企业基本上都是外企和国有企业，2010年植物油加工业前十位企业植物油的总产量中外企占58.17%，国有企业占41.83%，2011年则分别为56.48%和41.14%。

根据上面的数据，可以认为我国的粮食加工业总体上还是呈现出一种“散、小、弱”的格局，多数粮食加工企业规模偏小，生产经营方式粗放，市场竞争能力不强。在我国，既有资产数百亿美元的大型粮食加工企业，也有数量众多的、广泛分布于乡镇农村的小型、微型加工企业。例如，2015年，湖北省潜江市大米加工企业有32家，年加工规模10万吨的企业仅有潜江市巨金米业有限公司一家，年加工规模5万吨的企业有6家，占比为19%，年加工规模小于5万吨的企业有25家，占比为78%。

小企业多数加工设备和技术落后，没有质量控制系统和检验仪器，经营方式较粗放，这种低水平加工，不仅不能保证粮食制品质量标准，而且还造成资源浪费、环境污染、效益低下。另外，这些小企业由于规模小而无法产生规模经济，再加上分布散乱也无法产生聚集效应，进一步加剧了整个产业的高耗、低效。因此，我国粮食加工产业急需转型升级。

四、粮食加工产品结构

近些年，中国主食工业化生产有了快速发展，特别在面制主食如馒头、面条、饺子、焙烤食品及米制主食保鲜米饭、方便米粉、八宝粥等有了一定规模的工业化生产，尤其为了适应社会的需求，速冻主食工业化生产得到了快速发展。在中国传统面制主食的种类和相对比例中，馒头、面条、水饺居前三甲。中国5000年的饮食文明造就了品种多样、花色繁多的传统主食品种，其中馒头、面条、水饺等是独具特色的代表主食品种，已占面制食品总量的85%，馒头、面条的面粉消费量分别为30%和35%，是我国小麦及面粉的主要转化消耗渠道之一。

随着城镇化的发展，主食消费需求也出现新的趋势。健康、营养、美味、方便的主食消费理念逐渐兴起，一些新的主食产品开始流行，例如：

（1）马铃薯馒头悄然兴起。近年来各种杂粮馒头兴起，特别是最近国家提出马铃薯主食化以后，马铃薯馒头研制成功，在京津地区已广泛上市。马铃薯馒头除符合国家提出的马铃薯主食化战略，还含有面粉没有的胡萝卜素和膳食纤维，所以营养好。但马铃薯馒头中70%还是需用强筋面粉，所以小麦面粉仍然是馒头和面条的基础原料。

（2）生鲜面和半干面发展迅速。连锁快餐店和面馆快速发展的需求，我国食品“冷链”物流网络的形成，家用电冰箱、电磁炉、微波炉等设备的高度普及，以及消费者对快速、便捷食品的追求，为生鲜面和半干面的发展提供了基础。

（3）方便米饭等米制主食品工业化发展迅速。米饭是中国百姓的重要主食，2/3的人以米饭为主食，但由于米饭在保鲜、菜肴搭配、风味等方面一系列难题的困扰，米饭的工业化生产比馒头更难。近些年，保鲜米饭、冷冻米饭、速煮米等方便米饭及保鲜米线、方便米粉等米制主食和调理方便米制食品已进行工业化生产。

但另一方面，粮食产品仍以初加工为主，专用型、功能性产品偏少，综合效益低，2010年糙米、留胚米、营养强化米产量仅占全国大米产量的3%，专用小麦粉、全麦粉产量仅占总量的11%；部分大米、小麦粉产品过度加工，造成粮食资源浪费和营养成分流失。

五、粮食加工技术

当前，中国大米、小麦面粉加工的科技水平、装备水平、主要经济技术指标以及产品品种和质量等诸多方面已经达到或接近世界先进水平。近10年来，中国粮食加工科技已取得许多重大科研成果。

稻米与副产品深加工高效增值创新技术在国内取得突破，该成果已经获国家科学技术进步二等奖，这项成果在稻谷加工技术方面取得了突破性成果，如生物酶、分子修饰、挤压、超细粉碎等，并在国内首次研究并建立了稻米与副产品深加工高效循环增值系统。

高品质蒸谷米加工关键技术和产业化取得突破，该技术攻克了利用早籼稻生产高品质蒸谷米的关键技术，解决了目前普遍存在的早籼稻食用率、利用率低下的问题，通过研究早籼稻的加工特性和营养特点，重点解决了影响蒸谷米品种的 5 个关键性生产技术，包括变压分级浸泡、双温变速干燥、通风缓苏、辅助碾白与产品质量评价。这项成果的应用，使出米率提高了 18% 以上（最高达 71%），生产效率与国外相比提高了 1.5 倍，而成本较国外下降 20%。同时，营养品质有了大幅度提升，其中 VB_1、VB_2 和铁含量分别增加了 267%、67% 和 135%。

稻米主食生产关键技术及产业化研究取得成功，研制与开发了有机糙米粥口感好且减少营养物质流失的生产工艺与技术；研究成功蒸煮特性和口感好的营养复合米生产工艺及关键设备。

米制品加工基础理论和关键生产技术研究取得新突破，研究了稻米淀粉组分、米淀粉糊化、米淀粉老化与凝胶化等基础理论和米制食品生产关键技术，为中国袋装、灌装等各类包装的熟制方便米饭及糙米糊、米粉等米制食品的快速发展提供了技术支撑。

高效节能与清洁安全小麦加工新技术研究与应用取得突破性进展，研发了多项独具特色的小麦湿法、干法加工工艺，并且开发出磨撞均衡出粉等制粉新技术，使中国制粉工艺处于国际先进水平，该成果获国家科学技术进步二等奖。

小麦专用粉和传统面制品工业化生产技术与装备开发取得新突破，研制了面条、馒头、饼干等 30 种食品专用小麦粉，开发了方便面、挂面、馒头、水饺自动生产线，提高了产品获得率，降低了能耗，优化了产品结构。

小麦硬度测定技术及其设备的开发取得突破，解决了小麦收购、储运及加工环节由于缺乏量化的小麦硬度测试技术而导致无法对小麦科学定等、合理调整制粉工艺以及影响小麦粉出率等技术难题。

随着科技水平的整体进步，通过自主创新和引进消化吸收，中国粮食加工设备和工艺已经达到国际先进水平，并且已经走向国外市场。通过自主创新和引进消化吸收，并应用计算机辅助设计和制造、精密铸造、数控加工中心、数控折弯冲压、激光切割、机电一体化和自动化控制等先进技术和手段，新产品不断涌现，质量和性能不断提高，大型粮食加工成套设备制造技术提升较快，日处理稻谷 300 吨、小麦 1000 吨的成套设备与工艺达到国际先进水平，不仅能满足国内粮食加工业发展需要，同时也远销国外。

稻米加工装备在谷糙分离机、色选机、厚度分级机、大米抛光机等设备研发，小麦加工装备在磨粉机、撞击机、平筛、清粉机等主要设备的研发等诸多领域已达到或接近世界先进水平。

但我们也要看到，我国粮食加工业的基础研究还比较薄弱，国家工程技术中心、工程实验室和企业研发中心等创新平台数量较少，自主创新能力不足。创新人才和经营管理人才不足，关键技术装备的开发大多处于仿制阶段，科技成果储备少、转化慢，高品质产品少，制约了粮食加工产业升级。

第 2 节　粮食加工业的发展方向

一、产业链深化

现代粮食加工业实际上是一种典型的技术密集型产业，其产业链的延伸可以产生很多高附加值产品，这些高附加值产品完全摆脱了初级产品的属性。

以水稻加工为例，传统粗放型水稻加工以制取大米为主要加工目标，不仅米糠等副产品没有得到充分利用，稻壳随意抛洒所形成的环境污染也一直是难以解决的环境矛盾。而现代化的稻米加工全产业链，可以将稻米“吃干榨净”：大米加工后的碎米、抛光粉、副产品米糠等，可以通过再加工处理，生产营养健康的糙米食品、休闲食品等；稻谷加工的废弃物——稻壳，可以取代燃煤烧锅炉，也可以发电；稻壳灰可以卖给大型钢厂做保温材料，也可以利用其制取活性炭和白炭黑，从稻壳灰中提取的高分散型白炭黑较普通白炭黑更具补强性，不仅能显著地增加橡胶的强度，更能降低轮胎滚动阻力，提高车辆的燃油经济性。以全国年产两亿多吨水稻作理论测算，产生的 4000 万吨稻壳全部燃烧发电，可替代近 2600 万吨标煤，并减少约 30 万吨二氧化硫的排放。如果副产品米糠全部用来榨油，相当于约 1300 万吨大豆的出油，这等同于为国家节约 1.1 亿亩大豆的种植耕地。

再比如国产大豆，如果用作榨油，与进口大豆相比没有任何竞争优势，拯救国产大豆必须依靠加工技术创新所带来的产业链延伸。在新的产业链模式下，国产大豆经过不同的生产线可以被加工成豆油、糖蜜豆皮、酱油豆粕、食用豆粉、浓缩蛋白、分离蛋白、组织蛋白等总计 200 多种精深加工产品。即使是精炼豆油产生的废白土、皂脚、脂肪酸等副产品，也会被油脂化工企业悉数回收，完成循环再利用。依靠这种模式，国产大豆的独特优势被充分开发，内在价值实现了 100% 转化增值。

二、主食产业化

我国传统主食基本以手工制作为主，直到改革开放以来，才向工业化生产发展。随着人们生活方式的改变，人们对健康、便捷的工业化主食产品的需求将越来越多。为适应这一需求趋势，政府正在深入推进主食产业化，加快推进馒头、面条、方便米饭等米面主食制品的工业化、规模化、标准化生产，以及社会化供应、产业化经营。根据粮食行业“十三五”发展规划的要求，“十三五”期间，我国面制主食产品工业化率将达到30%，米制主食产品工业化率将达到20%，主食加工业的发展空间还很大。

图 12–1　食品加工生产线

三、产品多样化、健康化

我国人均 GDP 已超过 8000 美元，对粮食的需求从温饱型向营养健康型转变，粮食消费进一步多样化。馒头、面条、饺子、米饭等传统主食类型已经逐渐难以满足居民的饮食需求，迫切需要企业针对人们的需求开发出新的产品。因此，专用米、专用粉、全麦粉等新型营养健康产品，市场潜力大、附加值高、科技含量高的方便食品、休闲食品，将成为未来的发展方向。

四、加工技术高科技化

21 世纪科学技术迅猛发展，正在导致世界新的粮食加工学科革命，其特点和内涵是通过粮食加工科学与生物技术、信息技术、计算机科学、化学化工、管理学等更多学科的交融，从深度与广度上大大推进粮食加工科学的更新与拓展，并以技术创新为先导，促进新兴产业的形成与发展，使现代粮食加工业呈现出高科技化的趋势。

思考与实践

粮食加工业转型升级

近年来，政府积极推动粮食加工业转型升级，主要体现在以下方面：

（1）主食产业化工程。加快推进以传统蒸煮米面制品为代表的主食产业化进程。

（2）粮食深加工转化工程。发展基于分离、提取、改性及生物技术的高附加值、高技术粮食深加工产品，延长产业链条。

（3）粮食副产物综合利用工程。大力发展粮食加工副产物的综合利用，提高企业综合效益，带动相关产业发展。

（4）粮食产业集群工程。打造一批特色粮食加工产业园区，引导粮食企业向园区集聚，发挥产业集群示范效应。

（5）粮机装备现代化工程。发展自主知识产权为主的粮食加工装备制造业，提高大型粮食加工装备的工艺技术、精准控制和智能化水平。

如果你是一家粮食加工企业的负责人，你觉得还可以采取哪些措施来促进企业的转型升级？

拓展阅读

全谷物食品

根据美国谷物化学师协会（AACC）的定义，全谷物（Wholegrain）是指完整、碾碎、破碎或压片的颖果，基本的组成包括淀粉胚乳、胚芽与麸皮，各组成部分的相对比例与完整颖果一样。

全谷物不仅含有丰富的B族维生素、镁、铁和膳食纤维，还含有多酚、维生素E、单宁、类胡萝卜素、植酸、木质素和木脂素等常见抗氧化成分，而且还含有一些果蔬食品中少见但具有很高营养价值的抗氧化成分，如 γ－谷维素、烷基间苯二酚、燕麦蒽酰胺等。

全谷物食品由于高膳食纤维、低脂肪、低饱和脂肪酸、低胆固醇和低热量，具有一定的保健功能。通过研究发现，全谷物摄入能够帮助避免癌症、心血管疾病、糖尿病和肥胖症的发生，同时减少冠心病的发生率，吃全谷物食品也能够极大地控制隐性疾病的发生。全谷物食品能够极大地增加膳食纤维，增加饱腹感，控制血糖，特别是餐饮之后延长进食的时间。停经期妇女也能够改善其健康状况。部分中年人，如果吃全谷物食品替代非全谷物食品，能够减轻体重。如果一天能够吃三次全谷物食品，可以极大地降低肥胖症发病率。

通俗地说，全谷物食品，通常指用没有去掉麸皮的谷物磨成的粉做的食物，包括糙米、燕麦片、全麦面包等。我们常吃的普通面粉、精米等的主要营养成分是淀粉、蛋白质和少量维生素，而维持机体健康所需的大量膳食纤维、维生素、矿物质则蕴含在麸皮里，所以全谷物食品能给人体更全面的营养。

当然，全谷物食品也并非多多益善。全谷物食品作为粗粮，如果做的不够熟烂、过量食用或者咀嚼不充分，会给肠胃带来额外负担，肠胃功能较弱的幼儿、老人可能会出现消化不良、腹胀等不适症状。因此，美国农业部也只推荐每天食用的谷物中有一半是全谷物。而最适合被推荐食用全谷物食品的人群，则是糖尿病患者、心脑血管病患者和营养过剩的人。

第五篇

世界粮食市场

归园田居

陶渊明（晋）

种豆南山下，草盛豆苗稀。
晨兴理荒秽，带月荷锄归。
道狭草木长，夕露沾我衣。
衣沾不足惜，但使愿无违。

第 13 章　世界粮食贸易

世界经济的发展，加快了各国商品和生产要素的流动，密切了各国经济往来和国际分工协作，促进了世界各国经济一体化、贸易全球化的进程。随着世界贸易的蓬勃发展，世界粮食贸易已成为世界贸易的重要组成部分，并发挥着平衡世界粮食供需、维护世界粮食安全的积极作用。基于资源禀赋、生产方式、科技水平的差异，世界各国通过国际贸易平衡粮食需求、调节粮食结构，推动了世界粮食市场的形成和粮食贸易的发展。

随着全球化的推进，加上中国元素的参与，国际粮食贸易进一步深化，竞争更为激烈，呈现出新的格局。

第 1 节　世界粮食贸易状况

一、主要出口国和主要进口国

随着世界粮食贸易的发展，粮食出口主要集中在美国、欧盟（法国）、加拿大、俄罗斯、澳大利亚、阿根廷等几个粮食生产国。

1. 主要出口国

美国是世界上最大的粮食出口国，年出口量约 1.5 亿吨，占世界粮食贸易总量的 40%。加拿大是传统的小麦出口国，其小麦以质量好而闻名于世。近十年来，加拿大小麦年平均出口量为 1900 万吨，是世界第二大小麦出口国。澳大利亚也是传统的小麦生产国和出口国。

欧盟是世界最大的粮食贸易区，也是世界粮食的主要生产区和消费区。法国是欧盟最大的农业生产国，是仅次于美国的世界第二大农产品出口国。法国小麦、玉米产量居世界第五位，是世界第五大粮食生产国。法国是欧盟最大的小麦和玉米出口国。

2. 主要进口国

世界小麦进口国分为两类：一是完全依赖进口型的国家，有日本和韩国等；二是进口补充型的国家，有中国、意大利、巴西和埃及等。世界玉米进口国依次为日本、韩国、墨西哥、埃及以及中国香港地区和台湾省，这几个国家和地区的玉米进口量占全球玉米进口量的60%左右。世界大米进口国主要是亚洲国家，有印度尼西亚、日本、韩国、菲律宾以及中国香港地区。

中国、欧盟和日本是世界上最大的大豆进口国。中国粮食进口主要是大豆，20世纪90年代中期以来，大豆进口量超常规增长。

二、主要粮食品种贸易地区

1. 小麦

近些年世界小麦贸易量超过1.1亿吨。主要小麦出口国包括美国、加拿大、澳大利亚、欧盟国家、阿根廷和俄罗斯，其中美国占世界小麦贸易量约1/3，以上出口地区合计占世界小麦贸易量80%左右。而小麦进口国家较分散，主要是埃及、欧盟国家、日本、巴西和印度尼西亚，进口量占世界进口总量的27%。

2. 玉米

近年来，世界玉米贸易量为9000多万吨。玉米的出口国家比较集中和固定，主要是美国、阿根廷、中国和巴西，其中美国玉米出口量最高达世界玉米出口量的75%，四国玉米出口量占世界出口总量均在93%左右。近些年来乌克兰和巴拉圭年出口量均超过150万吨。而玉米进口国家相对较分散，主要是日本、韩国、墨西哥、欧盟和中国的台湾地区，进口量占世界进口总量的53%。

3. 大米

近年来，世界大米贸易量为3000多万吨。世界大米贸易主要集中在亚洲，主要出口国包括泰国、印度、越南、巴基斯坦、美国和中国等，近几年六国大米出口量占世界出口总量均在87%左右，泰国常年出口量为800万吨~1000万吨，居世界首位。大米进口国较分散，主要是日本、印度尼西亚、尼日利亚、菲律宾、沙特阿拉伯、孟加拉国、科特迪瓦、伊朗和中国。其中，中国过去很少因为国内稻谷短缺而从国际市场大量进口。

4. 大豆

2018年，世界大豆贸易量超过15200万吨。大豆的出口国家比较集中和固定，主要是北美和南美洲的美国、巴西、阿根廷，三国大豆出口量占世界出口总量均在90%以上；进口国家也较集中，主要是中国、欧盟、日本、墨西哥和中国的台湾地区，进口量占世界进口总量的 80% 以上,近年来中国大豆进口量占世界大豆贸易量的 50% 左右。

三、农产品贸易保护

农产品贸易保护最早出现在西方发达国家,它由农产品出口补贴和农产品进口限制两部分内容组成。

1. 农产品出口补贴

农产品出口补贴分为直接补贴和间接补贴,直接补贴的方式是西方发达的粮食生产大国为了争夺国际市场,同时也为了在国际上取得更有利的地位,采取压低粮食的出口价格,使出口价格与受到保护价格支持的国内价格之间出现差价,由政府给予补贴的方法来推销粮食;间接补贴是指出口国政府对农产品出口给予某种财政上的补贴,比如,给予农产品出口退税或减免税等,以降低出口农产品的成本,增强其在国际市场的竞争力。

2. 农产品进口限制措施

农产品进口限制措施是指在发达国家采用出口农产品补贴后,其他国家为了保护本国的农业免受侵害,对农产品的进口实施的一系列限制进口措施。它分为关税措施和非关税措施。关税措施就是以提高税率为手段形成关税壁垒;非关税措施指进口国对进口商品采用许可证及配额限制商品的进口数量,以保护国内农产品的生产。

在推进粮食商品自由贸易的进程中,一些跨国粮商实现了全球化经营、全环节利润和全市场覆盖,近乎跨国垄断全球粮食贸易。如在世界粮食贸易中,ADM、邦吉、嘉吉和路易达孚四大粮商垄断了全球 80% 的粮食贸易。这些跨国粮商与主要粮食出口国扮演“双簧”,左右国际农产品市场。

随着 WTO 的成立,各成员国关税有所下降,但以美国为代表的国家仍然给予本国农业大量的补贴,且短期内没有改变的迹象。发达国家每年的农业补贴总额高达 3000 多亿美元,严重扭曲了国际粮食贸易,冲击了一些发展中国家的粮食及其农产品生产,加上跨国粮商对全球粮食贸易的垄断,全球粮食的贸易自由仍然任重而道远。

四、世界粮食贸易中心

1. 泰国曼谷

泰国是世界主要的稻谷生产国之一,其以优越的自然条件、对稻谷品种和品质的改良、加工技术的提高、加大对外宣传和促销力度,以及采取灵活的营销和出口策略,大大增强了国际市场的竞争力,成为世界上最重要的大米出口国。20 世纪 90 年代以来,泰国大米出口量占世界大米出口的 35% 以上,雄居国际市场榜首。泰国曼谷大米交易价格成为世界大米交易的计价标准。曼谷已发展成为世界最大的大米交易中心。泰国农产品期货交易所在 2004 年开始交易，进一步提升和巩固了曼谷世界大米交易中心的地位。

2. 美国芝加哥

芝加哥是世界期货交易的源头所在地，美国芝加哥期货交易所又称芝加哥谷物交易所，是世界上历史最悠久、规模最大的期货交易所，也是最具代表性的农产品交易所。这里交易的谷物、大豆等期货商品的指数，即是国际市场的价格指标，全世界每年有 70%~80% 的谷物在此买卖。

3. 荷兰鹿特丹

鹿特丹位于欧洲莱茵河与马斯河河口，西依北海，东溯莱茵河、多瑙河，可通至里海，有“欧洲门户”之称。第二次世界大战后，随着欧洲经济复兴和共同市场建立，鹿特丹港凭借优越的地理位置得到迅速发展，20 世纪 60 年代以来，吞吐量在 42 年间一直保持世界第一大港地位。荷兰在地理上是欧洲小国，但鹿特丹港拥有可覆盖整个西北欧的独特地理位置，它可以充分利用其转运功能将各种货物运往世界各地。鹿特丹港独特的地理位置、巨大的货物吞吐和集运能力，使其成为世界食用油料、油品的最大贸易中心，世界大豆、油菜籽、花生等油料、油品和饼粕也多以鹿特丹离岸价（到岸价）计价。

此外，中国是粮食和油料生产、消费和进口大国，随着加入 WTO 及粮油流通的市场化，中国的粮食期货市场发展很快，郑州商品交易所的小麦价格以及大连商品交易所的大豆、玉米价格也已成为世界粮食贸易的重要参考价格。

五、世界粮食贸易计价方法

国际粮食贸易计价方法有三种：一是离岸价格（FOB 价），船上交货计价；二是到岸价格（CIF 价），含成本、保险费和运输费；三是不包括成本运输费在内的价格（CFR 价）。

世界粮食贸易主要品种计价大致分类如下：①小麦：以美国 2 号硬红冬麦计价；②玉米：以美国 2 号黄玉米计价；③大豆：以美国 2 号大豆计价；④大米：以泰国大米（不超过 5% 的碎米率）计价。

第 2 节　世界粮食贸易新特点

一、粮食贸易呈现贸易保护与贸易自由化交织并存的新常态

在粮食危机的冲击和影响下，世界粮食贸易主要国家对粮食资源和粮食市场的掌控

与竞争日益激烈，以此促进和保障本国粮食安全战略利益的实现。如以美国为首的发达国家，通过农业补贴、关税保护、先进技术、市场定价权等手段，占据出口主动权，在“粮食自由贸易”的掩饰下推行其贸易保护主义，促进和保障粮食出口在世界粮食市场的优势地位。美国新的农业法案进一步加大了农业补贴力度，在继续保留原有的农业种植各类固定补贴等手段外，再次提高了农产品目标价格空间，并且为保障收入首次制定了直接补贴政策。

一些传统的粮食出口大国，主要以“奖入限出”、隔离外部冲击为特征，在供需紧张时期直接采取限制出口等措施，防止高粮价对本国的物价体系和资源体系的冲击。如俄罗斯为应对粮食危机，于 2010 年 8 月宣布暂时禁止出口小麦及小麦产品，禁令范围涉及小麦、混合麦、大麦、黑麦等，这立即引发了全球小麦价格暴涨。为防止外资冲击粮食产业链安全，一些国家开始限制与粮食和农业生产资料相关的产业投资，对外资建设农业生产基地、开拓耕地资源的投资进行政策限制。

二、粮食贸易日益成为维系一国粮食安全的重要途径

粮食贸易是保障粮食安全的重要手段。粮食危机一方面引起了粮食“保守主义”思潮的抬头，另一方面也促使了粮食主要贸易国谋求更加稳定可靠的粮食国际贸易途径，以调节粮食生产余缺、维护本国农民利益和确保本国粮食安全。虽然导致 2008 年世界粮食危机爆发的原因有很多，但一个最根本的原因是粮食供求失衡。为此，粮食主要贸易国应致力于粮食贸易渠道的稳定和可靠，通过国际市场调节粮食余缺，平衡本国粮食供求，有效防控本国粮食波动。

中国作为世界上最大的粮食生产国和消费国，在推进城镇化、工业化、现代化的发展中，受耕地、淡水等资源约束，粮食存在缺口是长期的客观现实。近年来，粮食进口已经成为我国统筹利用“两个市场、两种资源”，调剂余缺，确保国内粮食安全的重要手段。既要保持战略定力，确保谷物基本自给、口粮绝对安全，又要利用好国际市场、国际资源，这成为新时期保障粮食安全的共识。

2008 年金融危机和粮食危机后，为解决进口来源地集中的问题，防止受制于人，作为全球粮食进口大国的日本，大力实施多元贸易主体、开拓海外农产品市场战略，鼓励贸易主体多元化与进口地多元化，支持本土粮商“走出去”开拓海外种植基地，开展粮食贸易，强化上下游产业链控制。在日本政府的大力支持下，三井物产在巴西购买了 10 万公顷农田，三菱商社收购了巴西粮食收购公司 20% 的股份。2015 年，日本五大商社在南美地区的粮食收购量达到 2200 万吨，占日本全年粮食进口总量的 3/4。这些“大粮商”在保

障日本粮食稳定供给的同时，还为中国等新兴国家供应粮食，逐步成为世界有影响力的大粮商。日本的海外农业战略的实施，为本国粮食进口渠道的稳定提供了保障，并推动本国粮商迅速成长为具有国际影响力的跨国粮商。从某种意义上来看，日本虽然是粮食产不足需的粮食小国，但是通过粮食贸易途径已成长为粮食大国。

三、世界粮食贸易进出口地区日益两极化

粮食危机的爆发，使得各国更加意识到保障粮食国际贸易稳定发展的重要战略意义。虽然全球经历了经济金融危机，出现贸易保护主义抬头现象，但是经济全球化、贸易自由化的趋势和大方向没有改变，市场开放和自由贸易在不断调整的贸易规则和秩序中进一步得到推进和深化。这其中的动力机制主要源于以跨国公司为代表的市场力量，加速商品、服务和生产要素的跨国界流动和国际化生产经营在全球的扩展，及其背后为跨国垄断资本服务的西方发达国家政府，为极力推行贸易投资自由化而进行的各种经济合作与国际协调。因粮食在世界各地资源禀赋的巨大差异，以及在现代科技条件下，粮食生产从劳动密集型产品到资本和技术密集型产品的转变，美、欧等发达国家和地区利用其资本和技术优势，使粮食生产成本大为降低，占据国际贸易竞争优势，出现粮食贸易的“马太效应”，使得进出口地区出现两极化。世界粮食主要出口地区日益向几个具有资源优势、资本和技术优势的美国、欧盟、澳大利亚、加拿大等主要粮食生产大国和地区集中。而粮食进口地区主要集中在发展中国家，这些国家在人口增加、工业化城镇化推进中对粮食进口需求增加，自身粮食生产体系也受到农业自由贸易体制冲击，由于竞争劣势增加，失去了本来在一定程度上具有的本地化供给体系。

四、美国粮食贸易霸权成为维系和强化美国全球霸权的重要支柱

美国前国务卿亨利·基辛格有一句很有影响力的名言：如果你控制了石油，你就控制了所有国家；如果你控制了粮食，你就控制了人类；如果你控制了货币发行权，你就控制了世界。石油、粮食、美元成为美国独霸世界的三大利器。与次贷危机对美元造成的打击不同，粮食危机反而使美国在世界粮食市场的地位更加突显，成为美国稳定霸权地位的新支柱。美国依靠其发达的农业生产力、人少地多的资源禀赋、领先的农业科技水平，将粮食作为服务其国家战略的重要组成部分，通过推行有利于粮食霸权的规则制定，占据国际粮食贸易的制高点，对粮食贸易实施强力控制和调节，实现其贸易霸权下主动进攻的粮食安全战略。

美国以高额补贴、低价倾销为特征，在世界粮食市场上占据主导地位。美国的农业

补贴制度起源于1933年大萧条时期，当年美国通过《农业调整法》建立了平仓制度以平稳农产品价格。2002年美国出台了《农业安全与农村投资法案》，计划在六年内财政给予支持达到1185亿美元。2008年粮食危机爆发后，美国新制定了《农业法案》，对农业补贴提高到前所未有的2900亿美元。美国通过实施巨额的农业补贴政策，得以在国际市场上倾销粮食，并具备了控制国际粮食市场的条件。

巩固有利于美国的国际粮食贸易规则，掌握主要商品市场粮食定价权，占据粮食贸易制高点，是美国实施粮食霸权战略的关键。二战后美国主导的全球多边贸易体制的建立与发展，为美国农产品进入全球农产品市场打开了广阔空间。在制定世贸组织《农业协议》时，美国给自身留下充足的补贴空间，通过巨额出口补贴等规则，对玉米、小麦、水稻、高粱等粮食作物提供了名目繁杂的各种补贴。美国于2009年加入了TPP，TPP新规则对中国农业的弱点具有相当的针对性。2015年10月5日，在奥巴马政府的主导下，环太平洋的美国、加拿大、墨西哥、智利、文莱、秘鲁、日本、澳大利亚、新加坡、新西兰、马来西亚和越南等12个国家达成了TPP新协定，该协定将成员国之间的关税完全削减为零，同时在许多方面增加了新的要求和标准。我国与TPP国家间的农产品贸易非常紧密，如果中国加入美国主导的TPP，粮食进口将面临粮食关税大幅下调或关税配额增加的挑战，必然对我国粮食安全带来巨大外部冲击。虽然，美国新当选总统特朗普最终未予批准TPP，但是美国主导针对性很强的区域贸易协定的战略意图一览无余。

美国通过操纵国际规则，掌控国际粮食贸易市场，在全球粮食市场具备了“翻手为云、覆手为雨”的能力，成为实现其霸权战略的重要支柱。

思考与实践

2008年全球粮食经济危机

2008年，国际上曾出现过一次较为严重的粮食危机，主要波及非洲、拉丁美洲、亚洲等数十个国家，就连“世界粮仓”美国也曾受到一定的波及，美国两大零售商——沃尔玛旗下的山姆会员店和全美最大仓储式零售店“好事多”曾宣布采取特别措施，对顾客购买部分品种的大米数量加以限制。

这次危机从2007年初已经有所表现，当时国际谷物出口价格大幅上涨。为控制谷物价格上涨对国内粮食消费的影响，无论是谷物进口国还是出口国的政府均采取了一系列政策措施。

在北部非洲，摩洛哥政府把小麦进口关税削减至历史最低水平。政府还考虑对软粒小麦的进口实施私有化，并向以特定基准价以上的价格采购的进口商提供国家补贴。在埃及，政府大幅提高了粮食补贴，并与哈萨克斯坦签署了 2008 年以优惠价进口 100 万吨小麦的双边协议。在西部非洲，在贝宁和塞内加尔，两国政府采取了一系列旨在抵消谷物价格大幅上涨影响的措施，包括价格管制和免税政策。在东部非洲，埃塞俄比亚政府禁止主要谷物的出口和粮食囤积，并中止了世界粮食计划署用于紧急干预的当地采购活动。政府还对奢侈品进口征收 10% 的临时性附加税，为粮食补贴措施提供资金，包括以补贴价向城市低收入家庭发放小麦。在南部非洲，南非计划对面向贫困人口的社会救济款数额进行调整，以减轻粮食价格上涨的影响。在赞比亚，由于该国近期发生洪涝，尽管 2007/2008 贸易年度（5 月 /4 月）玉米有大量盈余可供出口，但政府再次重申对所有新合同实行出口禁令。在津巴布韦，政府继续对以补贴价出售的玉米、小麦和高粱的进口进行管制。虽然由于下手早与马拉维签署了进口 40 万吨玉米的合同，部分减轻了 2008 年进口价格上涨的影响，但国内消费价格膨胀（2007 年 11 月为 26000%）大大蚕食了消费者的购买力。

请查阅资料，并对此次粮食经济危机的成因进行分析。

拓展阅读

国际四大粮商

国际四大粮商为世界五百强企业，即美国 ADM、美国邦吉、美国嘉吉、法国路易达孚，人们习惯根据它们名称的第一个字母，把这四家称作“ABCD”。

一、ADM 公司（Archer Daniels Midland）

ADM 的创始人早在 1902 年就开始了相关的生意，但在 1905 才在美国明尼苏达州明尼阿波里斯注册了 Archer Daniels 这个名字，现在 ADM 公司的总部设在美国伊利诺伊州狄克多市。公司成立后，随着之后几年的发展，ADM 将势力扩大到威斯康辛、纽约等地。当资本慢慢积累后，1923 年并购了米兰亚麻子产物公司（Midland Linseed Products Company）后，公司正式更名为 Archer Daniels Midland，声名显赫的 ADM 公司便由此诞生了。ADM 逐渐扩大经营范围，增加了面粉工业、食品加工业、饲料业、特殊食品业、可可业以及营养品工业等。20 世纪 80 年代起，ADM 开始走向世界。1983 年在香港设立亚太分公司；1986 年进行在欧洲的扩张，在荷兰和德国进行收购；2000 年正式进入中国。时至今日，ADM 已成为巨大而又盘根错节的跨国公司。它旗下的企业包括食品、饮料、食疗以及饲料等，共约 270 家各种各样的制造工厂分布在世界各地，从事可可、玉米加工、食品添加物、营养补助品、类固醇、食用油等的生产和市场推销。除此之外，它还从事有关农粮储备与运输交通等大型行业。现在，ADM 是当今世界第一大谷物与油籽处理厂，美国最大的黄豆压碎处理厂和玉米类添加物制造厂，美国第二大面粉厂和世界第五大谷物输出交易公司。

在四大粮商中，ADM 向来以注重研发著称，它不断通过化学研究支撑其发展状大，现在与宝洁还有良好的合作关系。几乎在生物燃料出现之初，ADM 就迅速成为美国最大的生物乙醇生产商。而在美国前总统布什提出生物燃料计划后，ADM 更是十分支持，还招来了某石油公司的前首席执行官为公司的首席执行官。仅 2007 年，公司用于活化燃油的投资就高达 10 亿美元以上，是世界第一大活化燃油乙醇的生产者。公司还宣称将在 2009 年之前，在这个领域投资 23 亿美元，并且和大众等公司开展一系列的合作计划。

二、邦吉公司（Bunge）

邦吉，由其创始人Johann Peter Gottlieb Bunge1818 年在荷兰的阿姆斯特丹创立，1859 年由其孙子将总部迁至比利时。公司初期主要从事海外殖民地香料与橡胶生意。1876 年，公司迁至阿根廷，开始其在美洲的发展。在犹太粮食交易商赫斯（Alfred Hirsch）加盟后，生意开始扩及其他的农作物，包括各种粮食与油籽。1935 年，邦吉进入北美地区。之后，公司在南北美地区迅速发展。1999 年，其将总部正式迁至美国纽约。2000 年邦吉正式进入中国。基于全球均衡发展的思想，2004 年邦吉又加大了在东欧地区的投资。时至今日，邦吉在全球 40 个国家拥有 450 多个工厂，已发展成为世界第四大粮食出口公司。据公开报道称，邦吉目前是巴西最大的谷物出口商，美国第二大大豆产品出口商、第三大谷物出口商、第三大大豆加工商，全球第四大谷物出口商、最大油料作物加工商。除了粮食加工与出口，邦吉还将营业范围扩展到了纺织、化肥、油漆以及银行等行业，工厂和业务遍及巴西、美国。

在四大粮商中，邦吉以注重从农场到终端的全过程为名，在南美拥有大片农场，一边向农民卖化肥，一边收购他们手中的粮食，再出口到其他国家或者进行深加工。

三、嘉吉公司（CARGILL）

嘉吉公司（CARGILL），由原籍苏格兰的海运商威廉·卡基尔（William Cargill）

兄弟于1865年在艾奥瓦创立，1868年其将工厂迁至明尼苏达，1875年又将其总部迁至威斯康辛。现在嘉吉年营业额高达900亿美元，年获利达25亿美元以上，是美国第二大私有资本公司，法国第三大粮产输出公司，美国最大的玉米饲料制造商，美国第三大面粉加工企业和屠宰、肉类包装加工厂，最大的养猪和禽类（如肉鸡、火鸡）养殖场。它的粮食输出和交易业务，不但是美国第一，而且是世界第一。同时，它还拥有全美最多的粮仓，从食品的生产、包装到市场的每一个环节，全部一手包办。其公司业务横跨五大洲及66个国家，堪称世界之最。此外，它还拥有超过100亿美元资产的避险基金——黑河资产管理（Black River Asset Management）和从事高科技及高回报（包括基因工程等）的生物工程研发计划。

嘉吉公司主张开放自由贸易，它的发展战略主要是开发第三世界的潜在市场，因而对环境的破坏（如南美热带雨林植被被狂砍等）非常显著。

四、路易达孚公司（Louis Dreyfus）

路易达孚公司（Louis Dreyfus）是一家跨国集团，由法国人列奥波德·路易·达孚创建于1851年，总部设于法国巴黎，开创和发展了欧洲谷物出口贸易，现在是世界第三及法国第一大粮食输出商和世界粮食输往俄罗斯的第一出口商。150多年来，路易达孚集团的业务已扩展到十分广泛的领域，与有影响力的欧陆政治人物互通声气，后期建立的路易达孚银行是法国第五大银行。由于在许多国家和地区设有机构，公司在世界各地参与经营多种多样的商业活动，年销售额超过200亿美元。位于巴黎的总部通过管理及制定公司的发展策略，统筹策划整个集团的商业活动。目前，路易达孚的分支机构遍布全球，主要位于布宜诺斯艾利斯、伦敦、巴黎、圣保罗、美国的威尔顿和孟菲斯。

路易达孚的最新生意活动是从事全球性活化燃油的生产和经营，包括制造和交易经由发酵或合成方式生产的乙醇，它用以制造发酵式乙醇的主要原料是蔗糖和谷类等农作物，在巴西拥有两处巨大的发酵式乙醇制造厂。通过设在伦敦等地的办事处，路易达孚积极从事着乙醇从生产到目的地的交易，以及乙醇市场的开发，目的是要让乙醇市场全球化。

路易达孚集团在全世界范围内从事谷物、油料、油脂、饲料、大米、肉食、食糖、咖啡、棉花、天然及人造纤维、电力、天然气、石油及石油产品的贸易以及政府债券和金融证券业务。路易达孚集团的分支机构遍布全球，为跨地域的采购及销售提供了极大的便利与优势。

第 14 章　中国粮食进出口贸易

2011 年中国已经成为全球最大的农产品进口国，2017 年中国进口各类农产品超过 1.5 亿吨，在世界粮食市场的地位举足轻重。中国坚持立足国内、谷物基本自给的粮食政策，保障中国谷物市场的基本稳定，对全球粮食安全是巨大的贡献。但中国资源禀赋决定依靠本国资源难以解决全部农产品和食品需求，充分利用国际国内两个市场和两种资源，是解决中国粮食问题的必然选择。

当前中国进入了高质量发展阶段，中国消费者的需求越来越多样化和高标准，企业的国际化程度也越来越高，国际合作的意愿也非常强烈。这要求我们必须走向世界，与国际接轨。中国 13 多亿人口的巨大体量为世界粮食贸易注入了持久动力，随着合作的加深，中国粮食安全与世界粮食贸易之间的联系更趋紧密。

第 1 节　中国粮食进出口贸易发展历程

从经济角度看，农业具有弱质性，但同时也具有较强的外部性，在经济发展中起到基础性作用。与其他国家相比，我国农业水平较为薄弱，所以我国政府一直重视农业的发展，在生产和贸易两方面都积极地给予支持和保护，为现代化建设提供了物质保障。加入 WTO 后，为了提高我国农业国际竞争力，我国加大了发展农业的力度，在农业进出口贸易方面取得了很大进步。总体来看，我国粮食进出口贸易经历了四个阶段。

第一阶段，粮食贸易以净出口为主（1949~1978 年）

1949~1978 年，我国粮食贸易以出口为主，进口为辅。为推进国家的工业化建设，我国实行统购统销政策，以粮食作为抵债物，向前苏联换取先进机器设备和技术，同时外汇的主要来源也依靠粮食出口获得，因此在这个时期，粮食进出口完全按照国家的政策管理，带有浓重的政治色彩。

另外，在国际市场中，中国的粮食贸易伙伴极少，很多资本主义国家对新诞生的中国实施“禁运封锁”政策，我国与国际粮食市场基本没有交流。在该阶段我国平均每年净出口为220万吨，种类为稻米和大豆，而进口则微不足道。

第二阶段，粮食贸易以净进口为主（1979~1991年）

1978年以后，我国经济水平不断提高，政府逐渐减少了贸易限制，扩大了进出口规模，我国近30年来，大多年份以净进口为主，而且进出口差距不断拉大，粮食国际贸易重要性显现。

第三阶段，粮食贸易进出口交互阶段（1992~2001年）

20世纪90年代，我国粮食进出口互有博弈，波动较大，对外贸易的积极性显著提高，出口规模迅猛扩大，进口规模相对稳定，呈现了进出结合、余缺调剂的贸易格局。

第四阶段，进入国际贸易体系阶段（2002年~至今）

加入国际贸易体系后，中国粮食进口额迅猛增加，而出口额总体趋势走低，进出口差额逐年拉大，最近连续13年为净进口国，而且短期内不会改变。

第2节　中国粮食进出口概述

我国粮食出口品种主要有玉米、大米和小麦，但出口量微乎其微；进口品种以大豆为主，进口量逐年攀升。在贸易发展过程中，粮食进出口结构经历了较大变化，主要表现为：大豆出口比例减少，进口比例增加；玉米出口比例先升再降，进口增加；小麦进出口较为平稳；稻谷出口比例下降。

一、中国粮食进口状况

我国是粮食进口大国，目前年进口量居世界第一，基于经济和人口发展需要，粮食缺口将不断扩大。在过去的几十年间，我国发生了翻天覆地的变化，随着粮食需求的变化和供给的波动，我国各粮食品种的进口状态都发生了不同的改变。

第一，小麦进口。小麦进口地区相对集中，主要进口来源地是加拿大、美国和澳大利亚。

第二，大米进口。中国是世界上最大的水稻生产国和消费国，2010年之前始终是水稻净出口国，主要出口对象是亚洲和非洲。2010年之后中国成为大米净进口国，主要进口国为越南、巴基斯坦、缅甸。2012年大米进口额增长，主要进口国为越南、巴基斯坦和泰国。

第三,玉米进口。中国进口玉米主要来自美国、缅甸、老挝、泰国等,如2012年,美国、老挝、缅甸三国的进口量总和占我国玉米总进口量的99%。总体上,中国玉米进口国比较集中,美国占据显著位置。

第四,大豆进口。1995年前我国一直是大豆出口国,而1995年后我国大豆进口量开始逐年增加。当前,我国大豆进口数额远高于其他粮食品种并且居高不下。我国大豆进口的主要来源国为美国、阿根廷和巴西。

2004年以来,我国大豆进口量逐年递增,处在进口粮食品种的第一位置,最高达到95.2%。导致我国大豆进口量逐年递增的主要原因有以下三点。

第一,大豆需求不断增加。大豆主要的用途有两方面:一是加工成植物油用于消费,二是利用大豆加工副产品豆粕作为优质饲料原料。随着我国人口数量增加和人民生活水平的提高,大豆压榨需求量逐年上升,同时国内养殖业的迅速发展也促进了豆粕需求的提高。另外,新兴的大豆蛋白产业也加大了对大豆的需求,可见大豆需求的上升与人民生活、食品加工业、畜牧业的发展相关。

第二,国内大豆供给不足。为顺应WTO规则,我国于1996年最早开放了大豆市场,导致大豆价格任随市场调节,失去了国家保护,同时,大豆增产能力面临技术瓶颈,尤其是非转基因型大豆,单产能力低于玉米等其他粮食作物,权衡经济效益高低,很多农民放弃种植大豆而改种玉米,致使国内大豆种植面积逐年缩减,供给能力止步不前。

第三,进口大豆来势汹汹。国际粮商抓住了我国大豆竞争力弱、总需求大但供给不足的短板,在WTO协议的框架下,大量向我国出口转基因大豆,利用数量、价格优势占领我国大豆市场,并设立企业、工厂,意在垄断国内整个大豆产业链。

二、中国粮食出口状况

2001年入世以来,我国农产品出口贸易面临机遇与挑战,我国政府一直积极地扶持农业生产和贸易,提高农产品质量,调整农产品贸易结构,促进了我国农产品出口的发展。

第一,小麦出口。我国小麦出口在2007年达到历史最高水平(307万吨),近几年来,小麦出口量下降,出口主要对象为印度尼西亚、菲律宾、马来西亚等国。

第二,大米出口。我国粮食在1999~2003年间连续减产,稻谷产量下降,导致大米供应减少,大米价格上升,大米出口数量下降,2012年出口量仅为28万吨,同比下降45.9%。

第三,玉米出口。中国是世界玉米生产、消费大国,需要玉米出口来调节国内市场和缓解东北玉米库存压力。我国玉米出口主要集中在香港、日本、韩国、马来西亚等。

第四，大豆出口。我国在 1995 年之前是主要大豆出口国，但由于大豆种植经济效益低，增产难题没有实质性突破，导致大豆种植面积萎缩，单产增长缓慢，总产量不高，农民收入受打击，种植积极性低落。近年来，由于需求加大，大豆进口量增长迅速，2000 年成为世界第一大豆进口国。随着我国大豆贸易总量的提升，我国大豆出口总量不增反降。但是 2018 年，全年大豆进口 8803.1 万吨，同比下降 7.9%，这也是近七年来首次下降。

三、中国粮食净进口量迅速增长的原因

从中国海关公布的数据来看，我国粮食出口规模萎缩明显，而进口规模加速扩大，尤其从 2000 年以后，我国粮食净进口量不断加大。导致这种情况的原因主要有以下三个方面。

第一，饲料用粮和工业用粮的增加。油脂压榨工业主要原料为大豆和菜籽，我国市场上超七成份额的豆油都是靠进口的转基因大豆压榨而来，同时养殖业的发展对大豆的副加工产物豆粕需求加大，导致大豆进口量增加；另外，饲料用粮主要依靠玉米，而且新型的能源产业和工业酒精生产目前也主要使用玉米秸秆，因此玉米的进口量也开始加大。

第二，国内外粮价的差异。2008 年全球爆发金融危机后，国际粮食价格曾经一度暴涨，但从 2010 年之后，各个粮食品种的国际价格开始出现下跌趋势，而中国国内的粮食价格却只增无减。为保护农民收入，提高种粮积极性，我国一直实行粮食保护价格政策，以较高价格大量收储粮食，其付出的代价就是粮食库存的高积压率和国内粮食价格的持续攀升。目前国内外的粮食差价非常明显，我国所有的粮食品种的价格都要高于国际市场。无论是粮食贸易企业还是粮食加工企业，都必然会在追求利益最大化的驱动下，将进口粮食作为首选，即使进口配额使用上达到上限，也会挖门盗洞地拓宽途径获得进口，甚至走私粮食。中国粮食价格成为了世界高地，进口多、出口少是市场对价格差异的正常反应。

第三，进口粮食显现品质优势。以大米为例，日本大米、泰国香米已经在国内形成了品牌效应，“进口大米更好吃、更安全”的说法在民间广为流传，经济条件偏好的居民开始加大对进口粮食的购买。以小麦为例，小麦是面食的主要原料，进口的小麦粉小而均匀，制作的面食更加绵密和顺口，同时面筋的稳定性更好，面筋韧性更强。在粮食市场上我们可以发现，高筋小麦和低筋小麦大多为进口产品，国内小麦在品质对比和消费者认可上都要稍逊一筹。

第3节 中国粮食进出口贸易政策

一、中国粮食进出口贸易政策的演变

改革开放以来,我国粮食进出口贸易政策可划分为五个阶段。

第一阶段,1994年以前,我国实行国家计划经济体制,粮食作为国计民生的重要物质,还没有被当作一般商品看待,被认为必须由国家强力控制。这一时期的粮食国际贸易不是市场经济下一般意义上的贸易,而是由国家指定的外贸公司进行粮食外贸,每年的进出口数量都由国家计委确定,分配给各省市,再由有粮食进出口经营权的企业对外签约履行合约。

第二阶段,1995年至1996年,国内粮食价格上涨较大,国内通货膨胀严重,我国政府单方面毁约,停止了粮食出口,加大了粮食进口,造成了国内粮食价格的暴涨,同时也严重影响了我国与多个粮食贸易国家的商贸关系。

第三阶段,1997年至2002年,政府出台了多个鼓励粮食出口的政策。这一时期中国已经确定了市场经济体制的改革取向,在加入WTO前后,中国政府已经有意识地运用世界贸易规则来处理粮食贸易问题。2002年4月,我国对铁路运输的稻谷、小麦、大米、小麦粉、玉米、大豆等征收的铁路建设基金实行全额免征,同时国务院批准对大米、小麦和玉米实行零增值税税率政策,并且出口免征销项税。

第四阶段,2003年至2008年,我国又再次遏制了粮食出口,政府从2007年12月取消了稻谷、小麦、大米、小麦粉、玉米、大豆等原粮及其制粉84种农产品13%的出口退税。2007年12月财政部宣布将对57种农产品征收出口关税,其中小麦出口关税达到20%,加工大米、玉米和大豆制成品的出口关税为10%,未加工原粮则是5%。2008年1月开始,我国政府对小麦、玉米和大米粉实施出口配额政策。

第五阶段,2009年至今,政府在粮食贸易方面没有实施明显的政策干预。

出口方面:我国于2009年7月1日起,对小麦、大米、大豆等粮食产品取消了出口暂定关税,对出口粮食既没有出口补贴支持,也没有出口关税限制。

进口方面:我国主要采取进口配合的调控手段,对超出配额的进口粮食征收高额关税,按照商务部发布的2015年粮食进口配额数量来看,我国当前的进口规模还没有超出配额限制。

二、粮食出口政策的作用

2009年之前，我国对粮食出口有严格的限制，对粮食征收出口关税，用以保障国内粮食的供给。随着粮食产量的提升和国内粮食库存压力的提高，我国于2009年7月1日起对小麦、大米、大豆等粮食产品取消出口暂定关税。目前，我国对出口粮食既没有出口补贴支持，也没有出口关税限制：不补贴出口，是因为我国粮食总体供需情况始终吃紧，国内粮食缺口不断扩大，我国不会鼓励粮食过多的外流；不限制出口，是因为我国粮食需要参与到国际市场中去，培养具有竞争力的粮食优势品种，提高国际粮食市场的话语权。

从表面来看，我国当前“不补贴，不限制”的出口政策显得政府“不作为”。而实际上，这是我国在考虑到国内需求不断扩大、国际贸易又日益重要的双重因素下做出的权衡选择，合乎现在的国内实情和国际状况，当这种贸易环境发生变化时，我国对粮食出口必然也会做出相应的政策调整改变。

三、粮食进口政策的作用

当前经济形势下，我国粮食进口政策主要发挥两方面的作用：一是要把粮食顺利地引进来，填补国内的需求缺口；二是要控制粮食进口的数量和价格，减少对国内粮食产业的冲击。一方面，在解决粮食问题上，我国的方针政策已经发生了变化，从过去倡导的“自给自足”到“立足国内、适度进口”，可以看出从国际市场适度引进粮食已经成为我国农业政策上的明确方向。在进口品种上，除了转基因粮食种子外，几乎所有粮食种类都获得了农业部的进口批准；在进口途径上，也放开了国企的垄断，民营企业都可以向政府申请资质，满足条件的企业都可以进口粮食。而另一方面，粮食进口对国内粮食市场的冲击之大有目共睹，大豆产业的沦陷已成事实，近几年对国内三大主粮也构成了威胁。我国对粮食进口保持着警惕，一直采取进口配额关税政策来控制对国内的不利影响。我国对三大主粮品种的进口仍然采用调控手段，不仅对进口配额作出要求，还严格规定了贸易企业领取配额的要求及条件。同时，我国对配额外的进口粮食征收高额关税，用以压低进口量，防止过大的进口冲击。对粮食进口制定政策性的宏观调控是因为我国还不具备粮食贸易自由化的条件，主要作用是保护国内农产品的市场稳定，减小国际粮食贸易对国内市场的冲击，降低国内粮价发生剧烈波动的可能。

思考与实践

请分析中国粮食进出口贸易对粮食安全的影响

拓展阅读

中粮集团及其核心竞争力

中粮集团有限公司(COFCO,简称中粮集团)成立于1949年,前身为华北对外贸易公司,历经多次改制与重组,于2007年3月2日更名为中粮集团有限公司。作为中央直接管理的国有大型骨干企业,中粮集团已经从最初的粮油食品贸易公司成功转型为以产业链为基础的全新的大型企业集团,业务涵盖粮食收购、粮食进出口业务、对外咨询服务、广告、展览及技术交流业务、酒店投资管理、房地产开发经营、物业管理、物业代理、自有房展出租等多个行业。目前中粮集团旗下拥有中国食品(00506. HK)、蒙牛乳业(02319.HK)、中粮包装(00906.HK)等多家香港上市公司,以及大悦城控股(000031.SZ)、中粮生化(000930.SZ)等多家内地上市公司。中粮集团凭借其良好的经营业绩,持续名列美国《财富》杂志全球企业500强,居中国食品工业百强之首。截至2012年底,中粮集团拥有员工近十万人。中粮集团的实际控制人为国务院国有资产监督管理委员会。

中粮集团及其下属子公司是中国农产品、食品领域最大的多元化产品和服务供应商,是中国最大的食用油及豆粕生产商之一,最大的小麦加工商之一,亚洲最大的蒸谷米加工厂之一,国内最大的饲料添加剂销售商,中国规模最大的生物质能源提供者。中粮集团及其下属子公司拥有中国最大的燃料乙醇生产规模,拥有中国金属包装行业规模最大的企业和中国茶叶行业规模最大的企业,茶叶销售位居国内市场第一。中粮集团及其下属子公司的葡萄酒产销量、市场综合占有率、出口量均位居中国葡萄酒行业第一。

经过多年的发展,中粮集团在品牌、生产、经营、管理、研发等各方面形成了核心竞争力。

1. 品牌优势

中粮集团在公司层面建立品牌管理部门，提出了“自然之源、重塑你我”的企业理念。各业务单元在母品牌的影响下，进行系统的品牌分析，找准在不同行业中的品牌定位，不断推进中粮集团“中粮”母品牌与下属子品牌协同发展。“长城”葡萄酒，“大悦城”综合商业体，“福临门”食用油，小麦、面粉、面制品的“香雪”品牌，中英人寿，“中茶”茶叶，“雪莲”羊绒，“金帝”巧克力，“屯河”番茄制品，“家佳康”肉制品等品牌为中粮集团赢得了高品质、高品位的市场声誉，构成了中粮集团的强大核心竞争力。

2. 在国内具有竞争力的核心业务和核心产品

无论是贸易方面还是实业方面，中粮集团都形成了在国内具有竞争力的核心业务和核心产品。在贸易方面，中粮集团传统的粮油糖进出口业务在国际国内市场上占据极其重要的位置，是我国粮食经营政策决策的重要参谋机构和粮油糖商品的贸易前沿。我国加入 WTO 后，中粮集团进一步更新观念，突破原有经营模式，及时调整策略，开拓新业务、新市场，在大部分商品经营权逐步放开的情况下，在中国小麦进出口总额中占比 100%，在中国玉米出口总额中占比 50%，也是中国最大的大米出口商，出口量占全国大米出口量约 70% 左右。

实业方面，公司通过粮油加工重点投资项目建设，进一步提高产能，完善布局，增强市场控制力，抵御外资粮油巨头的迅速扩张威胁，加快国有农产品加工主渠道建设，协助政府稳定粮食及食品价格，成为我国规模最大的油籽加工商之一，也是规模最大的小麦加工商之一。

3. 主导产品在国内外市场上占据重要地位

中粮集团的多项主导产品居于国内首位并在国际市场占据重要地位，如食用油产品、葡萄酒产品、“金帝”巧克力和番茄制品产品等。在食用油领域，中粮集团是亚洲规模最大的食用油生产商，在榨油、精炼及各种食用油及豆粕产品的销售上优势明显，食用植物油产品销售收入规模位居全国市场第二位。在葡萄酒产品方面，作为中国最大的葡萄酒生产商，中粮集团的“长城”牌全汁干型葡萄酒的市场占有率占全国的 40%，居国内同行业第一。在“金帝”巧克力的市场上，中粮集团的“金帝”巧克力拥有覆盖全国大中城市的销售网络，市场占有率稳居全国第二。在番茄制品领域，中粮集团下属中粮屯河公司自行研发生产的“低酸冷破番茄酱”已达国内领先水平，并在中国首次成功生产出 3.0 以下的高黏度热破番茄酱产品。集团的番茄制品目前占据中国同类产品出口总量的一半以上。此外，中粮集团还是国内最大的燃料乙醇生产商。

4. 具有在国外市场进行粮油期货经营的资格

期货市场具有整合信息资源、发现价格、风险对冲（套期保值）和跨品种、跨市套利等功能，期货和现货结合是跨国公司及国内主要粮食企业粮食贸易业务规避风险的主要手段。中粮集团具有在国外市场进行粮油期货经营的资格，有助于集团利用期货交易规避粮油价格波动的影响。中粮集团自 1972 年开始从事期货交易，为国内拥有国外期货经营资质的四家粮食企业之一。中粮集团在组织大规模粮食收购的同时，在期货市场进行套期保值，减少敞口头寸，提前锁定风险，保证期现货市场收益的稳定，避免现货市场价格大幅波动对集团收入和利润的影响，在很大程度上维护了集团粮油经营的稳定，增强了集团的抗风险能力和可持续发展能力。

5. 国际化的眼光和发展战略

中粮集团于 1999 年开始实施重组、改制、上市，不断加快国际化步伐。目前，公司旗下拥有中国食品（00506.HK）、中粮控股（00606.HK）、蒙牛乳业（02319.HK）、中粮包装（00906.HK）四家香港上市公司，并以上市公司作为资本运作平台，国际化布局初具规模。在多年的经营过程中，中粮集团积累了丰富的国际资本运作经验，于 2011 年 7 月收购了澳大利亚糖业公司 Tully Sugar，进一步拓展了公司在糖产业链上的国际化布局。

6. 初步建立了与国际惯例接轨的管理模式与运行机制

中粮集团建立了较为完善的法人治理结构，董事会下设 6S 管理委员会、投资审查委员会。滚动制定三年战略规划、一年经营计划，全面实施战略预算管理，由相对粗放型管理向集约型管理过渡。建立了全员业绩考核体系，强化业绩至上理念。实施财务集中管理，经营风险得到控制。逐步取消二级法人，实施扁平式管理。完善各项配套管理措施，加强法律和审计工作，健全监督、约束机制。

7. 研发能力

中粮集团通过管理、产品、技术方面的积极创新来积累长效竞争优势，根据产业特性，组建了研发部和中粮科学研究院，负责集团层面的新产品研发、粮油技术研发、生化技术研发和工程技术服务任务。各业务板块与研发部、中粮科学研究院进行创新协作。中粮酒业、大米部等业务单元还根据所处行业情况成立研发中心，推进产品与技术的创新。

中粮科学研究院形成了一批具有自主知识产权的新产品、新技术，其中小麦粉散装发放系统、气浮法提高蛋白粉收率技术、木薯燃料乙醇成套技术等保障了食品清洁与安全，推动我国清洁、可再生、非粮能源的发展。2010 年，中粮科学研究院共申请专利 41 项，“粮食储备‘四合一’新技术研究开发与集成创新”获得了 2010 年度国家科学技术进步一等奖，是粮食行业近十年来获得的国家科技最高荣誉。

8. 履行企业社会责任，受国家政策支持

中粮集团自成立之日起，一直是调剂国内粮、油、糖等大宗贸易余缺的主渠道，是参与国家宏观经济调控的骨干企业，始终把贯彻国家粮食安全战略作为自身的重要职责。作为国有重要骨干企业，中粮集团依托自身市场化经营能力，积极参与和服务国家粮食宏观调控，在保障粮食安全和解决“三农”问题上发挥了重要作用，在引领粮油食品产业升级、保障食品安全和提高人民身体素质等方面做出了重要贡献。作为首批农业产业化国家重点龙头企业之一，公司大力发展订单农业，推广农业技术服务，推动农业集约化、产业化经营。因而，中粮集团在关键时刻能够获得国家的政策支持，如中粮肇东纤维素乙醇项目被列为 2012 年度国家重点新产品计划战略性创新产品立项项目，2013 年初获国家开发银行 300 亿元融资总量支持。

第六篇

粮食文化

咏　史

李商隐（唐）

历览前贤国与家，成由勤俭破由奢。
何须琥珀方为枕，岂得真珠始是车。
运去不逢青海马，力穷难拔蜀山蛇。
几人曾预南薰曲，终古苍梧哭翠华。

“国民之魂，文以化之，国家之神，文以铸之”。文化是民族的血脉和灵魂，是民族凝聚力和创造力的重要源泉，是综合国力竞争的重要因素。文化的力量，体现国家民族的品格，关系人类社会的文明进步。

纵观人类社会发展史，人类的生存活动是从狩猎、采摘野果开始，过着茹毛饮血的原始生活。随着历史的变迁，形成了最早的农耕文化，粮食文化是农耕文化最重要的组成部分。随着人类文明的发展，国民经济逐渐形成了各种产业，但粮食乃至农业生产始终处于基础地位。粮食等基本生活资料是人类社会生产和发展的首要前提，也是安邦治国的最重要的物质基础。可以说人类的整个发展历程既是与大自然斗争的发展史，也是获取粮食的发展史。

五千年中华文明乃至于世界文明都贯穿着粮食文化史，在源远流长、博大精深的中华文明里，粮食文化是极其重要的根基和源泉。在《管子·牧民》里有“仓廪实则知礼节，衣食足则知荣辱”的语句，这是出自春秋时期辅佐齐桓公成为第一霸主的管仲之口，意思是百姓的粮仓充足，丰衣足食，才能顾及到礼仪，重视荣誉和耻辱。这说明在古代已形成了重视农业重视粮食的重要思想。如“一粥一饭，当思来之不易；半丝半缕，恒念物力维艰。”这出自明末清初朱柏庐的《治家格言》，这句话告诫人们要从小事做起，不要铺张浪费，养成勤俭节约的良好习惯。“一分耕耘一分收获”“克勤于邦，克俭于家”，等等，这些话语无不透视着对粮食的极端重视，也融合着中华民族独特的粮食文化。

粮食文化是人类在粮食生产、流通和消费过程中所创造的、与粮食相关的物质文化、精神文化、制度文化和行为文化的总和，是历史传统、文化底蕴、发展特征、时代风貌的价值追求。粮食文化只有在历史中传承，才能内涵丰富、根基深厚，粮食文化才有生命的热度、岁月的痕迹、文化的积淀。

第 15 章　粮食制度文化

粮食制度文化是以粮食政治经济制度为核心的文化，是人们为了自身生存、社会发展的需要而主动创立和制定的体现粮食特点的组织规范体系，是国家制定的要求人们共同遵守的规则，适应不同朝代、不同情况需要的粮食制度，构成粮食文化之“要”。粮食制度是粮食思想的具体体现，是粮食行动的先导。

我国历朝历代都制定和推行了一系列有关粮食的典章制度，涉及粮食生产、流通、管理、贸易、消费等各个方面，如粮食生产的屯田制度、粮食仓储制度、统购统销制度等成为粮食制度文化的表现形式。粮食制度保障了军需民食，也规范着人们的粮食行为，成为粮食文化的重要组成部分。

第 1 节　粮食生产制度

粮食生产制度是人类社会的基本经济制度，规定着人们的粮食生产行为，调节着粮食生产关系。在中国粮食生产历史上，最早出现的是“原始公社制”。在原始公社里，土地属氏族部落集体所有，生产的粮食平均使用。西周时期实行“井田制”，奴隶主或领主将田地分成若干小块，由奴隶或庶民以家庭为单位进行耕种，征收贡赋。

春秋战国时期，随着农业生产力的发展，代表先进生产关系的新兴地主阶级出现，封建土地私有制下的粮食生产制度开始萌芽。秦始皇统一中国后，“制民分土”得到国家承认，“地主—自耕农制”成为中国封建社会的基本粮食生产制度。

土地是粮食不可替代的生产资料，因而历朝历代土地兼并不断。如王莽政权的“王田制”，西晋的“占田制”，北魏至初唐时期的“均田制”，清朝初期的“更名田”等措施，每次朝代更替对土地进行重新分配，都使自耕农大量出现。但自耕农在新一轮土地兼并中又会变成佃农，通过租种地主的土地交纳粮食地租。历史上地主收取地租的方式主要有

"分成租制"和"定额租制"。伴随明清时期商品经济的发展,在租佃方式上出现永佃制、押租制等。

西汉以后,屯田制度成了历代粮食生产制度的一项重要内容。唐宋元明时期屯田有很大的发展,除有军屯外,还出现了民屯。明代屯田达到极盛,除军屯和民屯外,还有商屯。到清代,屯田又走向衰落。新中国成立后,国家建立了农垦制度,以解放军转业官兵为骨干,吸收大量城镇知青以及科技人员组成农垦大军,开荒造田,进行粮食生产。

20世纪50年代末至80年代初,中国农村实行政社合一的农村人民公社制度,成为粮食生产的主要制度,以生产队为基本生产单位,将农民组织起来进行粮食生产。1978年后,中国实行农村家庭联产承包责任制,由农户以一家一户为单位承包土地进行粮食生产。

一、井田制

井田制是殷商西周时期的主要粮食生产制度。实行"井田"的目的是便于"授田",而"授田"是为了实现贡赋的征收。井田制本身并不是土地所有制形式,而是一种粮食生产制度。所谓"井田制",是奴隶主或领主将田地分成若干小块,由奴隶或庶民以家庭为单位进行耕种的一种粮食生产制度,是粮食生产资料和粮食生产者相结合的一种方式。

"井田"是由田间的沟渠和道路把土地划分成"井"字形而得名。西周时期有三种田制,其中井田是最基层的粮食生产组织形式。在具体分配田地时,根据地力好坏和家庭人口的多少而定。"辨其野之土,上地、中地、下地以颁田里",一家有上等地百亩,搭配荒田五十亩;有中等地百亩,搭配荒田一百亩;有下等地百亩,搭配荒田二百亩。"乃均土地,以稽其人民,而周知其数。上地家七人,可任也者家三人;中地家六人,可任也者二家五人;下地家五人,可任也者家二人"。意思是上等土地授给七口以上人家,中等土地授给六口的人家,下等土地授给五口以下的人家。在"井田制"下,农民或是依据"井田"离国都的远近按比例交纳田赋实物,或是助耕属于周天子和诸侯的"公田",而后耕种养活自己的"私田"。

东周时期,"井田制"瓦解。

二、地主—自耕农制

秦汉至明清期间土地施行地主—自耕农制,这是我国封建社会长期的基本经济制度,也是主要的粮食生产制度。

春秋战国时期,“井田制”下“公田不治”,“今以众地者,有所匿其力也”,劳动者消极怠工,劳动生产率低下,一部分奴隶逃离“井田”,在偏僻之地垦荒种田,成为自耕农。商鞅变法“改帝王之制,除井冈,民得买卖”,使封建土地私有制在秦国得以确立。秦统一中国后,公元前216年,秦始皇颁布了“使黔首自实田”的律令,“黔首”是指中小地主和农民中的自耕农,“自实田”是将自己实际占有的土地向国家呈报,国家承认土地所有权。

汉代土地所有制进一步发展,土地兼并日趋严重,出现了贵族地主、商人地主、豪强地主和官僚地主,他们占有大量土地。封建地主占有的土地主要是分租给农民耕种,收取地租。

唐武德七年(公元624年),唐高祖颁布均田令,均田制的实施,使自耕农成为国家编户并占有一定数量的土地。中唐开始,均田制瓦解,地主经济和自耕农经济迅速发展,出现了佃农。他们不但要租赁地主的土地,还要借贷地主的种子和口粮,田租很重,是国家税负的十倍。《新唐书·食货志》说:“京畿之内,每田一亩,官税五升,而私家收租,殆有亩至一石者,是二十倍于官税也。降及中等,租犹半之,是十倍于官税也。”地主收租率十分之五,租1石,亩产当为2石。

宋代实行“不抑兼并”的土地政策,使土地大多集中在官僚地主和“上户”地主手中,出现了“有力者无田可种,有田者无力可耕”的局面,大地主利用租佃,实现“田之所入,己得其半,耕者得其半”。

元代土地主要集中在蒙古贵族地主、汉族军阀地主、寺院地主和民间地主手里。随着土地兼并的发展,越来越多的自耕农沦为地主的佃户,“江南佃民,多无己产,皆于富豪佃种田土”。元成宗时曾下令减免私租,可见租佃分成地租之重。

明初,自耕农数量增加,到明朝中期,商品经济的发展,使土地兼并更加激烈,王公权贵等掠夺土地成风。据林俊《查勘畿内田土疏》记载:“凡公侯驸马伯禄米,皆给官田,令量其原定官粮私租之数,仍主佃分数收取”。

清康熙八年(1669年),“直隶等省废藩田产……给于原种之人,改为民户,号更名地,永为世业”,自耕农大量出现。清代的实物地租,主要有分成租制和定额租制。分成租制的租额无定数,完全按收成和年景丰歉来确定,以“主佃各半”为多。定额租制“丰年不增,凶年不减”,不管年景好坏,佃户都向地主交纳约定数量的实物地租,一般地租率都在五成左右。除上述两项之外,还有预租制和押租制。预租制就是佃农在租种土地之前,须先向地主预付定额租金,从而取得佃耕地权。押金制是佃农在地租以外,还得向地主交纳一定的押金,在佃农退佃或地主换佃时,地主将押金如数退还佃户。清代在江南地区还出现了永佃制,即将地权分解为田底和田面两部分,田底权是土地的所有权,是属于地主的；田面权就是土地的耕作权或使用权，是属于佃户的。永佃制就是佃农永远享有佃耕权，还可以继承、转让和买卖，地主不得干预。

三、屯田制度

屯田制度是一项以土地国有制为基础的国家粮食生产经营制度，即土地属国家所有，政府提供全部或部分生产资料，由士兵农民集体耕种。屯田制是汉朝以后历代政府为取得军队给养或税粮，利用士兵和无地农民垦种荒地的制度。屯田人员平时从事生产，战时参加军事行动。在历史研究中，屯田制作为一种国家土地所有制形式为人们所熟悉，实质上是一种粮食生产经营制度。历代的屯田制有军屯、民屯、商屯和漕运屯田等。

屯田兴起于汉代，一开始便有明显的军事性质。在与边疆少数民族政权几乎连绵不绝的战争和冲突中，汉族中央政权不胜其扰，在那些来去飘忽的草原骑兵面前，往往显得处处被动，兵少则必败，兵多则供应困难，无法久持。在这种形势下，汉族中央政权遂采取了“屯垦戍边”的对策，除了在边境战略要地驻扎军队，参加屯田外，更多的则是内地向边境地带移民，在武装保卫下开垦耕种，以提供军粮，加强边防。军屯，即国家投入生产资料由戍边官兵垦荒种粮。“军屯无事则耕，有事则战”。朝廷把屯田戍卒按不同职责分为田卒、守谷卒等；还组建了“河渠卒”部队，即以兴修和管护水利设施的水利基建兵种。《史记·平准书》记载，汉武帝时“初置张掖、酒泉郡，而上郡、朔方、西河、河田开田官、斥塞卒六十万田之”。汉代军屯设屯田都尉、屯田校尉管理。汉初，军屯为劳役式屯田。屯田的生产者是征调的戍卒，每人耕田一般为 20 亩，最多的达 34 亩。这些戍卒由国家发给生产和生活资料，一般每人每月发给俸钱三百五六十钱，口粮两石。军屯所收获的粮食全部上缴，用以维持戍边官兵生活。后来，这种劳役式屯田向租佃式屯田逐渐转化。到了东汉初期，屯田由边疆逐渐扩大到内地，东汉建武五年（公元 29 年），在京城附近三辅地区屯田，是为内地屯田之始。内地屯田主要是为了减少朝廷对军粮的供给。

唐朝前期，为了减轻边关“转输病弊”，在戍守之地就地屯垦。安史之乱后，开始在内地屯田。“广德初，乃命择封内闲田荒壤人所不耕者为之屯”。屯田的管理“屯有都知，郡士为之；都知有治，即邑为之官府。官府既建，吏胥备设。田有官，官有徒，野有夫，夫为伍，上下相维如郡县”。宋代于太宗淳化年间开始，在北方进行“扈边实塞”的军屯。

元代的军屯，主要是由隶属于兵籍、专门从事农业生产以供军需的屯田军进行。《元史·兵志》载：“国初，用兵征讨，遇坚城大敌，则必屯田而守之。海内既一，于是内地各卫，外而行省，皆立屯田，以资军饷”。元世祖中统二年（1261 年），诏“凤翔府种田户，隶平阳兵籍，毋令出征，务屯耕以给军饷”。这种专业的屯田军，与“且耕且戍”的屯戍军相比，劳动生产率更高。

明朝初年开始，屯田制度大为盛行，军屯规模较大，于洪武初年在工部下设屯田司，负责全国屯田事务，“移民就宽乡，或召募或罪徙者为民屯，皆领之有司，而军屯则领之卫所。边地，三分守城，七分屯种”。从明洪武到宣德年间，是明代军屯的极盛时期，“于时，东自辽左，北抵宣、大，西至甘肃，南尽滇、蜀，极于交阯。中原则大河南北，处处兴屯矣”。如此大规模的移民屯田制度，在全国大量施行，其中最为典型的则是“明初，当徙苏、松、嘉、湖、杭民之无田者四千馀户，往耕临濠，给牛、种、车、粮，以资遣之，三年不征其税”。每名屯军一般以 50 亩地为一份，屯军要向国家缴纳定额租税，叫“屯田籽粒”。明代屯军每人种田 50 亩，征正粮 12 石，余粮 12 石，后来余粮减为 6 石。

清代军屯有正规军屯田、养育兵屯田、投诚兵屯田和充军罪犯屯田。正规军屯田就是从八旗和绿营兵当中拨出部分官兵从事屯垦。按规定每佐领拨壮丁十名专事屯垦，这十名壮丁可耕种田地三四百亩。养育兵屯田，即是把八旗兵的子弟组织起来进行屯田，使他们变成自食其力的生产者。投诚兵屯田就是战场上投诚、被俘官兵屯田。“自康熙七年始，每名给五十亩，预支本年俸饷以为牛种，次年停给，三年后照例起科”。充军的罪犯屯田，主要在边疆地区，由军流人犯及其家属屯田，由地方官拨给他们土地，并支给钱粮，采买种子和耕牛，这些犯人必须按规定交纳田租。清代嘉庆年间，伊犁屯军每人每年 13 石。

民屯是移平民实边垦殖，又称移民实边，是中国历史上由官方组织的一种人口迁移方式。这种形式的人口迁移从秦汉起一直沿用下来，重点在中国的西北部。屯田所需的生产和生活资料如耕牛、农具、种子、食粮由国家发给。农忙时从事农耕，农闲时练武，以便在发生战事时配合戍卒自卫戍边。

移民实边政策可追溯到先秦。战国初期的楚国，曾迁移贵族到边境开荒，发展边境经济，加强国防力量。汉代移民实边，在边塞安置犯罪之人、募徙平民屯田，这是民屯的开始。汉文帝十一年（公元前 169 年），文帝采纳了晁错的建议，“慕民徙居塞下”。其后，汉武帝时期，为加强北方边防，公元前 119 年，一次就移民 70 余万口，充实北方诸郡，实行兵民结合，既减轻了国家的兵饷负担，又保证了边境的安全。由于采取了移民实边和屯田戍边的措施，汉代西北边境一带的经济文化得到了迅速发展。

曹魏时期，屯田地域遍及全境。建安元年（公元 196 年），“乃募民屯田许下，得谷百万斛。于是州郡例置田官，所在积谷。征发四方，无运粮之劳。遂兼灭群贼，克平天下”。曹魏民屯每 50 人为 1 屯。屯置司马，其上置典农都尉、典农校尉、典农中郎将，不隶郡县。屯田分配情况是：官出耕牛的，收获谷物六份归官，四份归民；农民自己出耕牛的，则二五分成。西晋时，屯田地租增加到七三分成或八二分成。后来，这种租佃式屯田多为二五分成或四六分成。

宋代的民屯也称营田，始于太宗端拱元年（公元989年），是招募平民以军事化形式组织起来进行屯田，以解决军队的给养。《文献通考·田赋考七》记载："募民耕之，而分里筑室以居其人，略如晁错田塞之制，故以营田名，其实用民而非用兵也"。北宋初期，在屯田地区设置营田务，专门处理营田事宜。营田雇人耕种，以收取地租。宋初还有一种土地经营形式称作官庄，即将官田招民承佃，由国家借给佃户耕牛、农具、种子或钱粮等，规定租额，收取租课。

元代大规模地推行民屯，屯田规模和地域都超过了唐宋两代。因屯田而迁移的主要是民户和军户。在元代统一的多民族国家建立后，屯田中人口迁移的垦荒和实边作用越来越突出，屯田设屯田万户府管理。

明代的民屯，据《明史·食货志》载："共制，移民就宽乡，或召募或罪徙者为民屯，皆领之有司"。我们从中可以看出，民屯有三种形式，一是移民就宽乡。移民是从人多田少的地方移民到人少田广的地方。移民的路费、耕牛、种子、农具通常都由政府发给。各地每"屯"的土地、户数也不一样，一般都在百户以上，每屯平均占五百二十多亩。二是招募民人屯田。明宣德以后，由于土地兼并加剧，社会上出现了大量的流民，于是召募"狭乡无地之民"、"流徙未入籍之民"，耕种军屯土地。三是罪徒屯田。按照明律规定，凡属流罪和死罪的人一概发往屯田。明初的民屯，设有专门的机构和官吏管理。对移民屯田和召募民人屯田的头三年免征税粮，三年后起科，史载"民屯，祖制每亩三升，升用七合，斛用七斗"。罪徒屯田，实行军事管制，强行屯种，口粮自给，三年以后，根据产量征收屯粮。明朝移民是中国历史上规模最大、历史最久的一次有组织、有计划的民族迁移行动，涉及人数达百万之众，包含汉、蒙、回三大民族，历时五十余年。

清代民屯也称户屯，是由清政府直接组织的屯垦，清政府专门设置了兴屯道厅来经办民屯的各种事宜。当时，清政府组织流民到荒地较多的地方去屯垦，一般由地方拨款作为屯本，贷给农民，作为生活和生产费用。缺少耕牛种子的，由兴屯道厅发给牛具、籽粒银两。由于屯民的负担很重，屯租往往高出民田赋税数倍，屯田农民无法维持生活，出现了许多耕后复荒的现象，顺治十八年（1661年），清政府就撤销了兴屯道厅的建置。康熙八年（1669年），清政府下令将明代废藩土地归现种地者所有，并按民田起科，实行所谓"更名田"。这是清初官田向民田转化的重要表现。

商屯是民屯的特殊形式，起始于明代。明朝初年，淮之盐商所建立于边疆地区召民屯田，以所收粮食向政府换取盐引，是一种具有特定目的的屯田制度。商屯亦称盐屯、"开中”，是与食盐开中制度相始终的。

1370年，明政府为了解决边防地区的军粮问题，利用食盐的专卖权，召募商人运粮至边区，以粮向政府换取盐引（即领取食盐的凭证），然后凭盐引到指定的“运司”或盐课提举司领取食盐，再运到限定的地区出售，从中获利。这种招商输粮而与之盐的办法，叫做“开中”（或“中盐”）制度。由于从内地往边疆运粮，运费太贵，盐商为了节约运费，便在边防地区就地雇人屯垦，就地取粮，这样商屯就逐渐发展起来了。永乐、宣德年间，“商人惮远输之劳，无不自出财力，招致游民以事耕作”。商屯主要有两种经营方式，一是由盐商贷牛具给贫军或贫苦农民，以收取牛租换取盐引；一种是由盐商在官府拨给的荒地上“招游民”“筑墩台”“出财力”建立屯堡，进行耕作，以收获的粮食“中纳”盐引。

清代，屯田走向衰落。除保留漕运屯田外，裁撤卫所屯军。只有蒙古、新疆和西南边疆有若干屯田。

漕运屯田，是负责漕运的官兵所经营的屯田，又叫“屯田济运”。其做法是各省卫所屯田，按拥有的漕船数统一编派，南运丁自行耕种，以屯田的收入作为津贴。漕运屯田是由政府专设屯田官监管。顺治三年（1646年）规定，“每卫设守备一员，兼管屯田，量设千总、百总，分理卫事”。

四、农垦制度

农垦制度是新中国成立前后实行的一种屯田制度。抗日战争时期，国民党对共产党领导的抗日根据地实行经济封锁，加上根据地连年遭受自然灾害，出现了严重的经济困难。1939年2月，中共中央决定开展军民大生产运动，八路军在陕北南泥湾垦荒种田，是共和国农垦的开端。

新中国成立之初，为了发展边疆经济、解决戍防军需民食和巩固边防，中共中央决定以成建制解放军转业官兵为骨干、吸收大量城镇知青和移民以及科技人员，组成农垦大军，开荒造田，创建了军垦农场。农垦制度在计划经济时期带有半军事化性质，又具有明显企业特征，是亦农亦工、亦政亦企的特殊社会组织，既承担着农业粮食生产职责，又承担着社会和民生职责。在中国农垦史上，新疆农垦、黑龙江农垦和海南农垦为三大农垦区，同时宁夏、上海、天津、北京等多个省、自治区、直辖市也先后建有农垦区，开垦荒地，进行农业生产。

党的十一届三中全会后，为了适应市场经济体制改革的需要，农垦制度也发生了一系列的变化。1979~1983年，实行多种形式的生产责任制，生产队内实行“任务到组、责任到人、定额积分、以分奖励”的办法。从1984年到1990年，推行承包经营责任制，兴办职工家庭农场，建立统分结合的双层经营体制。从1991年开始，围绕提高家庭农场的市场化、组织化水平，积极发展多种形式的现代家庭农场和农业产业化经营组织，实行租赁制、股份制、股份合作制以及现代企业制度等，促进了农垦经济的快速发展。

五、农村人民公社制度

农村人民公社制度是20世纪50年代末至80年代初在中国农村的一项政社合一的政治经济制度。人民公社制度在中国前后存在了25年，对中国农村的政治、经济和文化的发展产生了极为深远的影响。

农村人民公社的基本制度，是1962年由中央颁布的《农村人民公社工作条例》确定的。“农村人民公社是政社合一的组织，是我国社会主义社会在农村中的基层单位，又是我国社会主义政权在农村中的基层单位”。人民公社组织形式设公社、生产大队和生产队三级。公社设管理委员会，管理生产建设、财政、粮食、贸易、民政、文教、卫生、治安、民兵和调解民事纠纷等工作。生产大队设管理委员会，管理本大队范围内各生产队的生产工作和行政工作。生产队是基本粮食生产单位，实行独立核算、自负盈亏，直接组织生产，组织收益的分配。

农村人民公社生产资料实行集体和全民两种所有制。人民公社的社员集体参加农业生产劳动，按劳动量计“工分”，年终根据“工分”进行分配，多劳多得、不劳不得。农村人民公社的粮食分配由国家征收、集体提留、分给社员三个主要部分组成。社员粮食的分配，采取基本口粮和按劳动工分分配相结合的办法。生产队按照丰歉情况，可以适当留存储备粮，以备荒防灾。

六、农村家庭联产承包责任制

家庭联产承包责任制，是20世纪80年代起在我国农村推行的一项基本经济制度，是农户以家庭为单位向集体组织承包土地等生产资料和生产任务的农业生产责任制，是我国现阶段农村的一项基本经济制度。一般做法是将土地等按人口或劳动力比例，根据责、权、利相结合的原则分给农户经营，承包户与集体经济组织签订承包合同，按照合同规定自主地进行生产和经营。其经营收入除按合同规定上缴一部分给集体及缴纳国家税金外，全部归于农户。集体作为发包方，除进行必要的协调管理和经营某些工副业外，主要是为农户提供生产服务。

1978年12月，安徽省凤阳县小溪河镇小岗村18位农民，秘密签下“生死状”，将村内土地分开承包，这开创了家庭联产承包责任制的先河。1979年，小岗村实现粮食总产量66吨，相当于全队1966年到1970年5年粮食产量的总和，得到了党中央的重视。1980年5月，邓小平在一次谈话中肯定了小岗村"大包干"的做法。1982年1月1日，中共中央批转《全国农村工作会议纪要》，明确指出包产到户、包干到户都是社会主义集体经济的生产责任制。所谓包干到户，就是农户承包集体土地自主经营，包交国家和集体应得的各项费用和款项，其余产品或收入归承包户所有。所谓包产到户，就是实行定产量、定投资、定工分，超产归自己，减产赔偿。全国绝大部分地区采用的是包干到户的形式。

此后，随着我国经济体制改革的进程，家庭联产承包责任制不断得到完善和发展，演进为以农村家庭经营承包为基础、统分结合的双层经营体制。

1988年9月，党的十三届三中全会针对小生产和大市场的矛盾，提出逐步完善家庭承包经营制度，开始建立农村社会化服务体系。中共十四大确立了社会主义市场经济体制改革目标后，要求稳定和完善以农村家庭经营承包为基础、统分结合的双层经营体制，农业产业化经营和股份合作制逐步发展。

1991年11月，党的十三届八中全会通过了《中共中央关于进一步加强农业和农村工作的决定》，提出把以家庭联产承包为主、统分结合的双层经营体制，作为我国农村集体经济组织的一项基本制度长期稳定下来的决定，并不断充实完善。

2008年10月，十七届三中全会作出了《中共中央关于推进农村改革发展若干重大问题的决定》，提出要稳定和完善农村基本经营制度，扶持农民专业合作社加快发展，建立健全土地承包经营权流转市场，完善粮食等主要农产品价格形成机制。

第2节　粮食漕运制度

漕运是我国历史上一项重要的经济制度。唐代司马贞的《史记索隐》曰："车运曰转，水运曰漕"。这说明最初的漕运是指从水路运送粮食，也指人们的乘船行为及船具。用今天的话来说，就是利用水道调运粮食或其他物品的一种专业运输形式，是中国历代封建王朝将征自田赋的粮食经水路运往京师或其他指定地点的运输方式。水路不通处辅以陆运，多用车载（山路或用人畜驮运），故又合称"转漕"或"漕辇"。运送粮食的目的是供宫廷消费、百官俸禄、军饷支付和民食调剂。这种粮食称漕粮，漕粮的运输称漕运，方式有河运、水陆递运和海运三种。

漕运起源很早，秦始皇北征匈奴，曾自山东沿海一带运军粮抵于北河（今内蒙古乌加河一带）。汉朝建都长安后，每年都将黄河流域所征粮食运往关中，连接黄河、淮河、长江

图 15-1 漕运码头景象（《中国粮食史图说》）

图 15-2 漕运码头场景（《中国粮食史图说》）

三大水系，形成沟通南北的新的漕运通道，奠定了后世大运河的基础。隋炀帝时期，朝廷以洛阳为中心开凿大运河，使江南地区的丰富物资通过漕运输送到京师，主要物资就是粮食。

历朝历代，漕运皆为"国之要政"，但在隋唐以前，无论从漕运的规模、范围、运程、运物还是管理机构、组织体系等各方面看，都处在较低的水平。唐朝时期漕运制度基本建立，产生了长运法与转运法；宋元时期对漕运制度作了进一步发展，实行雇佣包运制；明清时期"行漕法规"趋于完备，实行支运、兑运和直达法。

图 15-3 漕运船场景（《中国粮食史图说》）

一、唐代长运法和转运法

唐朝初年，因关中地狭，产粮不敷食用，需要从盛产粮食的江淮一代供给。当时洛阳以东租粟先输纳洛阳含嘉仓，然后转运至长安以充太仓。其时中央职官较少，禄廪不多，每年转运一二十万石便足。唐高宗以后，官员激增，加以军需民食，漕运成为迫切问题，于是有设水陆转运使以负责漕运的必要。唐玄宗时期，官府机构膨胀，特别是府兵制的瓦解，使粮物需求剧增。天下漕粮，愈益以江淮为重，年运百余万石江淮租粮北上，转运任务十分繁重。宰相兼转运使裴耀卿主持漕政后，改长运法为转运法，即实行分段运粮。按江南之舟不入黄河、黄河之舟不入洛口的原则，于沿河就势设仓，节级转运。水通则舟行，水浅则寓于仓以待。三年运七百万石，省脚费三十万贯。至天宝元年（公元742年），李齐物于三门峡附近凿开元新河；不久后，韦坚又开挖一条与渭水平行的漕渠，最终避开了运道下段的车载陆运，这期间最高运额达四百万石。安史之乱后，东南漕路曾一度中断，转以长江入汉水，由陆路抵扶风（今陕西凤翔）。

公元763年，刘晏担任转运史后，针对时弊全面改革漕运制度。他废除了船头督运和无偿征调的劳役制度，建立起由官营雇工运送制度。根据长江、汴河、黄河、渭水水力不同，各随宜造船，分段运送。“江船达扬州，汴船达河阴，河船达渭口，渭船达太仓，其间缘水置仓，转相受给”。将漕运全程分成四个运输段，在扬州、汴口、河阴、渭口等河道的交界处设仓储粮，以备转运。按“江船不入汴，汴船不入河（黄河），河船不入渭（渭水）”的原则，改进转运法，提高运粮效率。

唐末漕政大乱，年运江淮米不过四十万石，至关中仅剩十余万石。

二、宋元时雇佣包运制

漕运在宋代最为兴盛，是朝廷调集物资的重要手段。由于经济重心的逐步南移，漕运对赵宋政权的意义更加突出。漕运数量之大、征调范围之广都远远超过前代，被宋朝历代政府视为“国计”，其中尤以漕运粮饷最为重要。军人参与纲运，由低级武职押纲，又有舟卒随船，是宋代漕运的重要特点。

宋初，各地设有转运使负责漕运，又称漕司。之后在朝廷设三司使，主管全国财政，其下设有专管漕运的发运使司。发运使“权六路丰凶，而行平籴之法。一员在真州，督江、浙等路粮运；一员在泗州，趋自真州至京粮运”。宋真宗大中祥符年间，置江淮、两浙发运使司，指挥东南六路转运使，调运大量粮食到京。

北宋神宗初年，王安石推荐薛向为发运使，专门负责江浙地区的漕运。薛向对漕运制度进行了改革，召募民船与官船分运漕粮，官船与民船或同时起航，或交错排列，相互监督使漕运官卒无法舞弊，漕运损耗量大的弊端大为减少，漕运的速度也明显加快。以商船运漕粮在当时是大胆的创举。宋人张方平说：“今日之势，国依兵而立，兵以食为命，食以漕运为本……故国家于漕事最重最急”。北宋漕粮主要来自江南、江淮地区，每年上供漕粮一项通常数额达六百万石左右，加之北方每年平均约一百万石的漕运量，北宋时期年漕运额多保持在七百万石以上。

元朝建都大都以后，因不断进行对外战争，京城的粮食需求量大，这些粮食主要取自江浙地区。根据史料，元朝政府一年的粮食征收额为一千二百零一万石，所以统治者对于江浙地区的漕粮运输极为重视。在元朝初年，就着力开发运河，后组织大规模的海运，并注重建造船只，充实漕运机构。先后设置南北漕运使司、都漕运司等机构，海运则设海运万户府、海道运粮镇抚司、都海运万户府等。

实行海道运粮后，便利了江南地区粮食的北运；漕船返回时，又将北方的豆、谷和土特产品（梨、枣等）载运到南方，这对当时南北物资的交流起了一定的促进作用。但是，由于当时对海上气候的变化还不能有效地掌握，海道线路的情况也不够熟悉，因此，海道运输十分艰险。在风、雾和海盗的袭击下，每年都有大量的漕丁漕夫葬身海底，运粮船只大量沉没，粮食损失每年有十多万石。

总的来讲，元代的漕运是海运、河运并行，以海运为主的运输形式。到元顺帝时代，南方各省爆发了大规模的农民起义，河运断绝，海运也大减。漕粮产地的丧失和漕运的中断，意味着元朝统治开始瓦解。

三、明清时支运、兑运和直达法

明代漕运发展到了一个新阶段。明朝对漕政管理极为重视，建立了从朝廷到州县的管理机构，“行漕法规”也得到健全和完善，产生了支运、兑运和直达制度。

明朝初年，置京畿都漕运司，设漕运使掌管，不久废除。永乐年间置漕运总兵官，景泰二年（1451 年）开始设漕运总督，驻淮安，与总兵官、参将等同理漕政。因漕粮运抵北京，“民解”难以完成，于是采用支运法，由民户和军队结合运粮；后因民役运粮耽误农时，军队运粮又多空舟往返，便推行兑运法，即规定各地农户将税粮各自运到所在的州县府，兑交给驻守的军队，由军队再沿运河一直运到通州。兑运法的实施使官运的路程南移，民运的路程缩短。1472 年，又进一步推行直达法，规定由负责漕运的军官直接运到通州。从此，漕运由民运转变为军运，官军运

图 15–4　水运粮食场景（《中国粮食史图说》）

粮成了南粮北运的主力。

清代，沿用了明朝的漕运制度，并以总督为核心，全面负责各个省的粮食储备、漕粮转运之事，确保万无一失地将漕粮送抵京城。漕运最高长官是漕运总督，驻淮安，统领各省漕务官员，安排漕粮发运，处理有关漕运事务。其下为各省粮道，掌管其辖区内的漕粮接收、储存和运输，以及选派押运官员。各省粮道之下设有监兑、押运和攒运等官员众多的运军。清代漕运的政治意义被提升到无以复加的程度，漕粮被称为“天庾正供”、“朝廷血脉”。漕粮分为正兑、改兑、改征和折征四类，在正兑和改兑的数额内需改征一部分豆、麦、杂粮的叫改征，以银代替漕粮的谓之折征。

第 3 节　粮食仓储制度

国家粮食储备关系国计民生，各朝的帝王君主都把它摆在治国安邦的重要位置。我国粮食仓储制度历史悠久，早在殷商甲骨文中就有粮食储备的记载，商朝奴隶主贵族制定了详细的仓储管理制度。

秦始皇统一中国后，高度重视粮食仓储，修筑了大量的仓储设施，建立了储存皇粮国赋的太仓、正仓制度。西汉宣帝时大司农中承耿寿昌建议创设了以调剂丰歉、平准粮价的常平仓制度。隋文帝时工部尚书长孙平建议创建了由民间办理的义仓制度。北宋王安石变法，推行春贷秋偿的“常平新法”，史称青苗法。南宋朱熹向朝廷奏请在乡村设社仓储粮，实行民办民营、贷粮于民的社仓制度。明太祖朱元璋创设了官办民管的预备仓制度。清代基本上沿用了上述仓储制度，只是或兴或废，在管理上有所不同而已。

新中国成立后，在 20 世纪 50 年代国家建立了备战备荒的 506 粮和甲字粮的粮食专项储备。改革开放后，20 世纪 90 年代，国家建立了兼顾备战备荒和应付突发事件、平抑市场粮价的粮食专项储备制度。

一、储存皇粮国赋的太仓、正仓

太仓，是朝廷的仓库，历代均建于京城。太仓之名始于秦代（亦为大仓）。太仓的主要职能是供给皇室国戚、宫廷京官、官府奴婢以及京师禁军的口粮。秦代太仓有栎阳仓和咸阳仓。《湖北云梦睡虎地秦墓竹简·仓律》载：“栎阳二万石一积，咸阳十万（石）一积，其出人禾，增积如律令。”

汉代，《史记·平准书》有：“汉兴七十年之间，国家无事……太仓之粟，陈陈相因，充溢露积于外，至腐败不可食”的记载。汉初从高祖刘邦立国到文景之治，社会经济有了较大的发展，太仓储粮太多以致腐烂而不能吃。

唐代的太仓设于京城长安，粟米来自于全国各州县征收的正租、少量京官职田地租以及和籴粟米。太仓粟米主要供应皇室口粮、京官官禄以及禁军的军饷等。有时也出粜或赈贷少量粮食，作为常平仓、义仓的补充。太仓由朝廷司农寺管理。

图 15–5　长安京师仓图

正仓，亦称官仓，是设在州、郡的仓廪，其粮食来源主要是征收的田赋。正仓萌芽于先秦时代，发展于秦汉时代。两晋、隋、唐、宋正仓设在州（郡）县两级。《史记》所载秦陈留之仓，《后汉书》所载成都秦仓，《通典》所载汉代郡国诸仓，均为正仓。其职责是：接受租税，供官禄和兵饷，供给驿递运输丁夫的口粮，供给官人因公饮宴或酿造用粮，供给佛寺用粮，办理和籴、出粜、赈济、出贷。《隋书·识货志》记载东晋州（郡）、县设仓情况："其仓，京都有龙首仓，即石津仓也，台城仓内，南塘仓，常平仓，东西太仓，所贮均不过五十余万。在外有豫章仓、钓矶仓、钱塘仓，并有大贮备之处。自余诸州郡台传、亦各有仓。"

图 15–6　长安京师仓图

图 15–7　长安京师仓遗址

二、平贵贱的常平仓

常平仓是中国古代政府为调节粮价、储粮备荒以供应官需民食而设置的粮仓，是粮食经济史和仓储史上的一件大事。常平仓制度是由国家建仓来收储抛售粮食，以调节丰歉、稳定粮食价格和保证粮食供应的一项经济制度。历代封建王朝对此制度虽时有兴废，但在稳定粮食的市场价格和调剂粮食供应方面发挥了重要作用。

常平仓主要是运用价值规律来调剂粮食供应，充分发挥稳定粮食市场价格的作用。在市场粮价低的时候，适当提高粮价进行大量收购，不仅使朝廷储藏粮食的太仓和正仓都充满了粮食，而且边郡地方也仓廪充盈。在市场粮价高的时候，适当降低价格进行出售。这一措施，既避免了"谷贱伤农"，又防止了"谷贵伤民"，对平抑粮食市场和巩固封建政权起到了积极作用,在一定程度上反映了人民群众的利益和愿望。

三、藏粮于民的义仓、社仓

图 15-8 丰图义仓院落(《中国粮食史图说》)

义仓和社仓是中国粮食历史上的重要储备制度。义仓是隋朝以后历代封建政府为备荒年而设置的粮仓。《隋书·长孙平传》:“奏令民间每秋家出粟麦一石以下,贫富差等,储之里巷,以备凶年,名曰义仓”。在收获时向民户征粮积储,以备荒年放赈。因设在里社,由当地人管理,因而亦名社仓。

隋朝时期,义仓和社仓可以互称,两者定义角度稍有不同。唐朝时期,义仓和社仓的概念逐步分离出来,义仓由州县一级政府设置,社仓由社(百姓二十五家为一社)一级来设置。洛阳有回洛仓、含嘉仓两个仓窖遗址,含嘉仓遗址早已写入中学历史教科书,而回洛仓是大运河上建设最早、规模最大的国家粮仓,被称为“大运河上第一仓”。

现我国保存比较好的义仓有陕西大荔的丰图义仓,该粮仓始建于清光绪八年(1882年),由当时清户部尚书阎敬铭倡议修建,竣工后慈禧太后朱批“天下第一仓”。解放后丰图义仓一直由大荔县粮食局朝邑粮站使用,现储粮的同时已开放粮食博物馆。该仓是我国古代粮仓至今唯一还在使用的,为国家文物保护单位。

四、官办民管的明代预备仓

明太祖朱元璋十分重视粮食储备,在借鉴前代粮食储备制度的基础上创设了预备仓。这项预备赈济制度,是为了应付荒歉年景而设立的粮食借贷制度。“洪武初,令天下县分各立预备四仓,官为籴谷收贮,以备赈济。就择本地年高笃实民人管理”。由朝廷出资为籴本,在府、州、县治所在地建仓,在近仓之处选择当地乡村里社年高笃实的“耆老”或“大户”,直接负责预备仓的粮食收贮、散放等经营管理工作。每逢岁歉和青黄不接之际,各地散借预备仓粮;秋成之时或丰收之年,各户按照赈济粮额归还。“令风宪官以时稽查”,官府只派官员对预备仓的经营管理定期进行稽查和巡查。

预备仓粮食储备的来源,除官府直接出钞籴储外,还重奖劝富民捐纳粮食进行储备,“令天下郡县劝募富人入粟与官”。同时将罪犯的赎罪赃罚用来购买粮食储备,此外还以

图 15-9　丰图义仓内景（《中国粮食史图说》）

图 15-10　朱熹五夫社仓（《中国粮食史图说》）

图 15-11　五夫社仓（《中国粮食史图说》）

商税购买粮食来充实预备仓。对于州县预备仓所储粮食的数量，也是要求有适度规模的，以“常存二年之蓄”为宜。

预备仓粮食的发放采取贷借的方式，视具体情况，或只归还原贷借粮数额，或酌加一二分利息，而对于年老病残、穷困无力偿还者，所贷借的粮食则予以免除。对于每户贷借的数量也是有一定的标准。“灾伤去处，散粮则例大口六斗，小口三斗，五岁以下不与”“先给其最贫者然后及其余”，如果“有系鳏寡废疾，户内别无人丁，无所依倚之人，俱照数关照”。预备仓粮食储备数额纳入地方官员政绩考核之中，实行定期盘查制度，“每三年一次查盘，有司少三分者，罚俸半年，少五分者，罚俸一年，少六分以上者，九年考满降用，军卫不及三百之数者，一体住俸”。

预备仓制度吸收了常平仓制度的贱籴贵粜、以丰补歉、平抑粮价的成分；在储备粮的使用上或低息贷放，或无息贷放，或以无偿赈济兼而行之，并且设置在乡村里社，由当地年高笃实“耆老”掌管，又具有义仓制和社仓制的因素，是对前代常用平仓、义仓和社仓制综合继承的产物。明代章懋说：预备仓“储之乡社，以备凶荒，以恤艰厄，即周人之委积，隋唐之义廪，宋朱文公社仓之遗意也”。

五、当代粮食专项储备制度

新中国成立后，20 世纪 50 年代，由于粮食短缺，国家为了保证军队的供给、备战备荒，建立了甲子粮和“506”粮的粮食专项储备，这是新中国成立后国家粮食专项储备制度之始。

1954 年，中央在《关于粮食征购工作的指示》中明确表示，国家必须储备一定数量的粮食来应对灾荒等意外事件的发生，这部分用来应对灾荒的粮食被称为“甲子粮”，是构成中国粮食储备的重要部分。1962 年，由于台海局势紧张，国务院和中央军委决定建立军用“506”战略储备粮，即储备足够 50 万人 6 个月食用的粮食以作备战之需。

从 1962 年开始，中国的粮食储备制度逐步形成。到了 1965 年，约有 60% 的生产队建立了自己的粮食储备，各个地方的粮食部门代替生产队保管的粮食储备达到了 20 多亿公斤。同时，各级政府还鼓励社员个人储存结余下的粮食。1962 年到 1965 年，粮食生产得到恢复，国家的粮食储备、备战粮食和社会粮食储备规模不断增加。

1978 年，农村实行了家庭联产承包责任制，农业生产再次得到恢复，国家和社会的粮食储备规模迅速扩大。

此时中国粮食储备主要由三个部分组成：第一部分是甲子粮；第二部分是“506”粮；最后一部分是商品库存，实际上就是周转储备。除了以上三部分，还有一小部分叫做农村集体储备，占总储备量的 5% 左右。

1990 年，中国的粮食周转库存和储备都有了大幅度的增长，一些粮食主产区甚至出现了卖粮难的情况。同时，国有粮食部门的经营设施尤其是仓储设施显得严重不足，各地的粮食部门相继出现了储粮难的情况。为了解决主产区农民卖粮难的问题，保护农民种粮积极性，促进粮食生产持续稳定发展，保障国家粮食安全，同年 9 月，颁布了《国务院关于建立国家专项粮食储备制度的决定》，这标志着中国的粮食储备进入了一个新的阶段。国家专项粮食储备制度建立起来，初步形成了中央、省级、地县三级储备体系。

1999 年，国家决定建立中央储备粮垂直管理体系，将国家粮食储备局改为国家粮食局，作为国务院直属机构，由国家计委代管，同时组建中国储备粮管理总公司，专门负责中央储备粮的经营管理，并于 2000 年将前述三种中央政府管理的储备粮食合并成为中央储备粮。

2000 年，中国储备粮管理总公司正式组建，中央储备粮的经营管理业务全部由各省（区、市）粮食局移交给中国储备粮管理总公司。中国储备粮管理总公司通过在重点地区建立地方分公司和上收直属粮库的方式建立垂直管理体系，标志着储备粮管理进入一个新的发展阶段。

2003 年，国务院颁布了《中央储备粮管理条例》，该条例对中央储备粮的计划、储存和动用等各个环节都做出了全面的规定，这是中国第一部规范中央储备粮管理的行政法规，由此建立起中国现代的粮食储备制度。主要内容是国家粮食行政管理部门负责中央储备粮的行政管理，对数量、质量和储存安全实施监督检查。中国储备粮管理总公司具体负责中央储备粮的经营管理。建立计划管理制度和轮换制度，中央储备粮的存储规模、品种和总体布局方案，由国务院发改委和国家粮食局等部门根据宏观调控需要和财政承受能力提出，报国务院批准。

通过研究古代、近现代和当代的粮食储备制度，我们可以发现，粮食是重要的战略物资，在储备目的、类型、组织结构等方面都在不断完善和发展。

表 15–1　粮食储备制度对比分析

时期	储备目的	储备类型	储备设施	储备制度	储备管理
古代	平抑粮价 赈灾备荒 供养军队	官仓储备 民间储备	官仓：常平仓等 民间仓：义仓、社仓、预备仓等	粮食仓储制度 中央专管 制定管理条例	实行层级管理，政府管理官仓，民间管理民间仓
近现代	平抑粮价 备荒恤贫 供养军队 辅助农业生产	官仓储备 民间储备 官民共储	官仓：常平仓、京仓、漕粮转运仓等 民间仓：义仓、社仓等	《义仓管理规则》《各地方建仓积谷办法大纲》《农仓业法》等	国家、省级、地方三级粮食储备管理
当代	保证国家粮食安全 备战备荒 保护利益 稳定市场	战略储备 后备储备 周转储备	国家粮食储备库 中央直属储备粮库 国家粮食局与中国储备粮管理总公司	国家专项粮食储备制 “米袋子”省长负责制 粮食委托代储	国家粮食与物资储备局，中国储备粮管理总公司和承储单位组成的垂直管理体系

第 4 节　粮食流通管理制度

粮食流通是通过货币流通职能和支付职能，实现商品粮从生产领域到消费领域的转移过程，不仅包括单纯意义上的收购和营销式的流通，而且包括粮食的初加工、深加工、包装、运输、储藏、批发、零售等各个环节和领域的一系列活动。粮食流通管理制度是国家运用法律的、行政的、经济的手段干预社会粮食流通的一种办法。

我国粮食流通管理从春秋战国时期就已开始。商鞅相秦，对粮食实行国家垄断经营，形成了一套较为完善的粮食流通管理制度。到了汉代，桑弘羊创立了均输平准制度，设立均输平准机构，掌控粮食物资及运输工具等。当市场粮价上涨时抛售，当市场粮价过低时收购，从而达到稳定物价的目的。唐代户部侍郎刘晏建立了全国粮食价格情报系统，通过掌握各地粮食生产、流通的动态来调控粮食。北宋王安石突破了过去官府对粮食贱籴贵粜的商业运作，实行“市易法”，利用“行人”购销滞销货物，抑制兼并、平定物价。“均输平准”与“市易法”，继承和发扬了战国以来平准理论，是国家运用市场规律以求稳定物价。两者的区别在于：“均输平准”是由官府直接主持；而“市易法”则是由向官府登记的“行人”或“牙人”来经办，这是因为宋代的商品经济已有更大的发展。

清代为了缓解粮食供求的矛盾，实行了对外粮食贸易并为此制定了一系列贸易制度。新中国成立后，实行农业合作化和人民公社制度，对粮食实行统购统销政策。1978年十一届三中全会后，我国实行改革开放战略，逐步放开了粮食市场和价格，1994年建立了粮食风险基金制度，2004年5月26日国务院颁布了《粮食流通管理条例》，依法对粮食流通进行管理。现《粮食流通管理条例》根据2013年7月18日《国务院关于废止和修改部分行政法规的决定》进行了第一次修订，2016年2月6日根据《国务院关于修改部分行政法规的决定》进行了第二次修订。条例规定在中华人民共和国境内从事粮食的收购、销售、储存、运输、加工、进出口等经营活动，应当遵守本条例，全文共六章五十三条。

一、商鞅的粮食流通管制

商鞅的粮食流通管制是其农战思想的一个具体措施。他本着农本农战的思想，对粮食商品流通实行严格的调节和控制，建立了完备的粮食流通管理体制。国家对粮食实行垄断经营，不准商人参与粮食买卖活动，也不准农民之间进行粮食交易。这样就杜绝了商人利用年景丰歉进行投机活动，也促使农民通过自己的耕作得到粮食。对生产的粮食，除按田亩征收赋税外还高价收购余粮，把粮食完全控制在官府手中，保证了必要的储备。对官吏、兵丁、官营工商业者等，一律实行由官府计口授粮的廪食制度，按照“食者籍”所列的口粮定量标准，由当地粮仓按月供给粮食实物。旅途用餐也按规定的膳食标准，由途中驿站供给“传食”。对商人及其家属所需的粮食，一律实行高价销售政策，有利于增加农民和地主阶级的收入。给官府送粮不付费用，送粮车船回程不准私自带货，而且送粮车船的装载量和运输情况必须登记，这样就堵塞了粮食运送过程中的漏洞。

商鞅对粮食商品流通的管制措施，使粮价不受年景丰歉的影响，官府控制了粮价，稳定了市场，保证了国家必要的粮食储备，为支持长期战争提供了坚实的物质基础，对于秦国由弱变强，最终统一六国起了重要的作用。

二、西汉的均输平准制度

均输平准制度，是西汉时国家对商品流通领域的经济干预政策。

西汉初期，各郡国的贡物要直接运往京师，途中常遭损坏或变质，而且运费巨大，在京售价往往不足抵偿其运费。为了避免这些弊端，汉武帝元鼎二年(公元前115年)，大农丞桑弘羊倡议创设了均输制度，即在各郡国置均输官，将各郡国应缴纳的贡物，除特优者或必需品仍运往京师外，其余按当地市价连同运费折合为当地丰饶而价廉的土特产品交均输官，再由均输官运到价高地区出售，然后再购入朝廷所需物资。这样同家既可得到财政收入又可增加粮食等物资储备。《盐铁论·力耕篇》载："山东被灾，齐赵大饥……赖均输之蓄，仓廪之积，战士以奉，饥民以赈"。

与"均输"一并实行的"平准"，是西汉元封元年(公元前110年)创设的。平准即国家运用贱籴贵粜的经济手段干预粮食等商品流通，以稳定市场物价。其办法是在京师设置平准机构，由大司农属下的平准令、平准丞等掌管。当市场上粮食等商品价格上涨时，官府就以较低的价格抛售，以平抑物价；当市场上粮食等商品价格过低时，官府就采取保护性措施，大量收购。《史记·平准书》载："置平准于京师，都受天下委输，召工官治车诸器，皆仰给大农。大农之诸官，尽笼天下之货物，贵即卖之，贱则买之。如此，富商大贾无所牟大利，则反本而万物不得腾踊，故抑天下物，名曰平准"。平准机构掌握着大量的粮食等物资和车船等运输工具。同时，把均输中王室直接消费以外的物资等集中管理使用，这就有足够的经济能力在市场价格大涨或大落时进行卖出或买进，使物价稳定于一定水平上。

三、唐代刘晏的粮食价格情报术

在唐代，刘晏曾于肃宗、代宗两朝任户部侍郎，在掌管国家财政期间，为稳定"万货"之价格，第一次建立了全国粮食价格情报系统。采取的措施一是招募行动快捷的人及时传递各地的粮食价格情报，二是对常平仓的粮食定价办法进行了改革。

《旧唐书·刘晏传》载：刘晏"自诸道巡院距京师，重价募疾足，置递相望。四方物价之上下，虽极远不四五日知。故食货之重轻，尽权在掌握。朝廷获美利，而天下无甚贵甚贱之忧，得其术矣"。官府为了获得即时粮价信息，花费大价钱招募"疾足"，及时传递粮价情报，以此来掌握各地粮食价格变化情况。又据《资治通鉴》载："诸道各置知院官，每旬月具州县雨雪丰歉之状，白使司。丰则贵籴，歉则贱粜”。在各地设立“知院官”，专门掌握各地粮食生产流通的动态，每月、每旬都要报告当地雨雪丰歉等情况。然后根据所报情况，丰收年景以较高的价格收购，荒歉年景以较低价格抛售，避免市场粮价变动给民众带来的不利影响。

唐初恢复了常平仓，在丰收年份粮食上市时，朝廷命令各地以略高于市场的价格来收购粮食，避免谷贱伤农；在青黄不接、特别是歉收年份，则以略低于市场的价格出售官仓的粮食，以免谷贵伤民。以往各地粮食上市时，须先呈报粮价，然后朝廷根据具体情况决定如何收购。但由于交通不便，郡县呈报核准来回时间较长，在此过程中各地粮食市场或被商人把持，大量粮食被囤积；等朝廷获准之后，粮价或已上涨，失去了掌控市场的主动权。

针对以上弊端，刘晏让粮食多的郡县将数十年粮价的高低和所购粮食数量的多少，各按其价格高低及数量多少分为五等，详细地登记造册申报给主管机关，作为各地确定收购价格和数量的依据。新粮上市，郡县不需再禀告价格，只是根据当时粮价的高低，就可以自行决定收购数量。只要是第一类价就按第五等数收购，第五类价就按第一等数收购；第二类价就按第四等数收购，第四类价就按第二等数收购。同时各地派人将收购数量飞速报告发运司。这样，粮价低贱的地方自然会收购到最大数量，其余的地方各自按等级收购到适当的数量，再不会有收购不合理的事情。发运司综合各郡县所收购粮食的数量作出调整计划，如果收储粮食过多，就减少价贵和路远地方的数量；如果还少，就增加价贱和路近地方的数量。这样可以省去以往来回申报所耽延的时间，并可按即时的价格收购，避免价格变动带来的影响，保证了国家平价收购粮食。胡寄窗说：“在交通不发达的古代社会，能运用运筹之学来掌控粮价不失为高明之举”。

四、北宋的青苗法、市易法

北宋王安石出任宰相时，开始大力推行新政，史称王安石变法。青苗法、市易法就是其主要内容。青苗法，也叫常平新法，其实就是贷款于农、春贷秋偿的粮食预购制。宋朝初期，在各地设有常平、惠民等粮仓。但常平仓制度敛散运行机制僵化的弊端亦日趋凸显，“收藏积滞，必待年凶物贵然后出粜”，平抑市场粮价机制不灵。

青苗法突破了过去贱籴贵粜的商业运作，变为农贷与预购并施，即国家以原各路常平仓本钱，每年一至五月向农户贷放，并约定将所贷数额按照时价折算成一定数额的粮食归还。规定凡州县各等民户，在每年夏秋两收前，可到当地官府借贷现钱或粮谷，以补助耕作。请贷时由每五户或十户结成一保，每保要以三户以上的户作为“甲头”，客户“与主户合保”才能得到贷款，即上等户要替下等户作保和代还款之责。贷款限额为：客户与第五等户一贯五百文，第四等户三贯，第三等户六贯，第二等户十贯，第一等户十五贯。贷款分两期进行，每期为半年左右，取息二分或三分，分别随夏税和秋税两季征收时归还。遇有灾年，粮食产量损失五成以上时，可以延期归还。如果当时粮食市场价格昂贵，农民不愿意折合粮食交纳而愿意用钱偿还也可以，“如纳时斛斗价贵，愿纳现钱者亦听”。初期在河北、京东、淮南三路实行，后在其他诸路也得到推行。民户可将贷款用于“兴水土之利”，使“田事加修”，于“田作之时，不患缺食”。

青苗法的目的是“广蓄积，平物价，使农人有以赴时趋事，而兼并不得乘其急”。特别是把还贷的主动权交由农户，当丰年粮食价格跌落以至于低于折合价时，农民必然以粮食归还贷款，则可以相对减少市场粮食供应量，阻止了粮食价格的继续下降；当粮食价格上涨时，农民就会出售粮食以现金归还贷款本息，这样可以相对增加市场粮食供应量，起到阻止粮食价格继续上涨的作用。

市易法是王安石为了抑制兼并、平定物价所实施的变法内容。熙宁五年（1072年）三月诏：“天下商旅物货至京师，多为兼并之家所困，往往折阅失业。”为了限制商人操纵物价，牟取暴利，朝廷在京师设立市易司，后推行到其他较重要的商业城市。

市易司收购市场上滞销商品，如外地行商运销货物到京师后，货物一时不能在市场上售出，如愿向市易司投卖时，由市易司预支官钱购买。粮食是市易司所收购的主要货物之一。在京师的各行铺或牙人通过申请核准成为市易司的行人或牙人，可以自己的财产作抵押并有五人作保，向市易司赊购货物，然后再进行商业买卖赚取利润。各行人在赊购货物时可分期付款，半年付清者认息一分，一年付清者认息二分。来京商人向市易司投卖货物的价格也是由行人或牙人进行评定的，免受富商大贾的把持操纵之害，用以达到“通有无、权贵贱，以平物价，所以抑兼并也”。

宋代的商业经济有了较大发展，不再采用由官府直接经营的平准方式，而是利用行会组织或商人机构为自己服务。

五、清代对外粮食贸易制度

清代为了缓解沿海地区的粮食供求矛盾，清政府进行了对外粮食贸易，并为此制定了一系列贸易制度。

1. 鼓励粮食进口

进口大米一律免税。对外商运来的大米，实行包运包销。清政府规定，外商将大米运抵中国之后，如值国内粮食丰收，在民间没有销路，则全部由官方出资按时价收购，用以充实常平、社仓的库存或用于军饷。奖励民间从国外贩运大米。清乾隆二十一年(1756年),清政府鼓励广东、福建两省的商人和生监人员出国采运大米接济民食。

2. 严禁粮食出口

从清初到鸦片战争之前,清政府对粮食出口一直是严加限制的。凡出海的船户和商人,都要先到官府登记,然后按出海船只的人数限量随船携带口粮。康熙年间规定,出洋的商船,每人每日定量一升,另外再给余米一升,以防风阻返航行程延期。如超过限量,查获之后,一律没收,船户和商人同样治罪;官弁私自放行的要进行处罚;以小船偷载米粮转运大船的也要治罪。国内各省之间或省内各州县之间,凡须经海道互相籴买粮食的,事先都要向官府领取护照,凭护照到指定的地区购买。售粮地区在验照之后才允许如数买足,并在护照内注明所买数量,移交原籍查对。逾地偷买的,要究办;官弁故纵的,也要受罚。乾隆六十年(1795年)规定:“奸徒将米谷豆麦杂粮偷运外洋,接济奸匪者,拟绞立决。如企图渔利,并无接济情弊者,米过一百石,发近边充军;一百石以下者,杖一百,徒三年;不及十石者,枷号一月,杖一百。”其处罚是相当严厉的。

六、粮食统购统销制度

新中国成立后,从1953年开始,国家对粮食实行统购统销政策,即对粮食、油料等农产品实行有计划的统一收购和统一供应。1953年10月,中共中央作出了《关于实行粮食的计划收购与计划供应的决议》。同年11月,中华人民共和国政务院194次政务会议通过《关于实行粮食的计划收购和计划供应的命令》并发布施行。

根据中共中央和政务院的决议、命令,统购统销政策包括四个方面的内容。一是实行粮食计划收购政策。在农村从事粮食生产的农民,应按国家规定的收购粮食种类、收购价格和计划收购的分配数量将余粮售给国家,粮食种类和价格由中央统一规定。二是实行粮食计划供应。对城镇居民实行粮食定量供应,对缺粮农民实行统销。国家对非农业人口实行居民口粮分等定量供应,并按核定的粮食供应数量发给供应凭证,对城镇居民发放粮票。三是严格控制粮食市场。对私营粮食工商业进行严格管理,严禁私商自由经营粮食。一切从事粮食经营的国营、公私合营等商店和工厂,统一归当地粮食部门领导。四是实行粮食统一管理。在中央统一领导下,由中央与地方分工负责粮食管理。由中央制定全国粮食收购政策,地方因地制宜,分工负责,保障实施。收购的粮食由中央统一集中管理,省际间的余缺调剂由中央调拨。

1955年后,国家根据全国粮食生产销售情况,逐步完善了一些配套的措施办法。先后实行了粮食定产、定购、定销,售粮奖售工业品,超购加价奖励和粮食征购、销售、调拨包干等制度。

七、粮食风险基金制度

粮食风险基金制度是国家粮食宏观调控的一项重要制度。1994年,我国建立了粮食风险基金,这是事关国计民生的第一个专项宏观调控基金。粮食风险基金是中央和地方政府宏观调控粮食经济的专项基金,是确保粮食安全、市场稳定和调整农民利益的一种经济管理手段。《粮食风险基金实施意见》规定,中央基金由中央预算安排,地方资金由地方安排。中央粮食风险基金的用途是国家储备粮油和中央专项储备粮食的利息、费用支出;特殊情况下需动用中央储备粮调节粮食市场价格时所需的开支;用于地方政府为平抑粮食市场价格吞吐粮食发生的利息、费用和价差支出;对贫困地区吃返销粮的农民由于粮价提高而增加的补助。

2004年,《中共中央国务院关于促进农民增加收入若干政策意见》明确提出从当年开始,为保护种粮农民利益,国家从粮食风险基金中拿出部分资金,用于主产区种粮农民的直接补贴。同年,财政部出台《实行对种粮农民直接补贴、调整粮食风险基金使用范围的实施意见》,粮食风险基金的主要用途调整为:对种粮农民的直接补贴,省级储备粮油的利息、费用补贴,对政策性挂账的利息补贴,按保护价收购的老库存粮食在销售之前的利息、费用补贴,对国有粮食购销企业分流人员给予的适当补助,与直补相关的必要的工作经费。

八、现代粮食流通管理制度

随着我国市场经济的发展,粮食流通体制一改计划经济时期国家垄断经营方式,以市场化改革为导向,逐步放开了粮食市场,粮食经营主体逐渐增多,管理粮食流通秩序成为政府的重要职责。

国务院在《关于进一步保障深化粮食流通制定改革的意见》中指出:“2004年全面放开粮食收购市场,积极稳妥推进粮食流通体制改革”。为保障粮食市场全面放开后的流通秩序,国务院又颁布了《粮食流通管理条例》,从粮食经营、宏观调控、监督检查、法律责任等方面进行了规定。

《条例》允许鼓励多种所有制市场主体从事粮食经营活动。积极推进国有粮食购销企业改革,实行政企分开,建立健全法人治理结构,使企业成为自主经营、自负盈亏的市场主体。规定凡是从事粮食经营者,必须具备经营资金筹措能力、相应的粮食质量检验和保管能力,在粮食行政管理部门依法取得粮食收购价格,并在工商行政管理部门办理营业执照后,方可从事粮食经营活动。粮食收购者要在收购场所公示粮食的品种、质量标准和收购价格。粮食经营者不得将粮食与有可能对储藏产生污染的有害物质混存,要定期向粮食行政管理部门报告粮食收购数量。销售粮食时不得缺斤少两、掺杂使假。运输粮食不得使用被污染的运输工具或包装材料。

粮食行政管理部门依法对从事粮食经营者的收购、储存、运输和政策性粮食购销活动,以及执行粮食流通统计制度情况进行监督检查。产品质量监督部门依法对粮食加工过程中的以假充真、以次充好、掺杂使假等违法行为进行监督检查。工商行政管理部门依法对粮食经营活动中的无照经营、超范围经营以及粮食销售活动中的囤积居奇、欺行霸市、强买强卖、掺杂使假、以次充好等扰乱市场秩序和违法违规交易行为进行监督检查。卫生部门依法对粮食加工、销售中的卫生以及成品粮储存中的卫生进行监督检查。价格主管部门依法对粮食流通活动中的价格违法行为进行监督检查。

第 5 节　粮食管理机构

从古至今,粮食是人们最重要的生活资料,也是国家政务工作的主要内容之一。因此,我国自古代以来历朝政府对粮食管理工作都十分重视。

一、早期中国粮食管理概述

1. 夏、商、周时期的粮食管理

夏、商、西周时期,奴隶制社会实行土地国有制,把土地授予百姓耕种。百姓生产的粮食,大约十分之九自己食用,十分之一上交国家。百姓耕种的土地质量不同,向国家贡纳粮食的多少也不同。夏朝时把土地按土质分为九个等级,同时把百姓向国家缴纳的田赋也分为九个等级,规定不同土地按不同的等级向国家缴纳田赋。上交国家的粮食,由百姓出车马送至都城,并根据百姓离都城路途的远近,规定不同的缴纳品种和数量。夏朝规定,离京城百里之内,要把整棵庄稼送交府库。百里外至二百里内缴纳禾穗,二百里至三百里内纳禾秆,三百里至四百里内纳带壳谷,四百里至五百里内则纳米。由近至远,缴纳物的重量逐渐减轻,以均衡百姓的负担。

商朝和周朝均实行井田制,把土地划分成井字的方块,周围的八块给八家耕种,称私田,所产粮食归百姓自家食用。中间一块为公田,由八家共同耕种,所产粮食作为赋税交给国家,这就是“九一而助法”。井田上的粮食生产活动有农官专门负责管理,百姓必须先干完公田上的农活,然后才能从事自家私田的劳动。国家从百姓手里征来的粮食,交由国库储藏。例如，商朝有专门储存粮食的钜桥仓库。据说商朝末代君主商纣王通过横征暴敛，在这里聚积了大量粮食，“厚赋税以实鹿台之钱，而盈钜桥之粟”。又如《史记·殷本纪》中记载，周朝不仅有中央粮库，而且地方和乡镇也有专门储存粮食的仓库。

由于古代抵御自然灾害的能力很低，所以当时非常重视粮食储备。人们认为，三年耕种必须积蓄足够一年食用的余粮，九年则应积蓄足够三年食用的余粮。只有这样，遇到大荒大灾人民才不会挨饿，统治者的地位才能巩固。据《礼记·王制》记载：“国无九年之蓄，曰不足；无六年之蓄，曰急；无三年之蓄，曰国非其国也。三年耕必有一年之食，九年耕必有三年之食，以三十年之通，虽有凶旱水溢，民无菜色。”另据《礼记·王制》中记载，商周时代已有粮食贸易。周朝对粮食买卖已有具体的管理制度，如：“衣服饮食，不粥（卖）于市。五谷不时，果实未熟，不粥于市”，即直接入口的食品不准在市场出卖，五谷杂粮不成熟不准在市场出卖。前者可能是从食品卫生出发考虑的，后者则主要是为了保护生产，因为五谷未到成熟期上市，会影响粮食的年终产量。国家掌握的粮食的主要用途：一是宫廷消费及支付官吏部分俸禄；二是供应军国之需，如军粮；三是救济灾荒和鳏寡孤独等。

2. 春秋时期的粮食管理

春秋时期是中国奴隶社会向封建社会转变的关键时期，与此相适应，古代的粮食生产管理活动进入了一个新的时期。随着奴隶制社会的瓦解，私有土地数量日益增加。一些贵族开始把国家分封的井田变成自己的私产，租给农民耕种。井田之外的大量荒地被开垦，成为私人的土地。公元前 594 年，鲁国实行新的粮食征收制度，不分国有土地还是私人开垦的土地，一律按田亩缴纳赋税，这就是因确认封建土地占有关系而在历史上举足轻重的“初税亩”改革。由于扩大了征税面，也增加了国家通过田赋所得的粮食收入。按亩征税的封建田赋制度后来逐渐普及于各诸侯国，成为各国最基本的粮食征集制度。

春秋时期，奴隶社会的“工商食官”制度已被打破。私商已经取代官商在商品流通中占主导地位。粮食是当时市场上最主要的商品之一。农民和地主缴纳田赋以后的部分余粮要进入市场，以换取各种日用品。工商业者也要通过市场购买粮食。粮食买卖成为流通中最重要的买卖活动。各国统治者非常重视粮食流通。为了促进粮食流通，各国经常在盟约中加进放开粮食经营的条文。例如公元前 651 年，齐桓公与各国诸侯所签订的葵丘之盟，据《春秋谷梁传·禧公九年》记载，盟约就规定“毋讫籴”，就是要求各诸侯国不要阻止本国与其他诸侯国之间的粮食贸易，不要囤积粮食，以便诸侯国之间通过粮食贸易调剂有无，使受灾国家可以从丰收国家购得必要的粮谷。

粮食市场的情况直接影响人民群众的生活和生产的发展，所以，一些国家非常重视粮食市场的管理。例如，春秋末年，越王勾践为了富国强兵，接受大夫范蠡的建议，曾实行平抑粮价的政策。范蠡认为，农业生产的丰歉是周期循环的。每隔六年一个大丰收，再过六年又会出现一个大灾荒，因此粮价不断处于贵贱波动之中。如果粮价低于每石二十钱，就会损害农民的利益，影响荒地的开垦耕种；反之，粮价如果高于九十钱，就会损害工商业者的利益，从而影响市场的繁荣。因此，国家必须随时平抑粮价，使粮价“上不过八十，下不减三十”。据《史记·货殖列传》记载，粮价在八十钱和三十钱之间波动，这样，对农民和市民双方都有利。另外据《国语·越语上》“十年不收于国，民俱有三年之食”的记载，越国由于实行了正确的平抑粮价政策，促进了农、工、商各业的发展，终于实现了富国强兵的目的。

3. 战国时期的粮食管理

战国时期是诸侯争霸战争极为激烈的时代。战国初年，李悝（公元前 455 年～前 395 年）在魏国推行“尽地力之教”和“平籴法”。他认为谷贱伤农，粮价太高或太低对生产发展和政权巩固都不利。因此，国家必须平抑粮价。李悝把年景分为六种：上熟（丰收）、中熟、下熟三种丰收年头和大饥（灾荒）、中饥、小饥三种灾荒年头。“平籴”的具体做法是：丰收年头，国家把百姓手中的余粮收购起来，以防止粮价下降。而灾荒年头，则把丰年收购的粮食开仓出卖，增加市场上粮食的供给，以防止粮价上涨。据《汉书·食货志》记载，“故虽遇饥馑水旱，籴不贵而民不散，取有余以补不足也”。由于李悝的平籴政策稳定了粮价，促进了生产，使魏国成为战国初年的强国之一。

各国还十分重视灾荒年头各地粮食的调剂。如梁惠王（公元前 370 年～前 319 年在位）自称，每当河东发生灾荒时，他就把百姓迁移到河西，而把河西的余粮运送到河东。反之，河西发生灾荒时，他就把百姓迁移到河东，而把河东的余粮运到河西，以解决受灾地区百姓的口粮问题。战国时期粮食流通规模比春秋时期更大，如《管子·八观》所言“粟行于五百里”以及《孙子·作战》记叙“千里馈粮”已是常事。粮食的陆路运输和水路运输都较前更为发展。

4. 隋朝时期的粮食管理

隋文帝时期重视农业，尤其粮食生产的举措屡屡见效。他推行均田制，限制豪强兼并土地，采用轻缓的北齐课役法。在推行和鼓励粮食生产的同时，非常重视粮食的仓储工作，通过设置官仓和义仓来积贮粮食以备荒。

5. 唐朝时期刘晏的粮食管理思想

唐代极负盛名的理财家刘晏对粮食问题的认识和实践都有较大发展，包括粮食生产、流通、储运以及抗灾救灾等。在粮食生产领域，刘晏根据粮食丰歉调整生产者的税赋负担，对农民实行“常岁平敛之，荒年蠲救之”的政策（《新唐书·刘晏传》），以利农民保持稳定的生产能力。在粮食流通流域，刘晏实行“丰则贵籴，歉则贱粜”的平抑粮价的政策，改革推行“常平法”，设置驿站，传递粮情；改革漕运，确保粮运畅通。为了加强粮食宏观调控，了解粮食行情，刘晏以重金雇用专人快速传递粮食市场信息，设置驿站遍布全国，星罗棋布联成网络，及时了解粮价涨落情况。《资治通鉴·唐德宗建中元年》中提到他“常以厚直募善走者，置递相望，觇报四方物价”，认真分析各地送来的信息，动用国家权力，加以调控或调剂余缺，变通有无或限制粮价的波幅，从而保持了粮食市场的相对平衡和稳定。

6. 宋代的粮食安全管理

宋朝时南方经济处于飞速发展阶段，实行稻作两熟制，提高了土地利用效率，增加了粮食产量。粮食安全管理的理论与实践也有重大发展，其中以范仲淹提出的以工代赈的救灾之举和朱熹首创的社仓制度最具代表性。面对严重的自然灾害，范仲淹取义人工，并给以廪食，既能修建公益工程，又能达到救助灾民目的，时人称“荒政之施，莫此为大”（《梦溪笔谈》卷十一）。社仓是一种民间互助组织，设在乡村，而不设在州县官府所在地；它是由民间推选人员进行管理，而不是官府干预；它不仅在饥荒时开仓赈济，而且每年春夏时对贫民赈贷，至秋后加利息归还。

7. 元代的重农重粮思想与生产技术

元代在农业生产上取得的一定成就，与统治者对农业的重视分不开。元世祖忽必烈即位之初，就极力主张发展农业和粮食生产，“首诏天下：国以民为本，民以衣食为本，衣食以农桑为本。于是颁《农桑辑要》之书于民”。在“劝农桑以富民”的思想指导下，推行了一系列重农重粮的政策和措施：颁布农桑之制，保护农力，禁止扰民；设置劝农机构和劝农官员；重视农业知识的传播和农业技术的普及，指导农民耕作。皇帝授命大司农收集天下古今中外的农桑之书，编辑成《农桑辑要》并颁布天下。期间，郭守敬编制了当时最先进的《授时历》，随后出版了鲁明善的《农桑衣食撮要》，以及王祯的《农书》等。这些书籍的刊行，使先进的农耕技术得到更大范围的推广，对粮食生产的发展起到了极其重要的推动作用。

8. 明清时期的粮食安全管理

明清时期重农思想继续倡行，荒政制度和仓储制度已经相当完备，而且许多思想家开始注意粮食的市场贸易在解决粮食安全方面的作用。徐光启等人论述粮食的作用、粮食流通、赈济灾荒的思想至今仍有许多值得借鉴的观点。在粮食生产领域，时人已经发现人口滋生、商品经济的发展会大大增加对粮食的需求，并提出相应的措施以求提高粮食生产量。在土地垦殖上，他们鼓励农民垦荒种植，并反复强调封建朝廷要“躬劝农桑”“通商劝农”“开民之利、劝之以耕、使裕于养”，要求封建政权采取休养生息的政策。徐光启在《农政全书》上用了长达九卷的篇幅讲水利建设的技术和经验。同时，为了保护农民从事农业生产的积极性，王船山则反复阐述谷贱伤农的道理，必须重视粮食的价格问题。为此，国家应采取必要的行政手段，用籴粜之法去平抑粮价。在粮食流通方面，进入明清时期以后，由于人口增长和经济作物的发展，全国已形成大范围的余粮区和缺粮区，粮食的商品化已成必然趋势。因此，通过粮食市场进行贸易以调剂粮食余缺逐渐为统治者接受并倡行至清代中晚期，粮食仓储制度也已经非常完备。

二、新中国粮食管理工作及发展

1949 年以后，结束了几十年的战争，再加上土地改革，粮食产量逐年增加，但是，国家征购的增长高于粮食产量的增长。而与此同时，国家征购的增长难以赶上对粮食需求的增长。1953 年 10 月 16 日，中共中央发出了《关于实行粮食的计划收购与计划供应的决议》，决议中的“计划收购”被简称为“统购”，“计划供应”被简称为“统销”。后来，统购统销的范围又继续扩大到棉花、纱布和食油。统购统销，就是借助政府力量，让农民把生产的粮食卖给国家，全社会所需要的粮食全由国家供应，农民自己食用的数量和品种也得由国家批准后才能留用。城镇家庭每家一个粮本，凭粮本供应粮食。此外，国家还严格控制粮食市场，禁止粮食自由买卖。在统购统销中，国家规定了城镇人口每月的粮食定量，这期间粮食价格一直倒挂。

1978 年，在农村实行联产承包责任制，农民种粮的积极性空前提高，粮食真正多了起来。

1983 年，中共中央 1 号文件指出，“对重要农副产品实行统派购是完全必要的，但品种不宜过多”。

1984 年，中共中央 1 号文件又指出，“要随着生产和市场供给的改善，继续减少统派购的品种和范围”。这一年粮食产量达到历史最高水平，其他农副产品的产量也大幅度增长。

图 15-12　优待售粮储蓄存单　中国粮食博物馆（筹）藏

1985 年，国家不再对农村下达指令性的收购计划，而是采用“合同定购”的方式来收购国家需要的粮食。中央提出了“逐步缩小合同订购数量，扩大市场议购”的新方针。

1992 年底，全国 844 个县（市）放开了粮食价格，粮食市场形成，从 1953 年开始实行了 39 年的统购统销才真正退出了历史舞台。

到 1993 年下半年，全国除西藏外，相继放开了粮食购销价格。粮价放开后不久，全国粮价受到影响，国务院决定对城镇居民口粮销售价格实行限价政策。

1994 年，国务院大幅度提高定购价和城镇居民口粮销售价格，同时把国家定购粮的收购价和城镇居民口粮销售价格收归国家统一制定。

1997 年，中央决定建立粮食收购保护价，1998 年粮食定购价与保护价并轨，之后逐步调整保护价收购范围，降低保护价格水平，至 2004 年全面放开，并决定对重点地区、重要粮食品种实行最低收购价政策。

从 2005 年起，国家相继在稻谷和小麦主产区对稻谷、小麦两大品种实行最低收购价政策，在规定时间内敞开收购，价格还是由国家制定。

2008 年以来，国家又相继对玉米、大豆、油菜籽和稻谷、小麦实行临时收储政策，制定了临时收储价格。

改革开放以来，粮食流通体制改革大致经历了六个阶段：从 1978 年至 1984 年在统购统销制度下稳步放活粮食经营，1985 年至 1992 年取消粮食统购、实行合同定购方式，1993 年至 1997 年放开粮食价格和经营、实行“两条线”运行，1998 年至 2003 年放开销区、保护产区、积极推进粮食购销市场化改革，2004 年至 2012 年全面放开粮食收购市场、实行粮食支持保护政策，再到 2013 年以来推进粮食收储制度改革、推动粮食产业高质量发展，不断实践探索，改革不断深入。

历经几十年的艰苦奋斗，中国在粮食问题上取得了举世瞩目的成就，全国粮食总产量从 1949 年的 2260 多亿斤增加到 2018 年的 13158 亿斤。我国用世界 7% 的耕地养活了世界 20% 左右的人口，这是新中国粮食发展及管理史上的光辉篇章，也是中国人书写的“世界粮食传奇”。受益于连续多年的“惠农”政策，我国粮食实现了“多连增”，解决了 13 亿多人的吃饭问题，粮食产能不断跨上新台阶，仓储条件显著改善，仓储设施现代化水平处于世界前列，粮食产品日益丰富，城乡居民粮食消费水平大幅度提高。

三、我国粮食机构改革历程

1. 解放初期的国家粮食机构

新中国成立时的粮食机构，是在解放战争时期各地建立的粮食管理和粮食经营机构基础上发展起来的。各级政府财政部门领导的各级粮食管理机构，负责公粮的征收、入库、保管、调度和军粮以及其他财政粮的供应管理工作；贸易部门领导的各级粮食公司，负责城乡粮食购销、粮食市场管理和财政拨粮的经营业务。

1950 年 3 月 1 日，中央贸易部所属中国粮食公司正式成立，各大行政区的区公司和省、市公司，以及省、市以下的分支公司也相继成立。10 月 1 日，中央财政部在原粮食处的基础上也正式成立了粮食管理总局。从此，新中国的粮食机构正式组建。

2. 粮食部和地方粮食(厅)局的建立

1952 年 9 月 1 日，为了便于统一领导、统一计划、统一调度，加强全国粮食的掌握和运用，以迎接大规模有计划的经济建设，中央决定在中国粮食公司和粮食管理总局合并的基础上，正式成立中央人民政府粮食部，而各大行政区设粮食管理局。各省、自治区、直辖市设粮食厅(局)，专区设粮食局(处)，县设粮食局(科)，都作为同级政府的组成部分，实行双重领导。至此，全国健全和完善了上自中央、下至县一级的各级粮食行政管理机构，代表同级政府行使对粮食工作的管理职能。

1970 年，粮食部与原有的商业部、全国供销合作总社和中央工商行政管理局合并为商业部。

3. 改革开放后的粮食机构

1979 年 4 月 27 日，中共中央发出通知，决定恢复成立粮食部。1982 年 3 月 15 日，按照第五届全国人大第二十二次常委会议通过的《关于国务院机构改革问题的决议》，又将商业部、粮食部和全国供销合作总社合并，设立新的商业部。除少数省、区的粮食机构与商业厅合并，出现了粮棉局、粮食公司、粮油公司等机构外，大部分仍保留了粮食局的名称。

1982 年，随着改革开放和市场经济的建立，粮食部门也开始实行“一业为主，多种经营”，除继续搞好粮油计划供应外，开始经营粮油食品。随之，粮食机构也实行政企分开，有的改成了粮食食品局、粮油食品局，有的新成立了粮油食品供应公司、粮食食品工业公司、粮油收藏公司、饲料公司等，原来最基层的区乡粮油管理站，也改为了粮油食品站。这一时期粮食机构改革进入了一个新阶段。

1990 年，国务院成立国家粮食储备局，负责国家粮食储备和管理工作，隶属国内贸易部管理。到 20 世纪 90 年代，粮食供应量不断增加，俗称“第二人民币”的粮票逐渐退出了历史舞台。

2000 年 4 月，国家粮食储备局分为国家粮食局和中国储备粮管理总公司。

2018 年 3 月 13 日，十三届全国人大一次会议审议通过了国务院机构改革方案，组建了国家粮食和物资储备局，不再保留国家粮食局。国家粮食和物资储备局由国家发展和改革委员会管理，负责全国粮食流通宏观调控具体业务、行业指导和中央储备粮行政管理的行政机构。

中国储备粮管理总公司是经国务院批准组建的国有大型企业，具体负责中央储备粮（含中央储备油）的经营管理，对中央储备粮的总量、质量和储存安全负总责，同时接受国家委托执行粮油购销调存等调控任务。总公司在国家宏观调控和监督管理下，实行自主经营、自负盈亏。

思考与实践

粮食安全问题

粮食安全是一个发展的概念，是为应对粮食危机提出的。基本要求是通过一系列措施推动各国政府重视世界粮食安全问题，采取相应国家政策措施，消除了粮食危机的因素，粮食就基本安全。粮食的安全程度反映一个国家粮食生产及消费的能力和水平、对外贸易和对外贸易关系，直接关系到生活和生产的需要以及社会的稳定。粮食安全还强调“所有的人都有获得粮食的能力”，这样就把粮食安全活动从一个国家延伸到每一个家庭、每一个人，形成了家庭粮食安全、居民口粮安全等概念。

我国粮食安全仍面临许多挑战。《国家粮食安全中长期规划纲要（2008~2020年）》明确指出：近年来，我国粮食生产发展和供需形势呈现出较好局面，为改革发展稳定全局奠定了重要基础。但是必须清醒地看到，农业仍然是国民经济的薄弱环节，随着工业化和城镇化的推进，我国粮食安全面临的形势出现了一些新情况和新问题：一是粮食生产逐步恢复，但继续稳定增产的难度加大；二是粮食供求将长期处于紧平衡状态；三是农产品进出口贸易出现逆差，大豆和棉花进口量逐年扩大；四是主要农副产品价格大幅上涨，成为经济发展中的突出问题。从中长期发展趋势看，受人口、耕地、水资源、气候能源、国际市场等因素变化影响，上述趋势难以逆转，我国粮食和食物安全将面临严峻挑战。该纲要具体分析了七大挑战，即消费需求刚性增长、耕地数量逐年减少、水资源短缺矛盾凸现、供需区域性矛盾突出、品种结构性矛盾加剧、种粮比较效益偏低、全球粮食供求偏紧。

拓展阅读

爱粮节粮宣传周活动

活动由来：1990 年 6 月 15 日，北京铁路局临汾铁二小的少先队员们给时任国务院总理李鹏写信，汇报了他们以“爱惜粮食”为主要内容的主题队会，并建议全国确定“爱惜粮食日”。李鹏总理 7 月 15 日复信，肯定了少先队员们的建议，并责成有关部门研究具体实施方案。

1991 年 9 月 28 日，中共中央印发《关于在全国开展爱惜粮食节约粮食活动的通知》，决定从 1991 年起，每年 10 月在全国开展“爱惜粮食节约粮食宣传周”活动，采取各种形式，教育人民爱惜粮食节约粮食。同日，国务院印发《关于开展爱惜粮食节约粮食宣传周活动的通知》，确定每年世界粮食日（10 月 16 日）所在周为全国“爱惜粮食节约粮食宣传周”。

2018 年，在第 38 个世界粮食日、我国第 28 个“爱粮节粮”宣传周之际，国家粮食与物资储备局首次以“端牢国人饭碗、保障粮食安全”为主题，广泛开展粮食安全系列宣传活动，旨在引导全社会进一步增强粮食安全意识，科学把握粮食安全形势，共同推动兴粮强粮，大力倡导爱粮节粮，合力守护“中国粮食、中国饭碗”。

国家粮食与物资储备局落实党中央、国务院的决策部署，坚持以改革创新为动力，以供给侧结构性改革为主线，以高质量发展为目标，加快实现优粮优产、优粮优购、优粮优储、优粮优加、优粮优销“五优联动”，大力推动粮食收储制度、储备管理、流通监管等方面改革，加大粮食产业技术、产品、业态等创新力度，积极开展粮食安全国际合作，着力构建更高质量、更有效率、更可持续的粮食安全保障体系。

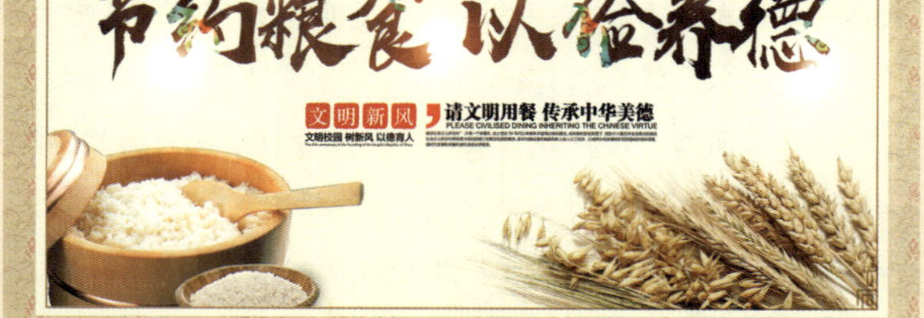

图 15-13　爱粮节粮宣传周

第 16 章　粮食行为文化

粮食行为文化是指人们在生活和工作中所贡献的有价值的、促进人类文明和社会发展的经验及创造性活动。在一定历史条件下产生的粮食行为文化，对粮食行业乃至社会成员都会产生潜移默化的影响作用，构成粮食文化之“神”。

第 1 节　粮食神话传说

我国古代的神话故事丰富而多彩，流传下来的也有很多。在原始社会，生产力水平低下，面对难以捉摸和控制的自然界，人们不由自主地会产生一种神秘和敬畏的感情，而一些特殊的灾害性的自然现象，如地震、洪水等尤其能引起惊奇和恐慌，由此幻想出世界上存在着种种超自然的神灵和魔力，并对之进行膜拜，自然就在一定程度上被神化了。中国的神话故事多见于先秦和汉代的古籍中，在《山海经》《淮南子》《周易》《史记》等著作中都汇集了粮食神话传说。

一、神农尝百草

上古时候，五谷和杂草长在一起，药物和百花开在一起，哪些东西可以吃，哪些东西可以治病，谁也分不清楚。

民间相传，神农的样子长得很怪，牛的头面，人的身子。他的肚子光亮透明，心肝脾肺肠全都能看得一清二楚。这或许是因为他在农业上就像几千年来帮助人类耕种的辛勤老牛一样，所以才被人们想象成这样。人们感念他的恩德，所以称他为神农。由于当时人们对各种植物的习性不了解，因此经常误食毒草而致死。神农看到误食毒草而死去的人时心里非常难过，他下决心要把他能看到的所有东西都尝一遍。

一天，神农尝百草时，随身带着一只能看到五脏六腑、十二经络并帮助他识别药性

图 16-1　神农（《中国粮食史图说》）

的活仪器——獐鼠，又名獐狮。獐鼠吃了巴豆后，腹泻不止，神农把它放在一棵青叶树下休息，过了一夜，獐鼠奇迹般地康复了，原来是獐鼠吸吮了青树上滴落的露水解了毒。神农摘下青树的叶子放进嘴里品尝，顿感神志清爽、甘润止渴。神农教人们种了这种青树，它就是现在的茶树。神农架民间传唱“茶树本是神农栽，朵朵白花叶间开。栽时不畏云和雾，长时不怕风雨来。嫩叶做茶解百毒，每家每户都喜爱”的山歌就是纪念神农尝百草、造福人间的功绩。

神农尝遍了多种草，据说被他尝过的花、草、根、叶，就有三十九万八千余种。一次他尝了一朵像蝴蝶的淡红小花。那叶儿像羽毛，甜丝丝的，香味扑鼻，这就是“甘草”。神农几乎每天都会吃下去一些毒草，最多一次他在一天当中就中过七十次毒，都多亏了茶叶解救了他。有一天，神农见到一朵黄黄的小花，像小茶花，那叶子一缩一动的，他才刚把叶子放进嘴里，肚肠就一节一节地断开，他来不及吃茶叶解毒就死去了。后来人们把这种草称为“断肠草”。

神农发明了中草药治疗疾病的方法，为了了解各种草药的特征和治疗疾病的功效，他亲自尝药，最后中毒死亡，正是这种以身实践和探索的精神，奠定了中国中医学的基础，开创了中华民族的中医学文化。后人为了纪念他，将中国的第一部医学著作命名为《神农本草经》。在我国的川、鄂、陕交界的天然中草药库，传说是神农尝百草的地方，人们把这一地区称为神农架山区。

二、后稷播五谷

《诗经·生民》是记载后稷最早的文献，诗篇描述了周始祖后稷神奇的降生，体现了父系时代流传下来的早期观念，并保留了母系时代的某些社会遗俗。

后稷，姓姬，名弃，传说是周的始祖，也是中国农业生产的始祖。后稷母亲名姜嫄，为帝喾之妃。传说姜嫄在郊野践巨人足迹时怀孕生下他，以为不吉祥，先弃之不管，后见其不死，复又抱回抚养，因此起名为“弃”。如果说神农氏“尝百草”发明了农业，后稷则是推动了农业种植的发展，培育了黍、稷等作物，被尧舜封为农官，使“天下得其利”。

相传，弃小时候很聪明，喜种五谷麻菽，经他观察发现，有的植物籽粒掉落到地上，还能继续生长并能开花结籽。于是他把采摘的一些野生植物籽粒收藏起来，用石块刨土种在地里，结果这些植物都长得很茂盛，果实累累。弃长大以后，擅长耕种，用木头和石块制造了简单的工具。为了能区别和培育这些野生的植物籽粒，他给它们起名为黍、稷、麦、稻、菽等。他还通过观察各种土地的特性，辨别哪种土地适合种植，哪种土地不适合种植，选出适合种植的土地来耕种，庄稼就长得好。他在农业方面积累了丰富的经验，毫无保留地把自己的农耕知识传授给周围的人们，老百姓看到了都效仿他，于是他所在地方的庄稼就年年获得丰收，粮食越来越多。有了五谷的种植以后，人们逐渐摆脱了仅靠打猎捕鱼和采食野果的生活。因此，人们把弃尊称为"后稷"，"后"的意思是君王，"稷"的意思是粮食。

后稷作为农神的形象，经历了一个漫长的多阶段的演变过程。这一形象的演变，反映出黄河流域远古人类对农耕的依赖和对农神的崇拜。中国神话大多以部族神话为主体，具有地域性和部族的差异性，有各自不同的产生区域和传承范围，周朝在中国历史上以农业立国著称，后稷则是周末取代商以前的周民族的部族神。

第 2 节　粮食历史故事

粮食历史是人类在生产生活中曾经发生的连续的粮食行为活动。中华民族千百年来在华夏大地上春种夏耘、秋收冬藏。人们为粮食而欢欣，因粮食而战争，留下了许多感人至深的粮食历史故事，它是中华民族灿烂文化的一朵浪花，蕴含着中华民族的智慧和勇气。本节从政治、军事、经济的角度，选取三则粮食历史故事，让大家体味一下曾经的惊心动魄，从中得到良多启迪。

2000 多年前的春秋时期，齐国的管仲就以"粮食武器"三策兴齐；三国时曹操"乌巢焚粮"大败袁绍，成就了霸主基业；新中国成立后，上海"粮食之战"，一举平定了持续十多年的通货膨胀。

一、政治故事：齐桓公以"粮"御天下

春秋时期，齐国本是小国，姜太公初封时地不过方圆百里，而且很多是不适合粮食生长的盐碱地，粮食产量和人口都不多。齐桓公采用国相管仲的计谋，以粮食为武器，成功地征服了诸侯各国，取得了霸主地位，这与管仲的粮食战略有很大关系。

起初，齐桓公认为鲁、梁两国对齐国存在重大威胁，问管仲有什么办法。管仲没有道出攻城掠地之策，而是建议齐桓公穿绨料衣服，并引导王公大臣们都穿绨服。绨是一种

由丝线做“经”、棉线做“纬”的纺织品，鲁和梁的老百姓擅长织绨，看到齐桓公和王公贵族都穿着绨做的衣服，齐国的老百姓都纷纷效仿，一时绨价大涨。但齐桓公却限制国内百姓织绨，所需的绨都到鲁、梁去买。鲁、梁百姓看到织绨有利可图，就放弃了种植粮食，专门从事种桑织绨。管仲对鲁、梁的商人说：“你们国家生产的绨很好，我国人民都喜欢穿。如果你们贩来绨一千匹，我给你们三百金；若贩来万匹，给金三千。”一时，鲁、梁两国的老百姓都把绨运到齐国卖高价，而获取利润。鲁、梁的国君听后十分高兴，便鼓励百姓织绨。鲁、梁国库收入也为之大增。一年后，管仲派人去鲁、梁，见老百姓几乎全部放弃了农业生产，忙着织绨运绨。

这时，管仲又劝齐桓公改穿帛料衣服，并传言鲁、梁百姓织的绨不好，让老百姓也不再穿绨做的衣服，不要再与鲁、梁两国做绨的生意。十个月后，管仲叫人再去鲁、梁两国，但见鲁、梁两国粮食紧缺，饿殍到处都是。鲁、梁两国的国君也急忙让百姓去种粮，但粮食在三个月内是无法生产出来的。于是，鲁、梁谷价腾飞，百姓只好从齐国买粮，每石要花上千钱，而齐国的粮价每石才十钱。两年后，鲁、梁两国的百姓有十分之六归顺了齐国，三年后，鲁、梁的国君也不得已请求臣服齐国了。

后来，齐桓公又想攻占楚国，又害怕楚国强大不能成功，向管仲请教办法。管仲让齐桓公以高价收购楚国的活鹿，并且告诉楚国商人，贩鹿到齐国可以发大财。于是楚国的男女全都为捕捉生鹿而奔忙，放弃了粮食生产；而齐国却早已“藏谷之十六”了。当楚国的百姓无粮可食时，管仲又关闭了国界，终止活鹿和粮食交易。结果，楚人降齐者，十分之四。

代国出产狐皮，管仲又劝齐桓公叫人到代国去高价购买狐皮，代国人以狐皮能获高利，纷纷放弃农业生产，成天在山林之中去捉狐狸。但狐却少得可怜，“二十四月而不得一”。结果是狐皮没有弄到，农业生产也耽误了，没有粮食吃，导致北方的离枝国乘虚侵扰。在此情况下，代国国王只好投降齐国。齐国一兵未动而征服了代国。

二、军事故事：“乌巢焚粮”曹操败袁绍

《三国演义》第三十回《战官渡本初败绩，劫乌巢孟德烧粮》中，讲述了曹操乌巢烧粮大败袁绍的故事。

汉献帝建安五年(公元220年)，曹操和袁绍之间爆发了官渡之战。此时，袁绍占据幽、冀、青、并四州，曹操占据着兖州和豫州，并控制着汉献帝，“挟天子以令诸侯”。在官渡之战的最初阶段，双方各有胜负，形成了相持局面。日子一久，双方的军粮都难以为继。袁军大将韩猛押送的几千车军粮，被曹操派大将徐晃、史涣截击焚烧。曹军派往许都催办

粮草的军士也被袁军抓获，书信也落到了袁军谋士许攸的手中。战争的胜负系于粮草，双方打起了“粮食之战”。袁绍军粮囤积在离官渡四十里的乌巢，为了防止曹军偷袭，袁绍派大将淳于琼带领两万人马驻守。袁绍谋士许攸献计，应乘此机会分兵攻打许都。恰在此时有人从邺郡来说，许攸的家人在冀州滥收课税钱粮，被当地官员捕拿下狱。袁绍闻此十分生气，不但不听许攸之计，反而责骂许攸是曹操的奸细，许攸一气之下投奔了曹操。

许攸是曹操的故友，在袁绍处做谋士。听说许攸来投，曹操喜出望外，高兴得连靴子也没顾得上穿，就光着脚板出来迎接。许攸问曹操军中的粮食还有多少，曹操说可以够一年。许攸不相信，曹操又改口说能支持半年，许攸佯装生气“休瞒我！粮已尽矣”。随后许攸将截获的书信告诉曹操，曹操十分惊讶，请许攸赐教。攸曰：“袁绍军粮辎重，尽积乌巢，今拨淳于琼把守，琼嗜酒无备。公可选精兵诈称袁将蒋奇领兵到彼护粮，乘间烧其粮草辎重，则绍军不三日将自乱矣”。

曹操采纳了许攸的计谋，留大将曹洪守营，自己率五千轻兵偷袭乌巢，并纵火焚烧袁军粮草，袁军守将淳于琼匆忙应战，被曹军割去其耳鼻手指，袁军蒋奇也被曹军所杀。偷袭曹营的将领张郃、高览听到乌巢失守、军粮被烧的消息后，认为大势已去，便率全军投降了曹操。曹军乘胜追击，大败袁军，取得了官渡之战的胜利。

官渡之战是历史上一场著名的以少胜多的战例。曹操并没有杀伤多少袁军，而是焚烧其军粮，动摇其军心，从而取得了战争胜利。袁绍从此一蹶不振，两年后抑郁而亡，曹操从此统一了北方，奠定了争雄天下的势力。

三、经济故事：上海“粮食之战”

1949 年，中国人民解放军在军事上节节胜利的同时，一场经济之战也拉开了序幕，这就是在大城市展开的“粮棉之战”，上海的“粮食之战”就是其战役之一。

在新中国成立前的几年中，国民党统治区的物价飞涨，各路的投机商人也是推波助澜，借此大肆敛财，造成了十分严重的通货膨胀。粮食价格的上涨，不仅影响了物价上涨，也造成了人心浮动。1949 年 10 月 15 日起，以上海等大城市为先导，又掀起一波涨价风潮。上海、武汉是由纱布带头，北京、天津则以粮食带头。当时对物价影响最大的是粮食，为了从根本上制止粮价飞涨、稳定市场，中央决定从东北及冀鲁豫解放区调运粮食到粮价高涨的城市，然后集中抛售，以打击投机商人。11 月 1 日至 5 日，中央财经委员会召开会议，进行了专门部署。经过一段时间的紧张准备，集结了大量的纱布、粮食等物资。

11 月中旬，一场有目的、有组织、有步骤的“粮棉之战”在全国紧张而有序地打响了。陈云亲自坐镇指挥，北京、上海、天津、武汉、广州、西安每天都有市场粮食卖出多少、买进多少、当日价格、资本家吃进及吐出情况的电话汇报。11 月 25 日，全国采取统一行动，在上海、北京等大城市大量抛售纱布。投机商们一看有纱布出售，争相购入，甚至不惜借高利贷。可是国营公司一边抛售一边降价，投机商们意识到大事不妙，于是又赶紧抛售手中囤积的纱布，可抛得越多，价格跌得越快，使他们赔本又付息，叫苦不迭。

11 月底，物价逐渐得以平稳，陈云意识到未能从根本上解决问题，资本家和投机商也不会就此善罢甘休，于是一场更大的“粮食之战”又紧锣密鼓地拉开了。这次的主战场在上海。12 月 12 日，中央财经委又召开会议，对全国范围内统一调度粮食又做了精心部署。两个月内，从上海周边及四川、东北调运了十几亿斤粮食入沪，足够周转一年半。北京、天津、武汉等大城市的粮食也得到大量补充。上海等地的资本家和投机势力，在经历了金融和棉纱两次打击后，仍不甘心失败。他们看准了 1950 年春节前后的粮食市场。上海的粮食市场，历来有春节后“红盘”看涨的老规律。投机商们想在粮食市场上大捞一把，以挽回前两次的损失。春节前，他们就千方百计地囤积粮食，在市场上能买到多少就买进多少，然后待价而沽。可春节过后开市第一天，投机商们却傻了眼，粮食价格不但没有如往年一样看涨，反而连续下跌。在中财委的部署下，上海广开国营粮店，并连续抛售了 2 亿多斤大米。投机商们被逼无奈，不得不亏本把囤积的大米全部吐了出来。

“粮食之战”，使资本家和投机商真正看到了中国共产党领导的新中国的强大，共产党是不可战胜的，从此再也不敢投机钻营、兴风作浪了。在国民党统治下持续了十多年的通货膨胀也得到了控制，全国的物价基本趋于稳定。

第 3 节　粮食风云人物

在中华粮食文明史上，人才辈出。他们中有以“粮”御天下的政治家，有“平准”安天下的理财家，也有潜心农科的科学家。他们对粮食文明做出了重大贡献，他们的英雄行为为人们世代称道，潜移默化地影响着后人的粮食行为。仔细阅读他们的故事，就是在了解一段粮食文明史，更是在了解一种粮食文化。

一、先秦时以农立国，群英荟萃

先秦时期，尤其是春秋战国时期，铁制农具、牛耕的产生和私有制的出现，推动了粮食生产的发展，粮食成为主要社会财富。其时，粮食是社会政治经济活动的主要内容，粮食不但事关社会稳定、政权巩固，而且也是诸侯争霸的经济基础。围绕粮食的生产经营管理造就了一批举足轻重的政治家、军事家和商业家，呈现出了一派群星灿烂的景象。

1. 管仲

管仲(约公元前723年~前645年),名夷吾,字仲,又名敬仲,齐国颍上(今安徽颍上)人。管仲是春秋初期齐国的政治家、思想家,中国粮食流通理论的创始人。管仲出生于没落的贵族领主家庭,少时丧父,生活贫苦,为维持生计,青少年时期同好友鲍叔牙合伙经商。后来,二人都放弃了经商,管仲投奔到齐国公子纠的门下做宾客,鲍叔牙投在公子小白门下做宾客。公子小白后来做了齐国的国君,即齐桓公。管仲经鲍叔牙推荐被齐桓公任为上卿,担任了齐国的国相,辅佐齐桓公“九合诸侯,一匡天下”,使齐国成为春秋时代的第一个霸主。

管仲处在封建领主经济开始瓦解、地主土地占有形式开始发展时期。他担任齐国国相后,在政治上主张依法治国,大力整饬齐国内政,开辟兵源。在经济上,推行盐铁专卖政策,增加了国家财政收入。他认为农业是国家的经济命脉,主张重农贵粟;他对农业生产关系进行重大改革,大力推行“均地分力”和“相地而衰征”的政策,把原来井田制下的公田直接分给农民耕种,变劳役地租为“什伍之谷”的实物地租,提高了农民的劳动积极性,促进了粮食生产发展。管仲在发展农业生产的同时,注重粮食商品流通,创立了一整套的粮食流通理论。他认为“五谷者,万物之主也”。粮食在商品流通领域中具有特殊的地位和作用,主张国家要有一定的粮食储备,才能“轻重敛散以时”,根据粮食价格涨落,适时吞吐,调节市场粮食商品价格。他还以粮食为武器,辅佐齐桓公与其他诸侯国进行争霸战,多次削弱周围诸侯国的实力。他推行了一系列富国安民的重要措施,从而使齐国国富兵强,取得了霸主的地位。

现存《管子》一书是战国时期一本伟大的经济著作。现代学者研究认为,该书是管仲及其思想的继承者编写的,它集纳了管仲和先秦社会的治国思想和智慧。西汉司马迁说,管仲“其为政也,善因祸而为福,转败而为功,贵轻重,慎权衡”。管仲的经济思想尤其是粮食流通思想对历代的经济理沦和粮食经济政策的制定都产生了重大影响。他的名言“仓廪实而知礼节,衣食足而知荣辱”至今广为流传。

2. 范蠡

范蠡,字少伯,楚国宛地(今河南南阳)人,其生卒年月不详。春秋末期越国大夫,中国历史上有名的政治权谋家,“平粜法”的创立者。他曾事越王勾践二十余年(公元前496年~前473年),为越国上将军。吴国灭越国后,范蠡与勾践入宦于吴国,忍辱负重,取信于吴国君臣。两年后与勾践离开吴国,帮助越国发奋图强,从而称霸中原。后辞别勾践,离开越国,到了齐国“天下之中”的经济都会陶邑(今山东定陶),从事商业经营,自称陶朱公。他“候时转物,逐什一之利”,“十九年之中三致千金”,家产“遂至巨万,故言富者皆称陶朱公”,为天下富翁。

范蠡多智谋,善经商,其经济思想代表了春秋后期新兴的商人阶级利益。他传奇般的复杂经历和在事业上取得的巨大成就,在中国历史上留下了不可磨灭的影响。他认识到粮食价格对于社会经济的重要性,主张采取经济措施,“平粜齐物”,运用粮食收放的办法控制粮价的波动。即在丰年粮价过低时,官府以高于市场的价格收储粮食;荒年粮价过高时,官府以低于市场价格出售粮食,使之处于“农商俱利”的状态。平粜论在中国粮食经济史上具有重大的理论意义,其思想是中国传统文化的宝贵精神财富。

3. 李悝

李悝(约公元前455年~前395年),又名李克,魏国人。战国初期著名政治家,先秦法家创始人和奠基者,是平籴法的创立者。在魏文侯的示意下,李悝根据魏国的实际情况,对魏国进行社会改革,制定了一系列的改革措施。他废除了井田制,并将土地买卖合法化,李悝还派人测量土地的量产,根据不同的量产标准,制定合理的税收政策,提高了百姓种植粮食的积极性,把一部分荒地分给没有土地的农民耕种,国家也因此得到了“什一之税”,增加了国家的粮食储存量。他废除旧的封建领主世袭制,扶持新兴地主阶级,使魏国国富兵强。

李悝提出了平籴法,即国家在丰年时收储粮食以待荒年发放,并以调剂粮食供求、稳定物价。他在平籴法中,首先指出粮食价格太贱不利于生产者,太贵又不利于一般消费者,太贱或太贵的粮食价格对于封建国家的统治都是不利的。制定粮食价格,要做到生产与消费两者俱利。李悝这种生产与消费并重的经济思想对我国古代粮食价格的制定产生了很大的影响。平籴法是通过“取有余补不足”,使丰收之年与饥荒之年的粮价都基本保持平衡,民众不至于因粮价过低或过高而逃亡或流散,“行之魏国,国以富强”。后世的均输平准和常平仓制度,均受李悝平籴思想的影响。

4. 商鞅

商鞅(约公元前390年~前338年),战国中期秦国首倡农战的政治家、思想家。他是卫国国君的后裔,所以又称卫鞅、公孙鞅。公元前361年,商鞅入秦并通过秦孝公的宠臣景监荐举,取得了秦孝公的信任。公元前356年,商鞅任秦国左庶长。四年后,被任命为“大良造”,兼有国相及将军的职权。商鞅从担任左庶长起,在秦孝公的支持下,进行了历史上有名的“商鞅变法”,对旧的奴隶制进行了比较彻底的改革,确立了新的封建制,使秦国“兵革大强”“家给人足”“诸侯畏惧”。公元前338年,秦孝公死后,在秦国领主贵族的阴谋陷害下,商鞅被秦惠王处死,终年52岁。

商鞅是先秦法家的主要代表,以“重法”著称,主张“壹赏”“壹刑”与“壹教”,即统一赏罚标准，同功同赏、同罪同罚。不管涉及谁，不因人情废弛法律，使官民达到有令必行、有禁必止、有法必依的效果。他在政治上和经济上的改革措施是多方面的，特别是制定了调整农业生产关系和发展粮食生产的一系列具体政策。他继承前人重农思想，提出了农战思想，主张农业和战争并重。他推行“垦草令”，鼓励开荒种田，发展粮食生产；实行按照粮食产量征收田赋的租税制，使税制统一，相对公平。尤其是对粮食商品流通实行严格的国家管控政策，对历代国家粮食宏观调控产生了重要的影响。

5. 白圭

在中国传统商业中，各行各业都有自己的祖师爷，比如建筑业的祖师是鲁班，酿酒业的祖师是杜康，制笔业的祖师是蒙恬，而谈到商道，则不能不谈商人的祖师，那就是被司马迁誉为“治生之祖”的白圭。

白圭（约公元前370年～前300年），名丹，字圭，战国时周人，中国先秦商业经营思想家。他出生于东周的都城洛阳，梁惠王时在魏国为相，后在秦为官。白圭是先秦时新兴商人阶级的代表和思想家。他后来弃政从商，擅长于商业经营之术，《汉书》称他是经营贸易发展工商的理论鼻祖，成为商人所崇拜的祖师。

白圭经营的货物主要为谷物、丝漆、帛絮。他有一套经商的贸易理论和方法，实行“人弃我取，人取我与”的经营术。他“乐观时变”，从年岁丰歉和季节差异所造成的差价中赚取商业利润。丰年或粮食大量上市季节，农民要把多余的粮食出售，粮价较低，他就“人弃我取”，大量收购；歉年或青黄不接之际，粮价上涨，“人取我与”，适时抛售。他认识到“时贱而买，虽贵已贱”“时贵而卖，虽贱已贵”，在谷贱时及时收购而不过分抑价，谷贵时及时销售而不过分抬价。白圭提出了农业经济循环说，认为天时的好坏与农业的丰歉具有周而复始的循环周期，依据对年岁丰歉的预测，把握规律进行商业经营。

白圭通过商业实践，形成了自己的理论体系，他是第一个总结经商法则的人。他认为：“吾治生产，犹伊尹、吕尚之谋，孙吴用兵，商鞅行法是也。是故其智不足与权变，勇不足以决断，仁不能以取予，强不能有所守，虽欲学吾术，终不告之矣。”“智”就是通权变、观时变，出奇制胜；“勇”就是善决断，有决心、有魄力；“仁”就是善用取予之道，不求暴利，做一个“诚贾”与“良商”；“强”是要有耐心，坚忍不拔，善于等待，甚至隐忍，对抗任何打击和压力。他认为经商也需要大智大勇的素质，更要有仁义之心，要精于运筹和谋断，这是商人所应具备的素养。

二、秦汉后重农贵粟，人才辈出

秦始皇建立大一统的封建帝国以后，中国进入了中央集权制的封建政治时代。在千百年的政治经济社会事务管理中，粮食始终具有举足轻重的地位，围绕重农、平准、救荒，历朝历代人才辈出，对中华粮食文明做出了重大贡献。

1. 晁错

晁错（公元前 200 年～前 154 年），颍川（今河南禹县）人，西汉文帝、景帝时期的政治家、思想家。他在青年时期曾研究战国时期申不害和商鞅等法家学派的学说，同时继承了儒家的学说。文帝时任太常掌故，文帝五年曾上书谏废盗铸钱令。景帝即位，以晁错为内史，甚得信任，景帝二年（公元前 155 年）迁为御史大夫。在景帝的支持下，他对当时的许多法令进行了修改。晁错在政治上主张削藩以巩固中央集权，得到景帝采纳。他的“削藩策”遭到了各地诸侯王公的强烈反对。景帝三年（公元前 154 年），以吴王刘濞为首的七国诸侯以“诛晁错，清君侧”为名，举兵反叛。景帝畏于七国连兵，遂将其处死。

晁错继承和发展了我国传统的重农思想，他针对西汉文帝时期大地主、大商人大量兼并土地，农民流离失所，生活极度贫困的社会现实，向文帝提出了“贵粟论”，将我国古代的重农思想推向了高峰。他认为农业是人民安居和政权稳固的基础，坚持重农抑商，坚决反对商人资本对农业的掠夺，主张纳粟受爵，入粟除罪，使文景两朝农业生产不断得到发展。他总结了秦代和汉初的教训，建议移民实边，积极防御匈奴贵族的侵略。史载：“至武帝之初，七十年间，国家无事，非遇水旱，则民人给家足，都鄙廪庾尽满，而府库余财”。意思是从汉朝初年到汉武帝即位的七十年间，国家没有发生大的动乱，如果没有遇上水旱灾害，百姓人给家足，政府的粮仓装满粮食，财政便有了多余金钱。

2. 桑弘羊

桑弘羊（公元前 152 年～前 80 年），西汉洛阳人，是我国古代著名的财政家。从汉武帝元狩三年（公元前 120 年）起，历任大农丞、大司农中丞、搜粟都尉、御史大夫等重要职务。汉昭帝元凤元年（公元前 80 年），被诬陷参与了燕王刘旦谋反而被杀害。

桑弘羊的政治活动，与汉武帝五十多年的执政相始终，参与了国家财政经济的主要活动，负责全国粮食仓储、均输、平准、盐铁专营等事。在对待农业和工商业的关系上，他突破战国以来“重农抑商”思想的羁绊，提出了“农商交易，以利本末”的观点，主张农商并重。他认为农业的发展从根本上来说离不开工商业的发展，“工不出则农用乏，商不出则宝货绝，农用乏则谷不殖，宝货绝则财用匮”。他把自春秋以来的重农思想加以发展，提出要“建本”“返本”“贵本”“务本”等主要主张。

桑弘羊主张实行国家对商品流通的经济干预政策。他推行以盐铁专营为核心的国家垄断经营，"笼天下盐铁诸利，以排富商大贾"，限制大商人的活动，把经营盐铁的收入归国家所有。他提出了"均输法"和"平准法"两项国家干预商品流通的经济政策。在任大农丞时，倡议试办"均输"，把汉初以来各地王侯贵族每年向朝廷贡奉的"方物"，根据朝廷的物资需要，或运回京城或贩运到价格高的地方去卖，这既减轻了各地运往京城的劳役之苦，疏通了地区间的商品流通，又使中央财政增加，国库充裕。他建立了"平准"机构，运用国家经济手段"尽笼天下之货物，贵则卖之，贱则买之"，对粮食等商品进行卖出或买进，"平万物而便百姓"。司马迁称其政绩为"一岁之中，太仓、甘泉仓满，边余谷，诸物均输，帛五百万匹，民不益赋，而天下用饶"，意思是老百姓不用增加赋税而国家有足够的钱粮。

3. 刘晏

刘晏（公元 715~780 年），字士安，曹州南华（今山东东明）人，唐代杰出的财政家。历经唐玄宗、肃宗、代宗、德宗四代，在掌管国家财政期间，正值安史之乱以后社会经济严重凋敝衰落的时期，财政入不敷出，物资缺乏，加之漕运破坏，导致关中地区粮荒。他掌管封建国家财政二十余年，实施了一系列的财政改革措施。他为和籴谷米、稳定"万货"之价格，"重价募疾足"，传递粮价情报，"丰则贵籴，歉则贱粜"，第一次建立了全国粮食价格情报系统。他改进漕运法，采取了"江船不入汴，汴船不入河，河船不入渭"的分段运输办法，以雇佣劳动代替强迫劳役的转运改革，提高了漕运效率。他改进盐法，采取以稳定盐价为目的的常平措施，设置常平盐仓，防止盐商抬价，使盐税成为国家的重要财政收入。他出色的理财能力，为唐朝中期经济恢复和发展做出了杰出的贡献。

4. 王安石

王安石（1021~1086 年），字介甫，号半山，江西临川（今江西省东乡县）人。北宋著名的政治家、思想家、文学家。王安石变法首创了粮食预购制。他出生于仕宦之家，22 岁考中进士，先后任淮南节度判官、鄞县知县、舒州通判、常州知州、江东刑狱提典等职，均能体恤民情，为地方除弊兴利。多年的地方官经历，使王安石认识到宋代社会贫困的根源在于土地兼并，宋王朝所面临的危机是"内则不能无以社稷为忧，外则不能无惧于夷狄"。北宋嘉祐三年（1058 年）王安石任支度判官时，向宋仁宗上《万言书》，对官制、科举以及奢靡无节的颓败风气作了深刻的揭露，请求改革政治，加强边防，提出了"因天下之力，以生天下之财，取天下之财，供天下之费"等一系列政治经济上的改革主张，但是并未引起朝廷的重视。

1067 年神宗即位，王安石出任江宁（今南京）知府，1069 年任参知政事，次年拜相，即开始主持变法。所行新法在财政方面有均输法、青苗法、市场法、免役法、方田均税法、农田水利法；在军事方面有将兵法、保甲法、保马法等一系列新法。同时，改革科举制度，为推行新法培育人才，这些措施在一定程度上限制了大地主和豪商对农民的剥削，促进了农田水利事业的发展。青苗法就是粮食预购制，它的实施使农民在青黄不接的时候，不至于受“兼并之家”高利贷的盘剥，使农民能够“赴时趋事”，维持生计，同时也增加了政府的财政收入。通过变法，国家财政状况有所改善，军事力量也得到加强，但由于司马光等保守势力的激烈反对，新法在推行中屡遭阻碍，宋神宗也时有动摇。1074 年，王安石被迫辞相，再任江宁知府，次年二月复任宰相，不久又因维护新法得罪了神宗而再次罢相，退居江宁半山园，被朝廷封为“荆国公”，后人称其王荆公。

改变积贫积弱现象是王安石变法的总方针，富国强兵是变法的总目的。通过“强兵之法”的推行，积弱局面得以缓解，北宋国力有所增强。保甲法的推行，加强了农村的封建统治秩序，维护了农村的社会治安，建立了全国性的军事储备，并节省了大量训练费用；裁兵法提高了军队士兵素质；将兵法改变了兵将分离的局面，加强了军队战斗力；保马法使马匹的质量和数量大大提高，同时政府节省了大量养马费用；军器监法增加了武器的生产量，质量也有所改善。

王安石变法在一定程度上限制了大地主和豪商对农民的剥削，促进了农业生产的发展，改善了国家财政状况，军事力量也得到加强。尤其是在农业方面的改革措施对后世的社会经济变革产生了重大而深刻的影响。王安石在变法中所表现出来的胆识与气魄为后人所景仰。毛泽东称赞“王安石最可贵之处在于他提出了‘人言不足恤’的思想”。列宁把王安石誉为“中国十一世纪的改革家”。

5. 徐光启

徐光启（1562~1633 年），字子先，号玄扈，上海人，明神宗万历三十二年（1604 年）进士，官至礼部尚书兼东阁大学士、文渊阁大学士。他是明末杰出的科学家、农学家，一生著译很多，尤以农学和天文学最为突出，撰写了农学巨著《农政全书》《农遗杂疏》《农书草稿》等，并与耶稣会传教士共同翻译了《几何原本》《泰西水法》等西方科技著作，编定了《崇祯历书》。

徐光启是一位重农者。他从农本思想出发，认为“农者，生财者也”，富国以农，“理财莫先于务农”，极力主张发展粮棉生产和兴修水利，从生产的角度强调粮食的重要性。徐光启在重视农政的同时，注重对农业技术的研究，热衷于新作物的试验与推广，“躬执耒耜之器，亲尝草木之味，随时采集，兼之访问”。他在上海、天津开辟实验农庄，进行农作物选种、施肥、嫁接以及北种南移、南种北移等实验。“每闻他方之产可以利济人者，往往欲得而艺之”，把南方的水稻、棉花引种到天津。甘薯最初是由国外引进中国的，起初只在福建沿海很少的一些地方种植。当听到闽越一带有甘薯的消息后，便引种到上海试种，并取得成功。在上海推广后，他又将甘薯的种植扩大到全国。徐光启重视农业文献的研究，“大而经纶康济之书，小而农桑琐屑之务，目不停览，手不停笔”。但他并不唯古盲从，在大量摘引前人文献的同时，结合自己的实践经验和数理知识，提出了独到的见解。他反对保守的不宜改变地域、风土、气候的农作物种植“风土论”，通过自己的实践验证，指出只要合理利用自然因素，根据农时、地利、气候条件进行栽种，配合精耕细作，许多农作物是可以推广种植的。他针对当时北方有荒地不耕，而京师又从长江下游漕运粮食的情况，提出在北方实行屯垦的主张。他较早地关注到人口增长的问题，提出解决“生聚多”“食指众”的办法是“多生谷”。他提出了“预弭为上，有备为中，赈济为下”的救荒论，对当时增加和发展粮食生产有积极的作用。

徐光启一生以俭朴著称，“于物无所好，惟好学，惟好经济，考古证今，广咨博讯。遇一人辄问，至一地辄问，闻则随闻随笔。一事一物，必讲究精研，不穷其极不已”。如请西方传教士熊三拔口授，记录了欧洲的水利知识。他勤于咨访、不耻下问、亲于实践的科学态度为后世留下可贵的精神财富。

三、现代杰出的粮食人物

新中国成立后，为保障粮食供给，实现国家粮食安全，全国人民做出了不懈的努力，同时也造就了一大批专家学者。陈云和袁隆平就是他们之中的杰出代表。

1. 陈云

陈云（1905~1995 年），中国伟大的无产阶级革命家、政治家，杰出的马克思主义者，中国共产党和中华人民共和国的卓越领导人。1905 年出生于江苏青浦（今属上海），1925 年参加五卅运动，同年加入中国共产党。在土地革命、抗日战争到解放战争期间，陈云先后担任过党和军队的许多重要领导职务。中华人民共和国成立后，历任国务院副总理、中共中央书记处书记、全国人大常委会副委员长、中共中央委员会副主席、中共中央顾问委员会主任等职。

陈云是中国社会主义经济建设的开创者和奠基人之一。新中国成立后，在统一全国财政经济、制止恶性通货膨胀、对私营工商业进行社会主义改造、制定和实施国民经济第一个五年计划中，提出了一系列谨慎而又现实的方针政策和措施。他是国家粮食统购统销政策的提出者和设计者。早在 1944 年，陈云任中共西北财经办事处副主任兼政治部主任，主持陕甘宁边区财政经济工作时，就对棉花、食盐实行过统购统销。1945 年调任东北工作，在东北进行了粮食统销的尝试。新中国成立后，针对当时严重的粮食供求矛盾，陈云建议在农村实行粮食征购，在城市实行粮食配售。1953 年 10 月 16 日，中央政治局会议通过了《中共中央关于实行粮食的计划收购与计划供应的决议》。粮食统购统销实行后，陈云针对统购统销中存在的问题进行调研，又提出了定产、定购、定销的“三定”办法，使这一政策逐步完善。粮食统购统销政策实行了三十多年，在粮食紧缺的特定历史条件下，对保障城乡居民的生活和推进我国工业化进程起到了积极的促进作用，从最初的临时性政策逐渐演变为一种粮食经济运行体制，成为社会主义计划经济体制形成的一个重要标志。

陈云历经我党领导人民进行革命、建设、改革各个历史时期几乎所有重大事件，参与了党中央在不同历史时期一系列重大决策的制定和实施，多次在党和人民事业发展的关键时刻和重大决策中发挥了十分重要的作用，为我国社会主义制度的建立和巩固，为我国改革开放和社会主义现代化事业的开创和发展，奉献了毕生精力，建立了不朽功勋，在国内外享有崇高威望，深受人民的尊敬和爱戴。

2. 袁隆平

袁隆平，1930 年 9 月生于北京，江西省德安县人，中国当代农学家，杂交水稻育种专家，中国研究与发展杂交水稻的开创者，被誉为 " 世界杂交水稻之父 "。1953 年毕业于西南农学院（现西南大学）农学系。历任湖南农业大学教授、湖南省政协副主席、联合国粮农组织首席顾问、中国工程院院士等职。著有《杂交水稻》《杂交水稻简明教程》等专著。

袁隆平的杂交水稻研究始于 20 世纪 60 年代。他首先提出培育不育系、保持系、恢复系“三系法”籼型杂交水稻，成功研究出“二系法”杂交水稻，创建了超级杂交稻技术体系，使我国杂交水稻研究始终居世界领先水平。

经过十多年的潜心研究，于 1974 年成功培育了中国第一个可投入大田生产的籼型杂交水稻“南优二号”，亩产达到 628 公斤。从 1977 年起，杂交水稻在全国大面积推广，产量超过常规稻的 20%。继培育成功杂交水稻之后，袁隆平又合作开展了改良杂交水稻品质、改进水稻形态、增强抗病能力的研究。1996 年，启动超级稻研究，他提出了以形态改良和杂种优势相结合，培育“高冠层、矮穗层、中大穗、高度抗倒”的株叶形态技术路线。随后，在袁隆平及其团队的共同努力下，超级稻的研究不断取得重大成果。2004 年，超级稻育种取得了突破，大面积亩产超过 800 公斤，小面积最高产量达每亩 1139 公斤，截至 2017 年，杂交水稻在我国已累计推广超 90 亿亩，增产稻谷 6000 多亿公斤。多次赴印度、越南等国，传授杂交水稻技术以帮助克服粮食短缺和饥饿问题。杂交水稻不仅解决了中国人的吃饭问题，而且对世界粮食供给做出了卓越贡献。

袁隆平在国际上享有盛誉，被称为“杂交水稻之父”“当代神农”。1999 年中国科学院北京天文台施密特 CCD 小行星项目组发现的一颗小行星被命名为“袁隆平星”。他先后获得了联合国知识产权金质奖、联合国教科文组织科学奖、世界粮食基金会世界粮食奖、中国国家最高科技奖、入选美国科学院外籍院士等多个世界奖项和荣誉。2018 年 11 月 18 日，袁隆平获未来科学大奖，12 月 18 日，党中央、国务院授予袁隆平同志改革先锋称号，颁授改革先锋奖章，并获评杂交水稻研究的开创者。近几年袁隆平团队开始了海水水稻的研究。

思考与实践

重温井冈山“挑粮小道”

井冈山有一条小道很有名，叫作朱毛红军“挑粮小道”，它不仅与红色政权的存在休戚相关，而且它还历练出无数的铁肩膀、铁脚板，担起了中国革命的重担。

1928 年 10 月，毛泽东带领红四军和红五军部队 6000 多人返回井冈山。为对付敌人第三次围剿，毛泽东动员部队储备粮食，当时，已是 42 岁的朱德和 35 岁的毛泽东在公务繁忙的情况下，与红军官兵一起挑粮上山。在他们的带领下，红军每天往返 100 余里，靠着肩挑背驮把 30 多万斤粮食运上了井冈山，解决了井冈山革命根据地的给养问题，支撑了割据井冈山工农武装的革命斗争，传下了一段与红军战士同甘共苦的佳话。

就在这条崎岖、陡峭的小道上，有一次毛泽东和战士们在黄洋界的一棵荷树下歇脚，毛泽东问：“站在荷树下能看多远？”战士们有的说“可以看到江西”，有的说“可以看到湖南”。而毛泽东则意味深长地说：“不仅要看到江西和湖南，还要看到全中国、全世界”。于是，这条挑粮小道上不仅有“朱德扁担”的故事，还有毛泽东和红军战士“荷树对”的佳话。有人得出结论：“这是一条挑粮小道，也是中国革命走向胜利的阳关大道”“是理想之路、希望之路”。但想想，又是什么使这条小道具有了如此的穿越力，从井冈山走向了延安，走向了西柏坡，走向了全中国？

“挑粮小道”是井冈山红色革命根据地的一个典范和象征，寓意共产党人在这里把马列主义与中国革命具体实践相结合，找到了“武装夺取政权，走农村包围城市的道路”，并形成了鲜明的井冈山精神。“星星之火，可以燎原”。如此，从这条小道启程，红军战士“挑的是精神粮食，举的是希望火把，播的是革命种子”。

今天我们最缺的“粮食”是什么，到哪里去挑这样的“粮食”，作为新时代的大学生，在工作中遇到困难和挫折时会不会像革命战争年代的先烈那样坚定理想信念、不断攀登、一往无前？这些都值得每个同学去思考、去实践。

拓展阅读

南泥湾大生产运动

南泥湾，一个响亮的名字；南泥湾大生产，一段不老的传奇。南泥湾是延安精神的发源地，也是中国农垦事业的发祥地。

从1940年年底开始，八路军第359旅进驻南泥湾，开展大生产运动，实行生产自给，减轻人民负担。在旅长王震的率领下，官兵将士披荆斩棘，开荒种地，战胜重重困难，在南泥湾开展了著名的大生产运动。

1941~1943年，南泥湾每年上交给边区政府1万石公粮。在大生产运动中，坚持以农为主，全面发展，先后开办纺织、皮革、造纸工厂13个，成立盐业、土产、运输等公司，开办饭店、商店、军人合作社和各种加工小作坊等，形成军民兼顾、公私兼顾、多层次的生产经营形式。在1942年2月中共西北局高级干部会议上，第359旅被誉为边区大生产运动的一面旗帜，毛泽东主席题词赞誉第359旅是“发展经济的前锋”。在大生产运动中，第359旅还开展了大规模的练兵运动，并在1943年春播和中耕后开展了整风运动，保障和推动了练兵、生产各方面任务的完成。广大官兵用自己的双手和汗水，将荒无人烟的南泥湾变成了“平川稻谷香，肥鸭遍池塘。到处是庄稼，遍地是牛羊”的陕北好江南。

1965年10月，陕西省政府决定，为恢复和发扬南泥湾农垦的革命传统，组建了陕西省农建师141团，现名为陕西省延安市南泥湾农场。

359旅不仅给后人创造了大量的物质财富，更给大家创立了以“自力更生、艰苦奋斗”为主要内容的南泥湾精神。

第 17 章　粮食精神文化

粮食精神文化是人们在从事粮食物质文化基础上产生的各种意识形态的集合，包括文化精神、文化道德、价值观念、文化理想、行为准则等。粮食精神文化的优越性在于，既具有人类文化基因的继承性，又具有人类实践中不断完善的创造性，这是粮食精神文化不断推进物质文化进步的内在动力。粮食物质文化属于实体形态，可称为粮食文化之“体”，粮食精神文化可以概称为粮食文化之“魂”，传承粮食文化要做到“魂”与“体”的有机统一。

第 1 节　民本思想

民本思想是中国传统政治文化的精华，是极其重要的思想资源，它发端于商周交替之时。“民”，一般指“民众”；“本”，是指事物的本源、主体、基础、根本或重要部分。民本思想是古代君主的一个治国之道，其核心内容是“爱民”“利民”“养民”“富民”“得民”。在中国古代，粮食同人们的切身利益关系比现代社会更为密切，“五谷食米，民之司命也”，而农民是粮食的主要生产者，是古代人口中的绝大多数。拥有了农民，就能稳定粮食生产；拥有了粮食，也就有了立国的基础，因此，产生了最早的粮食政治思想。民本思想在国家政治制度的发展及变更中一直存在并发挥着重要的影响。

夏商时代，神本思想占支配地位，迷信的氛围特别强烈，事无巨细，每事必卜，甲骨文即是为记录占卜而产生。但夏时“太康失国”，太康昆弟作《五子之歌》，曰“民惟邦本，本固邦宁”，“民本”思想萌芽显现。西周灭商后，吸取夏桀、商纣亡国的深刻教训，逐渐产生了“敬天”“保民”的思想，“民本”思想得以发展，开启了民本思想的先河。

春秋战国时期，社会激烈动荡，礼崩乐坏，民众在政治生活中的地位空前提高，民本思想趋于成熟。从君主到大臣，对“民”的认识都有了新的提高，认识到“政之所兴，在顺民心，政之所废，在逆民心”。春秋时齐相管仲在历史上第一次提出了“民以食为天”思想，成为民本思想的重要组成部分。后被历代君主先贤所继承，被奉为圭臬，演进为粮食政治思想的核心价值观。

秦汉以来，先秦儒家民本思想经过不断总结和发扬，产生了东汉王符的“天心”民本论、北宋李觏“安民足食”的民本思想、南宋朱熹“足食为先”的民本思想。听政于民、与民同乐的民本思想逐渐形成。

到了中国近现代，在资产阶级运动中，产生了孙中山的民生主义；在中国新民主主义革命、社会主义革命和社会主义建设中，产生了毛泽东“为人民服务”思想；在改革开放和社会主义现代化建设的实践中，形成了一系列中国特色社会主义民生理论。

一、周公“敬天保民”的思想

“敬天保民”是西周时期周公辅政时产生的政治思想的主要内容。“敬天”，就是敬重天命。周公认为天命是一切的根本，但“惟命不于常”，即天命不是固定不变的，要“保民”，因为要知天命只有通过民情才能洞悉；统治者只有怀保小民，让民众安定才能持有天命。这就要求统治者敬德，不能沉湎于游玩、田猎、享乐之中，一定要勤于国事，不然就要受到上天的惩罚。“皇天无亲，唯德是辅”，上天不会偏袒任何人，只佑助那些有德之人。要使周王朝的统治得以巩固，就必须使民众安乐，了解民众的痛苦。

周公敬天保民的思想，是商周之际特定历史条件下的产物，是我国古代天道神权思想解放的第一步，表明从政的重点由神权向人治转移，这一思想成了民本思想的先河。夏商的思想文化以神为本，而周代的思想文化以人为本，它体现了中国理性文化的诞生与发展，在中国思想文化史上具有重要意义。

二、管仲“民以食为天”的思想

历史上管仲第一次提出了“民以食为天”的思想，“王者以民为天，民以食为天，能如天之天者，斯可以”。“天”是比喻赖以生存的最重要的东西，“食”是指粮食。意思是对统治者来说，民众是最重要的；对民众来说，粮食是安身立命的根本，所以统治者要高度重视人民赖以生存的粮食。国家得以治理的头等大事，就是满足民众的粮食需要。

《管子·牧民》中说：“仓廪实而知礼节，衣食足而知荣辱。”粮食丰足也是对民众进行道德教化的基础。国家粮食储备充裕，百姓衣食富足，就会遵守礼节，树立荣辱观。“政之所兴，在顺民心；政之所废，在逆民心”，认为政令的好坏要以民心向背来衡量。在《管子·治国》中有“凡治国者，必先富民。民富则易治，民贫则难治也”“然王天下者何也？必国富而粟多也”。即为达到富国治天下的目的，首要任务是多积五谷。

三、先秦儒家“富民”的民本思想

先秦时期，由孔子创立的以仁为核心价值观的儒家学派，提出了“富民”的民本思想。孔子以养民为政治的首要任务。《论语·公冶长》载，孔子称赞子产时说：“子产有君子之道四焉，其行己也恭，其事上也敬，其养民也惠，其使民也义”。子产是春秋时期郑国的大夫，孔子评论子产说他有君子的四种道德，即他自己行为庄重，他侍奉君主恭敬，他养护百姓有恩惠，他役使百姓有法度。孔子的“富民”思想，是以民生富足为目的。《论语·子路》载：“子适卫，冉有仆。子曰‘庶矣哉！’冉有曰‘既庶矣又何加焉？’曰‘富之’。曰‘既富矣，又何加焉？’曰‘教之’”。意思是孔子和冉有到卫国去，冉有为他驾车。孔子说“人口真是多啊！”冉有说“人口已经是如此众多了，又该再做什么呢？”孔子说“使他们富裕起来。”冉有说“已经富裕了，还该怎么做？”孔子说“教育他们。”这是孔子提出的“先富后教”的政治思想，认识到经济富裕是教育的基础。

荀子富民强国的思想是“以政裕民”。荀子从人性恶论出发，提出用“礼”来防止人性之恶。他说“礼者，养也”“君者，何也？能群也，能群也者，何也？曰善生养人者也”。天之所以为民立一个君主，就是让君主制作礼仪，让君主养民，使民众过上安定富裕的生活。如何才能养民呢？这就是要“增民之产”“轻四野之税，平关市之征，省商贾之数，罕兴力役，无夺农时，如是则同富矣。夫是之谓以政裕民”。他把民富与国富在理论上统一起来，对儒家的富民思想作了总结性的阐发。

四、东汉王符“天心”民本论

东汉的王符在继承先秦“敬天保民”和儒家“养民”思想的基础上，提出了“天心”民本论，即帝王要治理好国家，就要合乎民意，顺平民心。他在《潜夫论·遏利》中指出：“帝以天为制，天以民为心。民之所欲，天必从之”。帝王所尊敬的是天心，而上天所爱的是民心。“国之所以为国者，以有民也”，国家之所以成为国家，是由于有民众的存在。

王符认为“民为国基，谷为民命”，民众是国家的根本，五谷是民生的根本。要稳固国家的先决条件，就是要把富民作为主要任务。他认为“夫为国者，以富民为本”“圣王养民，爱之如子，忧之如家，危者安之，亡者存之，救其灾患，除其祸乱”。君主要“有功于民”，要利民和养民。

王符把发展农业生产看作立国之本，要使农民有足够的时间从事农业生产。“民之所以为民者，以有谷也；谷之所以丰殖者，以有人功也；功之所以能建者，以日力也”。“日力”是指从事生产的时间。没有“日力”就谈不上从事生产，也就不可能富民富国。他又说“夫富民者，以农桑为本，以游业为末；百工者，以致用为本，以巧饰为末；商贾者，以通货为本，以鬻奇为末。三者，守本离末则民富，离本守末则民贫。”先秦及秦汉期间，所谓重本轻末，一般说来，是指重农轻商。王符不承袭重农抑商的观点，而把农、工、商都视为治生之道，强调以农桑、百工、通货为本，以游业、巧饰、鬻奇为末，并指出守本离末则民富。这比重农抑商和重农不抑商的思想又进了一步。

五、北宋李觏“安民足食”的思想

李觏（1009~1059 年），字泰伯，号盱江先生，是我国北宋时期一位重要的哲学家、思想家、教育家、改革家，他刻苦自励、奋发向学、勤于著述，以求康国济民。李觏继承了儒家传统的民本思想，认为政治的目的就是养民安民。他说：“立君者，天也；养民者，君也。非天命之私一人，为亿万人也。民之所归，天之所右也；民之所去，天之所左也。天命不易哉！民心可畏哉！是故古先哲王皆孳孳焉以安民为务也”。他认为天道与民心是一致的，民心的向背不容忽视，君主要顺从天意，体察民情，把养民、安民作为首要任务。

李觏从安民角度的认识出发，他提出了“足食”的主张。“人所以为人，足食也；国所以为国，足用也”“生民之道食为大”。意思是民众要能够生存，必须有足够的粮食；国家要能够存在，必须经济要富裕。具体措施：一是要仓廪实，他说：“然则民不富，仓廪不实，衣食不足，而欲教以礼节，使之趋荣而避辱，学者皆知其难也”。衣食为民众生活的根本，是学好礼节的基础；要安民，必须使民众丰衣足食。二是要施平籴，李觏认为谷甚贱或甚贵都伤农，主张实施平籴政策。

六、南宋朱熹“足食为先”的思想

朱熹（1130~1200 年），字元晦，又字仲晦，号晦庵，晚称晦翁，谥号文，世称朱文公。祖籍江南东路徽州府婺源县（今江西省婺源县），出生于南剑州尤溪（今属福建省尤溪县）。宋朝著名的理学家、思想家、哲学家、教育家、诗人，闽学派的代表人物，儒学集大成者，世人尊称为朱子。他提出了足食为先的民本思想，“人君为政在于得人”“天下之大务莫大于恤民”。他认为国君治理国家的关键在于得到民众的拥护，治理国家的主要任务在于体恤民众。

朱熹一生著述甚多，有《四书章句集注》《太极图说解》《通书解说》《周易读本》《楚辞集注》，后人辑有《朱子大全》《朱子集语象》等。其中《四书章句集注》成为钦定的教科书和科举考试的标准。

七、孙中山的民生主义

孙中山（1866~1925年），名文，字载之，号日新，又号逸仙，幼名帝象，化名中山樵。他是中国近代民主主义革命的开拓者，中国民主革命的伟大先行者，中华民国和中国国民党的缔造者，三民主义的倡导者，创立《五权宪法》。他首举彻底反帝反封建的旗帜，"起共和而终两千年封建帝制"。

孙中山出生于广东省香山县（今中山市）翠亨村的一个农民家庭。青少年时代向往太平天国反清事业，1905年成立中国同盟会，1911年10月10日武昌起义爆发，辛亥革命后被推举为中华民国临时大总统。1925年3月12日孙中山在北京逝世，著有《建国方略》《建国大纲》《三民主义》等。

孙中山倡导的"三民主义"，其中之一就是"民生主义"，民生即"人民的生活，社会的生存，国民的生计，群众的生命"。"民生"是"政治的中心，经济的中心和一切历史活动的中心"。他认为，"古今一切人类之所以要努力，就是因为要求生存；人类因为要不间断的生存，所以社会才有不停止的进化，所以社会进化的定律是人类求生存。人类求生存，才是社会进化的原因"。这是从哲学的高度，明确把"民生"作为社会进化的"重心"，作为社会活动的"原动力"。

民生主义的主要内容是平均地权和节制资本。孙中山说："民生主义，其最要之原则不外有二：一曰平均地权；二曰节制资本。"孙中山分析了当时中国粮食不能保障的原因，"其中最大的原因是农业不进步，其次就是由于受外国经济的压迫"。他说："中国要增加粮食的生产，便要在政治、法律上制定出种种规定来保护农民""生产粮食的目标不在赚钱，要在给养人民"。

民生主义是孙中山三民主义中最能显示阶级特点和所处时代特征的部分。

八、毛泽东"为人民服务"思想

为人民服务是毛泽东思想的重要组成部分，是以毛泽东为代表的中国共产党人在新民主主义革命、社会主义革命和中国特色社会主义现代化建设的伟大实践中形成的民生基本思想和观点，体现了以毛泽东为代表的老一辈无产阶级革命家的政治价值观。

"为人民服务"是毛泽东于1944年9月8日在张思德同志追悼会上所作的演讲。毛泽东为人民服务的思想，主要体现在组织带领群众、集中群众的智慧和力量，去实现人民群众的根本利益。早在1934年，毛泽东在《关心群众生活，注意关注方法》中指出"解决群众的穿衣问题、吃饭问题、住房问题、柴米油盐问题、疾病问题、婚姻问题。总之，一切群众的实际问题，都是我们应当注意的问题。”新中国成立后，1959 年 4 月 29 日，他在《党内通信》中讲到：“须知我国是一个有六亿五千万人口的大国，吃饭是第一件大事”。

中国共产党在各个历史时期的政治路线都集中代表了中国各族人民的最根本利益，把全心全意为人民服务确立为我党的宗旨。1945 年 4 月，毛泽东主席在《论联合政府》中指出：“我们共产党人区别于其他任何政党的又一个显著的标志，就是和最广大的人民群众取得最密切的联系。全心全意地为人民服务，一刻也不脱离群众；一切从人民的利益出发，而不是从个人或小集团的利益出发；向人民负责和向党的领导机关负责的一致性；这些就是我们的出发点。”

九、习近平新时代中国特色社会主义民生理论

1978 年，中国共产党十一届三中全会后，在改革开放和社会主义现代化建设事业的伟大实践中，形成了中国特色社会主义民生理论。在继承了中国传统民本思想的基础上，赋予了民生理论崭新的时代特点和思想内容。

邓小平在领导全党解放思想、建设社会主义现代化国家的实践中指出“社会主义的本质，是解放生产力、发展生产力，消灭剥削，消除两极分化，最终达到共同富裕”。共同富裕，才能满足全体人民日益增长的物质文化需要，民生才能得到真正的保障。他把“是否有利于发展社会主义社会的生产力，是否有利于增强社会主义国家的综合国力，是否有利于提高人民的生活水平”作为判断各方面工作得失的根本标准。他说：“不管天下发生什么事，只要人民吃饱了肚子，一切就好办了。”

习近平总书记高度重视粮食问题，他说：“历史经验告诉我们，一旦发生大饥荒，有钱也没用。解决 13 亿人吃饭问题，要坚持立足国内。”他强调：“中国人的饭碗任何时候都要牢牢端在自己手上，我们的饭碗应该主要装中国粮。”他还强调：“我国是个人口众多的大国，解决好吃饭问题始终是治国理政的头等大事”“保障国家粮食安全是一个永恒的课题，任何时候这根弦都不能松”。习近平总书记以战略家的视野审视“饭碗”问题，粮食安全既是经济问题，也是政治问题，是国家发展的“定海神针”。

在习近平新时代中国特色社会主义思想指引下，国家实施乡村振兴战略，是党的十九大作出的重大决策部署，是决胜全面建成小康社会、全面建设社会主义现代化强国的重大历史任务，是新时代“三农”工作的总抓手。新时代党的一系列举措“充满着为民解忧、造福人民的亲民情怀”，使人民群众的获得感、幸福感和安全感幸福指数不断上升。

党的十九大报告指出，增进民生福祉是发展的根本目的。必须多谋民生之利、多解民生之忧，在发展中补齐民生短板，促进社会公平正义。为人民谋幸福，为民族谋复兴是

中国共产党人的初心和使命，是激励中国共产党人不断前进的根本动力。

仓廪实，天下安。“人民对美好生活的向往，就是我们的奋斗目标”，习近平总书记的这一重要宣示，彰显了中国共产党执政为民的坚定决心。在习近平新时代中国特色社会主义思想指引下，开启了以人民为中心、迈向美好生活的新征程。

第 2 节　重农思想

我国古代社会以农业经济为主，农业是国家财政收入的主要来源，是国家经济的基础，直接关系着国家政权的巩固、社会秩序的稳定。因此，历朝历代都十分重视农业生产，形成了源远流长的重农思想，两千多年来一直对中国的政治经济文化产生着重要影响，成为中华文明的重要组成部分。

先秦时期重农思想的主要内容是重视粮食生产，重农富民，重农抑商，以农立国。管仲把重农看作是富国强兵之道。孟子重农则主张发展农业生产。荀子主张重农抑商，轻徭薄赋。商鞅的农战思想，提出重农是为了在诸侯争霸中取得胜利。秦汉以后，重农则是为了巩固国家政权。西汉晁错提出重农是国家的重要政务。桑弘羊冲破战国以来重农抑商的思想桎梏，提出了通过发展工商业来促进农业发展的思想。唐太宗李世民重农则是把农政作为政务之首。明代徐光启的农政思想认为农业是富国强兵的根本。

新中国成立后，农业作为基础产业，粮食作为保障民生的物质基础，提高到事关国计民生的战略高度。毛泽东提出了“农业是国民经济的基础”的战略思想。1978 年后，改革开放战略的实施，使我国经济进入了工业化、城镇化和市场化快速发展时代，在新的历史条件下，形成了中国特色社会主义“三农”思想。

一、先秦儒家的重农思想

由孔子编选而成、记载殷周上古史的儒家经典《尚书・洪范》中有“八政：一曰食，二曰货，三曰祀，四曰司空，五曰司徒，六曰司寇，七曰宾，八曰师”。由此可见，国家在管理民食、财货、祭祀、居民、教育、盗贼、朝觐、军事八种政务中民食是第一位的。这反映了在古代社会自然经济条件下，儒家考虑社会经济问题时，把满足人们的衣食生活需要作为基本前提和目标，这是儒家最早的重农思想，后人概括为“洪范八政，食为政首”。

孟子的重农思想主要体现在发展多种经营的小农经济上。孟子说：“不违农时，谷不可胜食也；数罟不入洿池，鱼鳖不可胜食也；斧斤以时入山林，材木不可胜用也。”意思是如不违背农时规律，按季节及时耕种，粮食就会吃不完；不用细密的渔网到池塘里捕鱼，那鱼鳖就会吃不完；砍伐林木按照一定的时节，那木材便用不尽。孟子的“重农”思想不仅包括粮食种植业，还包括渔业、林业、畜牧业等。

荀子是一个观点鲜明的重农主义者，认为农业是物质财富的生产本源。富国富民的关键在于发展农业生产。“故家五亩宅百亩田，务其业而勿夺农时，如是则国富有也”。荀子把粮食看作社会财富的标志。他主张重农抑商，轻徭薄赋，认为农民是“生之者”，工商业者及士大夫是“食之者”，故应“省工贾，众农夫”。

二、晁错的贵粟论

我国古代的重农思想，到西汉晁错时达到了高峰。西汉初期，汉高祖刘邦由于采取了罢兵归家、轻徭薄赋等一系列措施，使秦朝末年因连年战争而遭到严重破坏的农业生产逐渐得以恢复，农业经济得到了发展。但到了汉文帝时期，大地主和大商人势力逐渐兴起，对土地兼并侵夺加剧，不少农民因此失去了土地，生活趋于贫困，阶级矛盾日趋激化。针对“商人所以兼并农人，农人所以流亡”的严重社会问题，公元前169年晁错向汉文帝上书了《论贵粟疏》，提出了“粟者，王者大用，政之本务”的观点，全面论述了粮食的重要性。

在《论贵粟疏》中，晁错从粮食对巩固国家政权的重要作用来说明贵粟的重要性，指出粮食问题应是国家的重要政务。“明主知其然也，故务民于农桑，薄赋敛，广蓄积，以实仓廪，备水旱，故可得而有也”。英明的君主懂得这个道理，促使农民从事农业生产，减轻赋税，充实粮仓，用来防备水旱灾害，因此得到了人民的拥护。他主张明君要“贵五谷而贱金玉”，这样才能使人民安心务农。他认为粮食是人们生存的基本生活资料，与每个人都有切身的利害关系，在社会经济生活中的作用远比珠玉金银重要。他说“珠玉金银饥不可食，寒不可衣”，而粟米布帛“一日不食则饥。终岁不制衣则寒。夫腹饥不得食，肤寒不得衣，虽慈母不能保其子，君安能有其民哉”。肚子饿了没有吃的，身子冷了没有穿的，就是慈爱的母亲也不能保全她的孩子，君主又怎么能拥有百姓呢？

那么，怎样才能做到重视粮食生产呢？晁错说：“方今之务，莫若使民务农而已矣。欲民务农，在于贵粟；贵粟之道，在于使民以粟为赏罚。今募天下入粟县官，得以拜爵，得以除罪。如此，富人有爵，农民有钱，粟有所渫也。”意思是当今的首要任务，就是要老百姓从事农业生产，而要老百姓务农，就在于要重视粮食。重视粮食的办法，就在于国家要把粮食作为奖赏和惩罚的手段，可以入粟拜爵或以粟除罪。这样商人为买爵得以提高社会地位，罪犯为了免除罪行，要向农民买粮，粮价自然就会提高，从而使国家有粮食，富人有爵位，农民有钱。晁错认为，以粟为赏罚可以吸收地主和商人的游资和积有的余粮，为国家所用,也可缓和地主、商人对土地的兼并;农民手中的余粮也可因地主、商人等出于“拜爵”或“除罪”的需要而有了销路。贵粟则粟价必不甚跌落,会刺激农业的生产发展。以粟赏罚可以达到三个目的:“一曰主用足,二曰民赋少,三曰劝农功。”也就是说,一是国家需用的粮食充足了,二是老百姓的田赋少了,三是鼓励人们从事农业生产。

晁错以粟为赏罚办法的实行,使文帝有条件将十五而税一的田赋减为三十而税一,后来又下令十多年不收田租,使小地主和自耕农的负担有一定程度的减轻,从而缓和了当时的阶级矛盾,对当时发展粮食生产具有一定的进步意义。

三、桑弘羊农商并重的思想

汉武帝时期,桑弘羊冲破战国以来至西汉初期重农抑商的思想桎梏,首次提出了“农商交易,以利本末”的思想,即通过发展工商业来促进农业发展的思想。这在中国粮食经济发展史上是难能可贵的远见卓识。

桑弘羊主张要“开本末之途,通有无之用”,使“农商工师各得所欲”。在重农的同时也强调重商,把春秋战国以来的重农思想加以发展,实际上就是农商并重。他看到了农业生产发展的水平要受到手工业生产水平的制约,看到了只有搞好商品流通,才能促进农业生产的发展。他说:“工不出则农用乏,商不出则宝货绝,农用乏则谷不殖,宝货绝则财用匮”。大力发展手工业,就能为发展农业提供足够的农具;大力发展商业,就能使包括粮食在内的物资得以流通,从而促进农业和工商业的共同发展。他认为工商业应该由政府控制,发展官营工商业。“今县官铸农器,使民务本,不营于末”“总一盐铁,非独为利入也,将以建本抑末”,意思是官府垄断盐铁经营,限制私营工商业,抑制他们的兼并掠夺,使民众从事农业生产,有利于农业发展。商品不流通则国家的财政收入就减少,不重视农业则粮食生产就减少。

四、贾思勰“食为政首”的重农思想

贾思勰(公元 534~550 年),是北魏末期杰出的农业科学家,继承了先秦儒家的重农思想,在其所著的《齐民要术》中总结《尚书·洪范》八政时,首次提出了“食为政首”的观念,反复强调保障民食是国家的首要任务。

《齐民要术》开篇就说“盖神农为耒耜,以利天下;尧命四子,敬授民时;舜命后稷,食为政首”。意思是说,神农发明了用于耕种的耒耜,是让天下的百姓得到好处;尧指派掌管农事节令的四位臣子教给人民认识农时;舜任命后稷为农官,把发展农业生产作为治国安民的首要事情。他认为“五谷者,万民之命,国之重宝”。粮食是民众的命脉所系、国家的重要财富，要把粮食提到治国安民的高度上来认识。“治国之本，在于安民；安民之本，在于足用”。只有农业生产发展了，人民的温饱问题解决了，才能国富民安。

五、李世民“农为政本”的思想

唐太宗李世民“农为政本”思想是其治国的主要方略。他说“夫食为人天，农为政本”。意思是说，穿衣吃饭是百姓最重要的事情，为国治民的根本在于加强农业生产。

贞观年间（公元627~649年），社会稳定，国力逐步增强，百姓生活有所改善，史称“贞观之治”。李世民认为“国以民为本，人以食为命，若禾黍不登，则兆庶非国家所有”。意思是国家以民众为存在的根本，民众以衣食为生存的条件，假如粮食不丰收，那么民众就不能为国家所有了。他认为做任何事情都必须抓住根本，国家的长治久安取决于百姓的存亡，而百姓的存亡取决于他们的生活状况。人离不开衣食，而要营造衣食就必须重视农业生产。

李世民以重农思想为指导，推行了均田制和租庸调法。鼓励百姓垦荒和宽乡占田，不夺农时；还采取了一些奖农、劝农的措施，并轻徭薄赋，这些措施对于唐初农业生产的恢复和发展起了积极的推动作用。

六、明代徐光启的农政思想

明代徐光启从治国的“农政”角度出发，提出了一系列重视农业、发展农业的思想。徐光启认为，农业是“生民率育之源，国家富强之本”。他说“古圣王所谓财者，食人之粟，衣人之帛”，社会上真正的财富是人们吃的粮食和做衣服的布帛。“农者，生财者也”，农业生产是社会财富的源泉。“金银钱币，所以衡财也，而不可为财”，钱币不算财富，只是财富的价值尺度，所以富国以农，“理财莫先于务农”。

徐光启从农本思想出发，极力主张增加粮棉的生产，把当时粮食缺乏的原因归咎于北方有着广阔的土地却弃而不耕。唐宋以来，北方迭遭战乱，全国经济重心南移，明代京师与北方边防均靠漕运东南地区的粮食供应。他指出当时南粮北运的种种弊端，“各省直漕粮，江南民运白粮，耗费最为烦苦”，为了改变“东南生之，两北漕之，费水二而得谷一”的窘迫局面，提出在北方进行屯垦，达到“均民而实广虚”的目的。

徐光启认为“水利者，农之本也，无水则无田矣”。他建议兴修水利，把用于漕运的黄淮之水用于种植水稻，可以大量地增产粮食。他注重推广先进的耕作技术，反对“唯风土论”，指出“若谓土地所宜，一定不易，此则必无之理。立论若斯，固后世惰窥之吏，游闲之民，输不事事者之口实耳”。他认为风土论没有道理，是懒惰之人的借口。他否定“二十八宿周天经度”决定农作物分布的观点，主张用近代地理科学与农作物关系的理论去指导农业生产。

七、毛泽东“农业是国民经济的基础”思想

农业是国民经济和社会发展的基础，这是马克思主义揭示的经济和社会发展的一个重要规律。新中国成立后，毛泽东主席在领导全国人民进行社会主义建设中，从中国国情出发，科学地分析了中国农业在社会主义建设中的地位，鲜明地提出了“农业是国民经济的基础”重要论断。其主要思想内容包括发展国民经济要以农业为基础，正确处理工业和农业的关系，以农轻重为序列安排国民经济计划，实行工农业并举，重工业和轻工业、农业并举的一系列辩证唯物主义理论原则，对我国农业和国民经济发展提供了战略指导，它是毛泽东思想的重要组成部分。

毛泽东把农业看做是关系到国计民生的头等大事。1957 年在《在省市自治区党委书记会议上的讲话》中说：“全党一定要重视农业。农业关系国计民生极大，要注意不抓粮食很危险。不抓粮食，总有一天要天下大乱”。没有农业的发展，尤其是粮食生产的发展，就没有国家政治上的健康稳定发展。

农业是国民经济的基础，农业为工业和整个国民经济提供粮食、农副产品等基本生产生活资料。毛泽东指出“发展了农业，相当地保证了发展工业所需要的粮食和原料”“农业是积累的重要来源，农业发展起来了，就可以为发展工业提供更多资金”。

毛泽东明确提出了“农业是基础，工业是主导”的发展国民经济的总方针。1960 年 8 月，中共中央发出《关于全党动手大办农业、大办粮食的指示》，强调“农业是国民经济的基础，粮食是基础的基础，加强农业战线是全党的长期的首要的任务”。发展农业要“以粮为纲，全面发展”。

八、中国特色社会主义“三农”思想

“三农”思想是中国特色社会主义理论的重要组成部分，是对毛泽东“农业是国民经济的基础”论断的继承和发展，科学地回答了改革开放后不同时期农业、农村和农民问题，是一个相互衔接、相互贯通的科学理论体系。

在改革开放初期，邓小平关于农业、农村、农民问题的一系列论述给农村改革发展指明了方向。他说“农业，主要是粮食问题”“要避免过几年又出现大量粮食进口的局面，如果那样，将会影响我们的经济发展速度”“农业搞不好，工业就没有希望，吃、穿、用的问题也解决不了”“农村不稳定，整个政治局势就不稳定；农民没摆脱贫困，就是我国没

有摆脱贫困”“中国社会是不是安定，中国经济能不能发展，首先要看农村能不能发展，农民生活是不是好起来”。他始终把农业、农村与农民问题紧密联系在一起，农业不仅关系到全国人民的吃饭问题，而且关系到工业及整个国民经济的发展问题，关系到社会全局的稳定和发展。1978 年，安徽省凤阳县小岗村 18 户农民开创了中国农村家庭联产承包责任制的先河，拉开了我国改革开放的序幕。

党的十八大以来，党中央始终把解决好“三农”问题作为全党工作重中之重，连年出台中央一号文件，重点聚焦发展现代农业和深化农村改革，制定出台了一系列重大举措。在党的乡村振兴战略等改革措施推动下，诸多“三农”问题得到有效破解，开创了农业生产连年丰收、农民生活显著改善、农村社会和谐稳定的新局面，为全面推进农业农村现代化，奠定了坚实基础。

习近平总书记高度重视“三农”工作，多次在重要场合就做好“三农”工作发表了一系列重要讲话，提出了许多新理念、新思想、新战略。从“中国要强，农业必须强；中国要美，农村必须美；中国要富，农民必须富”到“任何时候都不能忽视农业、不能忘记农民、不能淡漠农村”再到“坚定不移深化农村改革、坚定不移加快农村发展、坚定不移维护农村和谐稳定”等众多重农固本的思想以一贯之。这是习近平新时代中国特色社会主义思想的重要组成部分，是指导我国农业农村发展的科学理论，也是做好“三农”工作的行动指南。

第 3 节　粮食储备思想

从古到今，许多政治家、思想家都认识到粮食在政治、经济、军事等方面的重要作用，提出了各具时代特色的粮食储备思想。

先秦诸子百家针对当时自然灾害频发和兼并战争不断的社会现实，最早提出了储粮救荒思想和储粮备战论。到了汉代，贾谊的积贮说，把粮食储备看作是巩固封建政权的重要战略措施。明代徐光启在继承储粮备荒的基础上提出了“预弭为上，有备为中，赈济为下”的救荒论，变被动救荒为主动救荒。

现代国家粮食安全观，则是在工业化、国际化、市场化的社会政治经济背景下，从国家整体利益出发，保障国家粮食生产、流通、消费安全的理论。粮食储备状况是一个国家和地区粮食安全的重要标志。

一、先秦时粮食财富观

中国古代，在以自然经济为基础的社会条件下，人们的财富观基本上是以财物的自然属性或使用价值为内容的，认为粟是主要财富。粮食储备发挥着现代货币“贮藏手段”的职能。

儒家提倡谷物财富观。孔子所谓的财富，主要是指作为民食的五谷。“所重民，食、丧、祭”。孟子的财富思想与春秋以前只重五谷者比较，财富的范围和来源都扩大了，除粟外还包括牲畜、林木等，但还未超越自然的财富观。荀子把粮食作为社会财富的标志，“故田野县鄙者，财之本也；垣窌仓廪者，财之末也”。

《管子》也从自然形态去理解个人或封建国家的财富，是以谷物为财富的主要代表。“务五谷，则食足。养桑麻，有六畜，则民富”“然王天下者何也？必国富而粟多也”。

商鞅认为财富主要指粟。他认为“农则易勤，勤则富”“壹务则国富”“田荒而国贫”。他认为如果“民不逃粟，野无荒草，则国富”。粟是主要粮食品种，把财富的范围局限在“粟”上，也是商鞅极端重视农业的表现。

战国时期，粮食储备成为各地富裕程度的重要标志。如秦国因“田肥美，民殷富，战车万乘，奋击百万，沃野千里，蓄积饶多，地势形便，此所谓天府”。齐国因“地方二千里，带甲数十万，粟如丘山”，而富甲一方。

二、先秦时储粮救荒思想

荒政是中国历代封建王朝都十分关注的国家大事。由于自然灾害或战争的原因，历史上的饥荒事件比比皆是。据有关资料记载，中国历史上 13 次大规模的农民起义中，有 12 次的爆发直接与灾荒有关。因此，储粮救荒思想是源远流长的。

西周时期，国家在制定典章制度时就已体现了储粮救荒的思想。《周礼》曰：“遗人掌邦之委积，以待施惠；乡里之委积于不涸之仓者，务五谷也。”遗人的职责是掌管国家米粟薪刍的储备，以准备救济。乡里的储备仓始终要有粮食。周武王曾立重泉戍令“民自有百鼓之粟者不行”，规定自藏粟在一千二百斛以上者准其免除戍役的义务。《逸周书·文传篇》曰：“土广无守，可袭伐。土狭无食，可围竭。二祸之来，不称之灾。天有四荒，水旱饥荒。其至无时，非务积聚，何以备之。”意思是说土地宽广无人防守的，可以袭击讨伐；土地狭小没有粮食的，可以围困待其枯竭。两种祸患的发生，都是土地与百姓多少不相称的灾难。天有四种灾祸：水灾、旱灾、饥年、荒年。灾祸的到来没有固定时间。如果不从事积蓄，用什么来防备它呢？

管仲提出国家必须要有一定的粮食储备。《管子·国蓄》中记载:“万室之都,必有万钟之藏,藏镪千万;千室之都,必有千钟之藏,藏镪百万”。拥有万户人口的都市,必须要有一万钟的粮食储藏和一千万贯的钱币储存;拥有千户的都市,要有一千钟的粮食储藏和一百万贯的钱币储存。《管子·权修》载:“凡牧民者,以其所积者食之,不可不审也。其积多者其食多,其积寡者其食寡,无积者不食。”这是说凡治理国家者,要有储备来保障人民的生活,这是不得不审慎的事情。

墨子认识到其时人们抵御自然灾害的能力低下,只要遇到灾荒,就会出现饥馑。“故虽上世之圣王,岂能使五谷常收而旱水不至哉”。主张国家必须储备充足的粮食,将粮食储备作为国家的一项重要事务。“仓无备粟,不可待凶饥”“备者国之重也”。

三、先秦时储粮备战思想

粮食不但是人类最基本的生活资料,而且也是国家富国强兵的重要战略物资,古人对此早有认识。

西周时,文王说“有十年之积者王,有五年之积者霸,无一年之积者亡”,即粮食储备关系着国家的存亡。春秋时期军事家孙武说“军无粮则亡,无委积则亡”,其后战国时期军事家孙膑也认为“城小而守固者,有委也”。这都说明了充足的粮食储备是取得战争胜利的物质基础。

管仲认为,国家用兵必须重视粮食储备。“天下有兵,则积藏之粟足以备其粮”“地之守在城,城之守在兵,兵之守在人,人之守在粟”。如果国家没有足够的粮食储备,粮仓空虚,财用不足,也没有保卫自己的基础,“仓廪空虚,财用不足,则国毋以固守”,就会“无委致围”,遭到其他国家的围攻。

四、汉代贾谊的积贮说

贾谊是西汉初期的政论家和文学家。他看到当时“背本趋末”弃农经商的社会现象,向汉文帝上书《论积贮疏》,提出了“积贮者,天下之大命”的思想,把加强粮食储备看作是巩固国家政权、安定人民生活的重要战略措施。

贾谊说:“夫积贮者,天下之大命也。苟粟多而财有余,何为而不成?以攻则取,以守则固,以战则胜。怀敌附远,何招而不至。”就是说,粮食储备是国家的命脉。如果粮食充足而财力有余,做什么会不成功呢?认为粮食储备是进行战争、巩固边防、使人民归顺的先决条件。他把汉初粮食储备不足的原因归之于“今背本而趋末,食者甚众”和“淫侈之俗,日日以长”,认为从事粮食生产的人少而消费粮食的人多,加之官僚、商贾的淫侈浪费造成的。他针对“公私之积，犹可哀痛”的时弊指出，如果不积贮粮食，一旦发生大面积旱灾，国家无以赈灾；万一边境有紧急军情，国家无以筹粮；这样“兵旱相乘，天下大屈”，万一有人聚众作乱，则后果不堪设想。

在如何进行粮食储备上，贾谊主张在粮食生产和消费上必须保持一定的平衡关系，认为“生之有时，而用之亡度，则物力必屈”。生产是有时限的，而消费是没有限度的，那么财物就一定会缺乏。这就要有计划地用粮、贮粮，只有取用适度，方能有积贮；有了积贮，就可以做到粮食充足，虽有水旱灾害而民无饥饿。如果是“一人耕之，十人聚而食之，欲天下无饥，不可得也”。贾谊主张发展粮食生产以增加粮食储备。“今殴民而归之农，皆著于本；使天下各食其力，末技游食之民，转而缘南亩”，即增加农业劳动力，提高粮食产量以强化储备，而不仅仅是从流通环节上来积贮。

贾谊的积贮说，对西汉文帝时期的社会经济生活产生了重大影响。汉文帝采纳了他的观点，颁布诏书，鼓励农民积极生产，并亲自带领大臣耕作示范，使粮食生产有了较大的发展。他的粮食储备理论及其所反映的粮食经济思想，对历代粮食储备都产生了重大影响。

五、明代徐光启的救荒论

明代徐光启认为救荒以“预弭为上，有备为中，赈济为下”。意思是救荒应以消除灾荒为上策，以有粮食储备预防灾荒为中策，以灾荒发生后的赈济为下策。

徐光启说：“预弭者，浚河筑堤，宽民力，祛民害也。有备者，尚蓄积，禁奢侈，设常平，通商贾也。赈济者，给米煮糜，计户而救之。”他认为，消除灾荒，就是要做疏河筑堤、爱民除害之类的事情。预防灾荒，就是要重视粮食储备，禁止奢侈浪费，设立常平仓，促进粮食流通。赈灾，就是要给灾民发米粥，按户进行救济。他说：“国家不务蓄积，不备凶饥，人事之失也。”

徐光启的救荒思想，对当时增加粮食生产具有促进作用。特别是“预弭为上”的思想，在历史上产生了积极的影响，成为现代防灾减灾思想的先声。

六、现代国家粮食安全观

粮食安全的概念，是 1974 年 11 月联合国粮农组织首次提出的。当时的定义是“保证任何人在任何时候都能得到为了生存和健康所需要的足够食物”。联合国粮农组织要求各成员国采取措施，保证世界谷物年末最低安全系数，即当年谷物库存量至少相当于次年消费量的 17%~18%。1983 年，在世界粮食安全委员会第八届会议上，重新确定了粮食安全概念:“世界粮食安全的最终目标应当是确保所有人任何时间在物质和经济上获得他们需要的基本粮食”,强调所有人在经济上有获得粮食的能力。1996 年,联合国粮农组织对粮食安全又进行了界定,其表述为:“所有人在任何时候都能够在物质上和经济上获得足够、安全和富有营养的粮食,来满足其积极和健康生活的膳食需要及食物喜好时,才实现了粮食安全”。随着经济社会的发展,粮食安全观不断演进,具有数量上“足够”和质量上“富有营养”以及消费上的“食物喜好”,概念的界定更加全面并且有更丰富的内涵。

中国是发展中的农业大国,十几亿人的粮食问题始终是头等大事。2002 年修订的《中华人民共和国农业法》,2008 年国家发展和改革委员会公布的《国家粮食安全中长期规划纲要(2008~2020 年)》,都对“国家粮食安全”进行了阐述。其内容概言之,即国家严格保护耕地,依靠科学技术进步,采取措施保护和提高粮食综合生产能力,稳步提高粮食生产水平。完善粮食流通体系,促进粮食市场竞争,充分发挥市场在资源配置方面的基础性作用。国家建立粮食风险基金,实施粮食补贴和价格支持政策,保护和调动农民种粮积极性。建立粮食宏观调控机制,对粮食实行中央和地方分级储备调节制度。加强粮食进出口调剂。国家建立粮食安全预警制度,坚持立足国内,保障粮食基本供给。改进粮食种植、收获、储藏、运输、加工方式,降低粮食产后损耗,提高粮食综合利用效率。提倡珍惜和节约粮食,倡导科学饮食,减少粮食浪费。

中国的“国家粮食安全观”,体现了国家利益性、民本性、可持续性,蕴含着粮食生产安全、粮食流通安全和粮食消费安全的整体观念,赋予了粮食在国家经济主权和政治话语权的丰富内涵。

第 4 节　粮食典籍

典籍是中华民族的瑰宝,是重要的文化遗产,是中华古代文化得以保存、积蓄和传承的重要载体。粮食典籍是粮食文化的重要载体,是粮食精神文化的物化形态,承载着我国劳动人民对粮食的思想、观念、价值和知识等内容。

早在春秋战国时期诞生的《管子》一书中,就有丰富的粮食思想,对后世产生了重大影响。秦代竹简上写就的“仓律”更是弥足珍贵,堪称一部特殊的粮食典籍。中国古代有三百多种农书,留下了宝贵的粮食文化遗产。其中五大农书《汜胜之书》《齐民要术》《陈旉农书》《王祯农书》和《农政全书》,主要是针对粮食的种植、经营、加工和农政而作。自《汉书》首列“食货志”,史书中记载“食货”已成惯例,从而使历朝历代的田制、赋役、漕运以及仓储等粮食经济思想、制度等得到了详细的记载。20 世纪 80 年代编纂的国家级大型工具书《中国农业百科全书》,全面翔实地介绍了中外古今农业科学知识,更是卷帙浩繁,内容广博。2009 年出版的由国家粮食局组织编纂的《粮食大辞典》,收录词目近 7600 条,集粮食经济、工程信息、科技知识等 13 个门类的精华于一书,基本涵盖了粮食工作业务范围的专业词汇术语,彰显了粮食从业人员的集体智慧。

一、粮食流通理论

中国粮食流通理论的开山之作是《管子》,是春秋战国时期管仲及“管仲学派”经国济世的思想著作,是先秦诸子思想的渊源。对《管子》的作者及成书年代,历代多有争论。但据考证,《管子》中记载许多管仲临终或身后之事,故“管子非一人之笔,亦非一时之书”。

现存《管子》为汉朝刘向编定。《管子》中蕴含着丰富的政治、经济、军事、教育、哲学等方面的思想内容,有三分之二以上的篇幅涉及经济问题。在粮食经济思想方面,提出了重农贵粟论,在中国历史上较早地论述粮食对于国计民生的重要性。在粮食生产上,提出“均地分力”和“相地而衰征”的政策。主张把原来的井田制下的公田直接分配给农民耕种,根据土地的好坏和生产粮食的多少,实行有差别的田租政策,有利于促进粮食生产,提高粮食产量。在粮食流通方面,最早提出了较为系统的粮食宏观调控理论,主张国家要参与粮食商品流通,采取“敛轻散重”的策略,提出要由国家控制粮食价格,“敛积之以轻,散行之以重,故君必有什倍之利而财之衡可平也”。提倡国家要储备粮食“厚以善岁以充仓廪”。管仲主张粮食便宜的时候国家大量收购,粮食价格贵的时候,国家大量出售手里的粮食,以达到平抑粮食价格的目的,使得社会趋于稳定。此法被后世官府和商家所重,常平仓的设立就是基于管仲的这种思路。

秦国对粮食仓储管理制定了较为详尽的制度,这在 1975 年湖北云梦睡虎地出土秦简《仓律》中得到了保存。这一竹简上写就的粮食典章实属珍贵。仓律共有 26 条,律文中对谷物入仓、验收、保管、出仓以及粟稻加工折算等都作了较为严格的规定。

粮食“入禾仓,万石一积而比黎之为户”,即谷物入仓,以一万石为一积而隔以荆笆,设置仓门。入仓要通过“程禾”“计禾”登记数量,账目要上报内史。如果仓内粮食数量与账目不符时,“其赢”者应入公;其“不备”即数量不足,应由管理粮库的官员负责赔偿。当粮仓储量不足、需要增积时,要先把仓内原有粮食数量统计登记,才可以储入新粮。如果后存入的粮食数量不足,由后存入的人单独负责。开始存放和以后增积的经手人都要把姓名、籍贯登记下来。

《仓律》中对仓库管理也作了规定，最重要的是“勿令败”，即不能出现生虫及霉变等情况；粮仓出现了鼠穴，要追究管理人员的责任。如果因仓漏使储粮霉烂变质，其中不能食用者百石以下的，要批评主管官员；百石以上至千石的，要由主管官吏赔偿；超过千石的要加倍赔偿。储量虽有腐败变质但仍可食用的，计算其损失程度赔偿。仓库管理人员在免职或调离时，新旧管理人员必须认真交接，根据仓储账簿认真核验，当新派来的官员有所怀疑时，可以向上一级官员汇报，由上一级主管官员派人复查。

仓储粮食的支出也有严格的制度，“出禾，非入者是出之，令度之，度之当堤(题)，令出之”。即谷物出仓，如果不是原入仓人员来出仓，要另加称量，称量结果与题识符合，即令出仓。“计禾，别黄、白、青”。即统计谷子的账目时，要把黄、白、青三种颜色区别开来。

《仓律》对供应官府的口粮即“廪食”也有明确的规定，凡“宦者、都官吏、都市人有事上为将，令县贷之”“有事军及下县者”由国家供给口粮，并且记入“食者籍”，制作领取口粮的名册。《仓律》中规定了官奴的口粮标准，还规定了由于灾荒而缺乏种籽时，由官府发给种籽的范围和标准。

二、古代农业科学

中华民族以农耕文明著称于世，这与我国千年来代代相传的农业科学研究是分不开的。农学是中国古代科学技术中成就最辉煌的学科之一。中国古代农书卷秩浩繁，内容丰富，是一份宝贵的文化遗产。

1.《汜胜之书》

《汜胜之书》是西汉农学家汜胜之总结了战国以来的农学成果和自己指导农业的经验而著成的，是我国现存最早的一部农书。该书是西汉黄河流域农业生产经验和操作技术的总结，内容几乎包括农业生产的全过程。书中对耕作技术、选择播种日期、种子处理、农作物栽培技术、收获、留种贮藏等均有记述，提出了“凡耕之本，在于趋时、和土、务粪泽、早锄获”的耕作栽培原则。所谓“趋时”就是合理掌握耕作时间，不误农时;“和土”是指通过耕、锄等使土壤松软细密;“务粪泽”即施肥和灌溉要适宜;“早锄获”就是及时除草，及时收获。书中突出介绍了区田法、溲种法、耕田法、种麦法、种瓠法、种瓜法、穗选法及调节稻田水温法等。如区田法，就是根据地形把田地挖成一个个方形坑或一条条沟，再把种子和肥料下到坑里或沟里，以后施用的肥、水也都集中施在坑里或沟里，这样可以集中使用肥和水，从而获得高产。“溲种法”是用动物骨头加附子、蚕粪等煮汁，浸泡下播前的种子，可使种苗及时取得足够的养料，增强抗旱、防虫能力。书中还对禾、黍、麦、稻、豆、麻和桑等十数种农作物的栽培以及嫁接、轮作、间作、混作等方面的生产技术作了记载，突出体现了西汉农业生产的发展水平。

《汜胜之书》在两千年前能总结出这样的农业生产经验实属可贵。这些农业生产技术对北方干旱地区提高粮食生产率颇具科学价值，以至于对后世产生了极其深远的影响，有的方法直到今天人们仍在应用。

2.《齐民要术》

《齐民要术》是北魏农学家贾思勰所著的一部综合性农村经营之书，是迄今保存的最古老、最完整的农书。贾思勰是杰出的农业科学家，他从传统的农本思想出发，著书立说，以期富国安民。书名中的"齐民"是指平民百姓，"要术"是指谋生方法，齐民要术是指平民百姓谋生计的技术。

《齐民要术》大约成书于北魏末年（公元533~544年），贾思勰推崇"富国以农"，希望通过发展农业生产使社会稳定和国家富强。他在撰著过程中，"采捃经传，爰及歌谣，询之老成，验之行事"。用今天的话来说，就是尊重历史发展，查阅大量有关农业文献，广泛收集民间农业谚语，他还亲自参加农业生产劳动，通过实践进行验证。

《齐民要术》内容丰富，是一部以农为主，兼及林业、牧业、副业、渔业的农村经营百科全书。全书由序、正文和杂说三部分组成。正文共10卷92篇，约11万字。它系统地记载了6世纪及其以前黄河中下游地区农牧业生产、食品加工与贮藏、野生植物的利用等农业科学知识。前5卷包括粮食、油料、纤维、染料作物、蔬菜、果树、桑树等的栽培技术；第6卷为禽畜和鱼类的养殖；第7~9卷是酿造、腌藏、果品加工、烹饪、饼饵、饮浆、饴糖等农产品的加工、储藏以及煮胶和制笔墨，介绍了用秫、黍、糯米、粳米、高粱、粟等为原料酿制三十几种酒的方法；第10卷引载了有实用价值的热带、亚热带植物。在各篇中，都着意介绍和评述了如何合理地利用人力、物力，以及搞好经营管理的重要性。书中还辑录了《汜胜之书》及《四民月令》等150多种农书的内容，保存了汉代农业技术精华，对黄河中下游地区旱地农业的耕作特点和抗旱保墒技术进行了深入的探讨，提倡奖励农耕、改良土壤，采用合理的耕作制度和方法，强调改良品种以及掌握好天时地利等因素的重要性，标志着中国北方旱地精耕细作技术的成熟。

《齐民要术》"反映了当时中国的农业生产已进入到多种经营的复杂形式，与战国秦汉间仅注意谷类作物的重农思想有显著区别"，在中国农业科学技术发展史占有重要地位。元代的《农桑辑要》《王祯农书》，明代徐光启的《农政全书》和清人的《授时通考》等农书，不论从体例上还是取材上都受其影响。《齐民要术》在国外也备受赞誉，被译成多国文字，得到普遍关注和研究，是世界科学文化宝库中的珍贵典籍。

3.《陈旉农书》

《陈旉农书》是第一部论述我国宋代南方水稻产区农业生产技术和经营的综合性农书。陈旉(1076~1154年),是南宋一位具有丰富经验的农学家。他广泛收集并阅读了大量的农书,并亲自经营自家的田庄,不断总结农业生产实践经验,于南宋绍兴十九年(1149年)在他73岁时写成了《陈旉农书》。

全书分上、中、下三卷,上卷论述农田经营管理和水稻栽培,中卷叙说养牛和牛医,下卷阐述栽桑和养蚕。《陈旉农书》首次系统地讨论了土地规划问题,提出了根据不同地形、温度、肥瘠、旱涝等情况,采取不同的措施进行治理。特别强调天时地利对于农业生产的重要性,指出耕稼是"盗天地之时利";提出"法可以为常,而幸不可以为常"的观点,认为农业就是要掌握、利用好自然规律,不能有侥幸心理。书中比较全面地反映了其时南方的轮作复种制,主要有早稻与豆、麦、菜轮作复种的一年二熟制,麻、麦和菜轮作复种的一年二熟制,谷子、芝麻、大豆和小麦的轮作复种制。尤其对南方水稻的耕作栽培技术进行了详尽论述,在"耕耨之宜篇"中论述当时南方的稻田有早稻田、晚稻田、山区冷水田和平原稻田四种类型,分别阐述了整地和耕作要领。在"薅耘之宜篇"中讲到稻作中耕田和晒田的技术要求,强调水稻培育壮秧的重要性等。

《陈旉农书》比较全面地反映了宋代长江下游地区农业生产技术经验,充分体现了农业生产精耕细作的思想,从中可以看到当时江南地区农业生产高度发展的水平和成就。

4.《王祯农书》

元代王桢著于1313年的《王祯农书》,是第一部在全国范围内对整个农业做系统研究的农学著作。第一次对广义农业生产知识作了较全面系统的论述,奠定了中国农学的传统体系,明确了包括粮食作物、蚕桑、畜牧、园艺、林业、渔业在内的广义农业概念。

《王祯农书》综合论述了北方旱地耕作技术和南方水田耕作技术,内容包括农桑通诀、百谷谱、农器图谱三大部分。

5.《农政全书》

《农政全书》是徐光启所著的一部农政思想和农业科技综合性的农业著作。与以往纯技术性的农书不同,书中论述了发展农业生产的一系列政治经济观点,较完整、系统地总结了我国历史上和明代在农业科学方面的成就。

《农政全书》是"杂采众家,兼出独见"的结晶,是在对前人的农书和有关农业文献进行系统摘编译述的基础上,加上自己的生产实践经验和心得体会撰写而成的。如以农为本同时发展工商业的观点、发展经济必须应用和发展自然科学技术的观点等,不仅对当时发展农业经济起了很好的指导作用,而且对后世也有很大的启发。

三、粮食经济史

史书上的“食货志”是记载古代社会经济的专门篇章。东汉史学家班固所著纪传体史书《汉书》首开“食货”篇，专述经济史。此后正史中列《食货志》的有十三种之多，《通典》《通志》等亦有“食货”篇。其内容日益丰富，包括田制、赋役、户口、漕运、仓储、钱法、征榷、市籴、会计等项目。

《食货志》其篇名取义于《尚书》“洪范八政，一曰食，二曰货”，是指以谷物生产为中心的农业和流通领域的货币。古代尚未形成现代意义的“经济”一词，食货相连，即相当于现代“经济”的概念。《汉书·食货志》不但论述了殷周至西汉社会经济的发展，而且对“食货”作了开创性的解释和应用，从此“食货”成为中国古代表示社会经济的专有名词。

《汉书·食货志》主要记述了从古代到王莽时期的经济历史演变。以农业和手工业为中心进行叙述，分上下两篇，上篇述“食”，即农业经济状况；下篇述“货”，即商业和货币情况，基本包括整个社会经济。上篇从传说的“神农”耕作和“日中为市”记起，追述了殷周时代的土地、赋税制度和农业生产情况，然后重点叙述了战国以来至西汉的农业经济，包括春秋战国井田制破坏，西汉初年经济凋敝与恢复，武帝重视农业生产和昭宣之世经济的复兴以及王莽改制等。下篇则叙述了从周代到王莽时期货币的变化及西汉财政的发展，保留了许多珍贵的经济史与经济思想史资料。篇中对赵过推行代田法和新田器的记叙，在封建正史中尤为难得。

《汉书·食货志》在史事的叙述中反映了作者鲜明的思想倾向。对李悝的“尽地力之教”、商鞅的“急耕战之赏”、贾谊的“积贮”思想、晁错的“贵粟”论及汉初“约法省禁、轻田租”与民休养的政策等，均予肯定并详加介绍。班固对土地私有制发展所造成的土地兼并农民流亡的局面，向往殷周时代“制土处民”的井田制，评述了董仲舒等人的“限田”和王莽的王田法等。他认为“货”和“食”同样是“生民之本”，要重视发展农业生产，并把农业劳动者与土地结合起来。

四、农产品加工技术

随着社会生产力的发展，农产品加工尤其是粮食加工技术取得了辉煌的成就。明末宋应星所著《天工开物》，对中国古代的农业、手工业、交通运输业、工商业等方面各项技术进行了系统的总结，被称为中国17世纪的工艺百科全书。

《天工开物》中“天工”一词出自《尚书》，表示自然的力量；“开物”一词出自《周易》，

图 17-1　漕船（天工开物）

表示人对自然的开发利用。全书分上、中、下三编 18 卷。上编 6 卷，记述衣食方面的生产技术和经验，包括谷物豆麻的栽培和加工方法，蚕丝棉苎的纺织和染色技术，以及制盐、制糖工艺等内容。中编 7 卷，记述各种日用手工业品的生产技术、经验，包括砖瓦、陶瓷、铜器、铁器、车船的制作，以及锻造金属，烧制石灰、硫磺、矾石，开采煤炭、榨油、造纸等内容。下编 5 卷，记述金属矿物的开采和冶炼、兵器的制造、制墨用颜料、制曲酿酒以及珠宝玉石的采集加工等内容。

《天工开物》是宋应星长期深入田间、作坊，通过亲身调查获得工农业生产技术第一手资料基础上写成的。他详细地观察各种工艺技术，在内容次序编排上，以记述农业生产的“乃粒”篇为首卷，以“珠玉”篇为末卷，反映了作者“贵五谷而贱金玉”的思想。他十分重视科学实验，认为科学的结论应建立在实验的基础上，“皆须试见而后详之”。如在农业方面，详细记述了精耕细作、培育优良稻种、用砒霜拌麦种防虫、用骨灰石灰改良土壤、甘薯育苗移秧、杂交培育蚕良种等先进技术。《天工开物》1771 年传入日本，后又被传到朝鲜、法、英、德、意大利、俄、美等国，被译成多种文字，对西方科技产生了重要的影响。

五、现代农业与粮食百科

《中国农业百科全书》是一部荟萃中外古今农业科学知识的大型工具书。中国农业历史悠久，农业科学知识的积累源远流长。中国历代刊行的许多农学著作是中华民族文化宝库的重要组成部分。北魏贾思勰的《齐民要术》，明代徐光启的《农政全书》，被誉为中国古代的农业百科全书，至今为国内外学者所珍视。到了现代，由于科学技术突飞猛进，农业生产迅速发展，农业科学已发展成为多学科的综合体系。20 世纪 90 年代第一版《中国农业百科全书》编纂出版，把农业与粮食各学科的知识准确而简明地提供给读者，2017 年国家农业部启动《中国农业百科全书》修订再版工作。

1980 年初，国家农业委员会决定编撰出版《中国农业百科全书》，开始进行筹备工作；1981 年 6 月成立了编撰出版领导小组和总编辑委员会，负责领导和指导编撰出版工作，并责成农业出版社设立中国农业百科全书编辑部，从事具体工作。1982 年，国家农业委员会撤销后，全书编撰出版工作由农牧渔业部主管，与林业部、水利电力部、机械工业部、国家气象局等有关部局协作，保证了工作的顺利进行。编撰《中国农业百科全书》，按照百科体例，发挥集体智慧，以农业各学科的知识体系为基础，组织农业科学界和有关部门的专业工作者进行撰稿、审稿；发扬学术民主，坚持实事求是的科学态度，讲求书稿质量，使其具有中国特色和风格，彰显了现代农业与粮食文明。

专家学者经过十多年艰苦努力，陆续编辑出版了农作物卷（上下）、植物病理学卷、昆虫卷、中兽医卷、蔬菜卷、农业历史卷、茶业卷、农业气象卷、农业化学卷、养蜂卷、土壤卷、畜牧业卷（上下）、观赏园艺卷、农业经济卷、蚕业卷、水产业卷（上下）、果树卷、林业卷（上下）、水利卷（上下）、生物学卷、农业工程卷、农业机械化卷、农药卷、森林工业卷、兽医卷（上下）以及总卷，共计 32 卷。

《中国农业百科全书》以汇总农、林、牧、渔各业自然再生产和经济再生产的知识为基本内容，在概述基础理论的同时，重视应用技术的介绍，具有一定的专业深度和实用性。这部专业百科全书，以条目的形式介绍知识和提供相应的资料，每个条目是一个独立的知识主题；不仅具有一般工具书检索方便、查阅容易的特点，而且由浅入深地介绍知识，有助于读者向知识的深度和广度探索。该书是迄今为止我国农业科技成果的集大成，是广大农业科技工作者集体智慧的结晶。

2009 年 12 月，在国家粮食局的领导下，由全国各粮食科研院所、河南工业大学、南京财经大学等高校组成的 200 余位专家学者，历时四年编写成的《粮食大辞典》正式出版发行。这是我国第一部由国家组织编撰的粮食类大型工具书。

《粮食大辞典》总结了我国粮食行业多年的实践经验，同时吸收了世界粮食的新技术和新成果。全书共收粮食经济与科技等方面词目近 7600 条，197 万多字，词目内容涵盖粮食储藏、小麦加工、稻谷加工、杂粮加工、油料加工、饲料加工、粮仓机械、通用技术和设备、粮食检测及标准、粮食工程建设，粮食信息处理、粮食物流、粮食经济 13 个门类的专业词汇术语。全书注重总结继承与吸收创新相结合，在释文内容上注入新的内涵，增加了新的知识。如收集了粮食信息处理、粮食现代物流、粮食产业链等方面的词条。《粮食大辞典》是迄今为止在粮食经济、技术方面最全面系统，具有较强的科学性、实用性、权威性的一部工具书，堪称我国第一部粮食经济与科技百科全书。

思考与实践

红军战士让粮的故事

红军长征时，过草地缺衣少粮，干部战士们挖野菜、吃皮带，早已是众所周知的故事。在艰难的岁月里，粮食就是生命，面对着饥饿和死亡的威胁，红军指战员毫不犹豫地把粮食分给战友，“那时，只要说声‘我没吃的了’，马上就会有许多捧着粮食的手伸向你。”领导干部和普通战士分享粮食，各部队之间让粮的感人事迹数不胜数。

红二、四方面军过草地时，红四方面军走在前面，红二方面军走在后面。担任红四方面军红 32 军军长的罗炳辉在筹粮时动员战士节省粮食供给红二方面军，红 32 军卫生部长刘良栋清晰地记得当时的场景，“罗炳辉放开嗓子，充满激情地说：‘同志们，红军是一个整体，我们每个干部战士都要有一个整体观念，现在红二方面军遇到严重缺粮的问题，我们要为他们着想……我们是党领导的红军队伍，要讲团结友爱精神，宁肯我们自己挨饿，也要让兄弟部队吃饱肚子’……我们红 32 军还担负收容任务，一路上收容了很多的病号，粮食要给他们吃，我们每人每天只能吃五两炒面……在这种情况下，罗军长又把部队召集起来讲了一次话，说明了红二方面军缺粮的困难，要求我们每人每天吃二两半炒面，把省下来的粮食留给红二方面军的同志们……想到罗军长和同志们一起背粮食、吃炒面、挖野菜……都非常自觉地把炒面放在草地上，红军战士不仅把粮食让给战友和同志们，还冒着饥饿和死亡的威胁把粮食让给群众。

中央红军战士刘文章曾向人们讲述过“一袋干粮”的动人故事：红军战士谢益先在过草地时，发现了从川陕苏区逃出的母子三人，看到母亲和两个孩子饿得面黄肌瘦、啼哭不止，谢益先暗中将自己的全部口粮送给了他们。谢益先没有把自己送粮的事情告诉战友，仍然像之前一样工作，只是每次吃饭时都悄悄走开去找野菜。走出草地后，部队遇到了被谢益先救下的母子三人，母亲手捧着绣有“谢”字粮袋来寻找谢益先时，谢益先却已经因饥饿牺牲在了草地上……

拓展阅读

习近平关于实施乡村振兴确保粮食安全思想

2019 年 3 月 8 日，习近平总书记在参加十三届全国人大二次会议时指出，确保重要农产品特别是粮食供给，是实施乡村振兴战略的首要任务。

习近平总书记一直高度重视粮食问题。2018 年 9 月东北之行，他就语重心长地告诫大家“中国人的饭碗任何时候都要牢牢端在自己的手上”。粮食生产对全国影响举足轻重，“要扛稳粮食安全这个重任。”

习近平总书记对确保粮食安全和推动农业高质量发展提出以下要求：

——要发挥好粮食生产这个优势，立足打造全国重要的粮食生产核心区，推动藏粮于地、藏粮于技，稳步提升粮食产能，在确保国家粮食安全方面有新担当新作为。

——耕地是粮食生产的命根子。要强化地方政府主体责任，完善土地执法监管体制机制，坚决遏制土地违法行为，牢牢守住耕地保护红线。

——要推进农业供给侧结构性改革。发挥自身优势，抓住粮食这个核心竞争力，延伸粮食产业链、提升价值链、打造供应链，不断提高农业质量效益和竞争力，实现粮食安全和现代高效农业相统一。

从“发挥好粮食生产优势”到“守住耕地保护红线”再到“推进农业供给侧结构性改革”，习近平总书记对确保粮食安全作出了详尽的部署。

参考文献

[1] 李建成:《中国粮食文化概说》[M],中国农业出版社出版,2011.9。

[2] 王瑞元:《粮油食品安全与营养健康知识问答》[M],中国粮油学会,2015。

[3] 刘冬梅,邓桂兰:《食品营养与卫生》[M],中国轻工业出版社,2015.1。

[4] 席德清:《粮食大辞典》[M],中国物资出版社,2009.12。

[5] 李丰等:《中国粮食发展报告——中国的粮食产业》[M],北京:经济管理出版社,2007:44。

[6] 段运红:《借鉴:国外农场3种典型经营模式》[J],农业机械,2018(10):50~52。

[7] 曾梦龙:《洞庭湖区农户水稻种植规模化:障碍及对策研究》[D],湖南农业大学,2014。

[8] 邵平:《论适度规模的家庭农场》[D],安徽大学,2016。

[9] 朱玉龙:《中国农村土地流转问题研究》[D],中国社会科学院研究生院,2017。

[10] 李琢:《电子信息技术在农业机械中的应用策略探究》[J],农村机电,2015,32(12):175。

[11] 马福明:《黑龙江垦区农业机械化的发展历史及其影响研究》[D],哈尔滨师范大学,2016。

[12] 马边防:《黑龙江省现代化大农业低碳化发展研究》[D],东北农业大学,2015。

[13] 张春艳:《农业机械的自动化发展趋势与发展途径分析》[J],农机使用与维修,2018(4):83。

[14] 刘国强:《如何加快农业机械现代化建设》[J],农民致富之友,2017(1):116。

[15] 张蕊:《以农业机械化支撑和引领农业现代化》[J],民营科技,2017(3):192。

[16] 杜彦坤:《国家储备粮管理的国际比较与政策选择》[J],经济研究参考,2004(88):20~26。

［17］ 沈欣:《粮食物流园区规划与建设研究》［D］,东北农业大学论文,2010。
［18］ 杨羽宇:《我国粮食储备管理制度建设研究》［D］,西南财经大学论文,2014。
［19］ 唐柏飞,赖明:《我国绿色粮库建设现状与展望》［J］,中国粮油学报,2016,31（9）: 156~158。
［20］ 洪涛:《2016年我国粮油产品电商营销模式创新》［J］,中国粮食经济,2016（5）: 44~50。
［21］ 曲新:《北大荒“三大平台”构筑现代粮食电子交易市场》［J］,黑龙江粮食,2013（2）: 49~50。
［22］ 关海玲等:《电子商务环境下农产品交易模式及发展研究》［J］,中国流通经济,2010,24（1）: 45~47。
［23］ 姚惠源:《国内外粮食加工产业的现况和发展趋势》［J］,粮食加工,2017（3）: 1~4。
［24］ 王新:《关于加快构建国家粮食电子交易平台的实践与思考》［J］,粮食储藏,2017,46（4）: 51~53。
［25］ 高铁生:《我国粮食交易方式创新研究》［M］,科学持续地发展生产力——世界生产力科学院中国籍院士文集,2009: 23~32。
［26］ 幸品邑:《运用电子商务开展中央储备粮轮换的研究》［D］,河南农业大学论文,2016。
［27］ 穆彦魁《发展现代粮食加工业,推进粮食供给侧改革》［J］,中国粮食经济,2017（1）: 43~45。
［28］ 王洋,余志刚:《供给侧改革背景下的粮食加工产业链整合与优化——基于粮食主产区四省七县的实地调查》［J］,学习与探索,2016（3）: 93~96。
［29］ 黑龙江省粮食局:《关于河南山东两省粮食加工产业发展情况的考察调研报告》［J］,黑龙江粮食,2017（4）: 9~13。
［30］ 姚惠源:《中国粮食加工科技与产业的发展现状与趋势》［J］,中国农业科学,2015,48（17）: 3541~3546。
［31］ 邹凤羽:《粮食经济地理》［M］,北京: 中国物资出版社,2011。
［32］ 师高民:《中国粮食史图说》［M］,南京: 江苏凤凰美术出版社,2015。

后记

安民之本，必资于食，安谷则昌，绝谷则危。了解和研究粮食的种种堂奥，必将启迪人们从更高层面、更广视角对粮食给予更多关注。粮食是民生的基础产业、生命产业，又是安天下、稳民心的战略产业。重视粮食就是珍惜我们自身的生存、发展和福祉。粮食保障民生，民生是最大的经济；粮食安定民心，民心是最大的政治。全社会，都要树立这样的价值观，关注粮食，感恩粮食，发展粮食，珍爱粮食，永远是经济社会发展的王道。唯其如此，才能安邦定国、固本富民。这就是我们编撰这本书的初心。

厚重深邃的粮食文化，不唯涉及自然科学的广大领域，更联系着社会的政治、经济、军事、外交等各个方面，足够人们长久地用心去领略、去探究，从而洞察历史、认清未来，提高自己的人文情愫。

在编撰本书近两年的时间里，从前期策划、大纲拟定到一稿、二稿、三稿、四稿、五稿，多次推倒重来，进行颠覆性的改动，几易其稿，无不浸透着所有编著者的辛勤汗水。期间，我们还特邀多位专家、领导参与共同审稿，及时斧正。历经艰辛，现在出版与读者共享，时间仓促，可能还有小误和漏洞，请读者朋友提出宝贵意见，与我们联系。

本书出版承蒙山东省粮食局领导的关心提议，特此感谢！

本书的编撰是在山东商务职业学院的领导下进行的，学校各位领导对本书给予了帮助和指导，包括对本书出版的大力支持和对整体框架的系统性要求，特此感谢！

编　者

2019 年 7 月